3·1대혁명과
대한민국헌법

3·1 대혁명과
대한민국헌법

PUBLIUS
PUBLISHING
VERITAS VINCIT

책을 펴내며

김선택
고려대 법전원 교수 · 헌법이론실무학회 회장

2019년은 우리 한국인들이 특별히 기념하여야 할 해입니다. 3·1운동이 일어난 1919년으로부터 100년이 되는 해이기 때문입니다. 3·1운동은 두 가지 점에서 역사에 큰 자취를 남기고 있습니다. 첫째로는 당시 세계를 휩쓸고 있었던 강권적 제국주의에 대항한 비폭력 저항운동으로서 많은 다른 민족들의 모범이 되었습니다. 둘째로는 오랜 역사 속에서도 한 번도 벗어나지 못했던 전제왕조를 청산하고 국민주권에 입각한 민주공화국으로 나아가는 혁명적 계기가 되었습니다. 특히 이 두 번째 점에서 3·1운동은 3·1혁명 내지 3·1대혁명으로 불리울 자격이 충분합니다. 이와 같이 국가의 기본구조에 혁명적 전환을 가져온 3·1대혁명을 기념하는 학술회의를 개최함으로써 선조들의 위대한 업적이 정당한 평가를 받도록 하고, 또 후손들이 올바른 역사관을 가질 수 있도록 돕는 것이, 국가기본법인 헌법을 연구하는 우리 헌법학자들의 책무라고 생각했습니다.

그리하여 2019년 4월 5일(금요일), 서울 광화문 교보빌딩 23층 컨벤션홀에서 "3·1대혁명과 대한민국임시정부헌법: 민주공화국 100년의 평가와 과제"라는 주제로 학술대회를 개최하였습니다. 이 학술대회는 대한민국임시정부기념사업회(김자동 회장)와 헌법이론실무학회(김선택 회장)가 공동주최하고, 국가보훈처(피우진 처장)와 광복회(박유철 회장)의 후원으로 성립하였습니다. 학술대회 당일, 문희상 국회의장과 이종찬 대한민국임시정부기념사업회 부회장은 축사를 통하여 자리를 빛내주었습니다. 학술대회에 물심양면으로 도움을 주시고 자리를 빛내주신 모든 분들에게 깊이 감사드립니다.

학술대회의 제1세션에는 고려대 법전원의 김선택교수, 서울대 법전원의 전종익교수, 고려대 법학연구원의 김재영변호사; 제2세션에는 숭실대 법대의 김광재 초빙교수, 조선대 법대의 이영록교수, 고려대 법학연구원의 홍석노박사; 제3세션에는 한양대 법전원의 방승주교수, 서강대 법전원의 임지봉교수, 경희대 법전원의 이한주 연구교수; 제4세션에는 경희대 법전원의 정태호교수, 연세대 법전원의 김종철교수, 고려대 법학연구원의 윤정인 연구교수가 참가하였습니다. 이 자리를 빌려, 열과 성을 다하여 발제와 토론에 수고하여 주신 참가교수님들께 다시 한 번 깊은 감사를 드립니다.

이 책은 위 학술대회의 발제자들이 토론과정에서 나온 비판들을 참고하여 수정·완성한 4개의 논문을 싣고 있습니다. 오늘날 대한민국의 헌법학계를 대표할 만한 중진 학자들이 대거 참여한 학술대회의 성과를 보고하는 것이니 만큼, 독자 여러분들께서 3·1대혁명의 정신과 대한민국 임시정부 헌법의 관계, 대한민국 임시정부 헌법과 1948년 이후의 정식정부 헌법의 계승관계, 그리고 3·1대혁명을 기초로 수립된 과제인 '민주공화국'이 현행 대한민국 헌법까지 어떻게 실천되어왔는가, 나아가 미래의 대한민국 헌법에서 어떻게 하면 완성시켜 나갈 수 있는가에 대하여 좋은 시사점을 얻으실 수 있기를 바라마지 않습니다.

　마지막으로 학술대회 당일 공동주최자로서 읽었던 환영사를 아래에 게재하고자 합니다. 독자여러분들께서 학술대회 당일의 분위기를 느껴 보실 기회가 되기를 바랍니다.

환영사

　안녕하십니까? 오늘 학술대회를 공동주최하는 헌법이론실무학회 회장 김선택입니다.

　여러분!
　역사적으로나 현실적으로나 뜻 깊은 학술대회에 오신 것을 충심으로 환영합니다.
　여러분도 다 아시다시피 금년 2019년은 100년 전 1919년 3월 1일 우리 한민족이 하나가 되어 주권과 자유를 주장한 그 장대한 거사가 없었더라면 과연 어떻게 되었을지 모릅니다. 그날의 거사가 기폭제가 되어 우리 한민족은 자신의 삶의 주인이 될 능력이 충분하다는 것을 세계만방에 과시하였습니다. 또한 5천년 동안 철옹성 같았던 군주전제의 질곡을 벗고 자유민주국가로 새 출발을 할 전기를 마련하였습니다. 3·1대혁명은 한민족의 존엄과 자유를 위한 장엄한 서곡이었습니다.

여러분!

오늘 우리는 3·1대혁명과 그 결실인 대한민국 임시정부 헌법을 놓고 토론할 것입니다. 나아가 해방 후 대한민국 정식정부시기의 헌법 아래에서 과연 그 날의 깃발이었던 '민주공화국'이 얼마나 성취를 이루었는지, 그리고 그 완성을 위하여 아직도 어떠한 과제가 남아있는지를 숙고하게 될 것입니다. 그동안 3·1대혁명과 대한민국 임시정부에 대하여 역사가들의 많은 연구가 축적되어 왔습니다만, 오늘처럼 사계의 권위를 인정받는 헌법학자들이 대거 참여하여 학술대회를 연적은 보기 힘들었던 것으로 기억합니다.

역사가들과 달리 법률가들은 역사적 사실이 현행법 하에서 어떠한 규범적 의미를 가질 가능성이 있는지 천착하여야 합니다. 역사가들이 역사를 우리의 정신 속에 각인시키는 임무를 수행한다면, 저희 법률가들은 역사가 현행의 법질서 속에서 되살아나도록 할 임무가 있습니다. 오늘의 학술대회에서 3·1대혁명과 대한민국임시정부가 찬연한 빛 속에서 부활하여 제자리를 찾아가기를 바랍니다.

100년 후에나 다시 돌아올 뜻 깊은 해에 이처럼 성대한 기념학술대회가 열릴 수 있도록 물심양면으로 애써주신 대한민국 임시정부 기념사업회 김자동회장님께 특히 감사를 드리며, 기꺼이 후원해주신 광복회 박유철회장님, 국가보훈처 피우진처장님께도 깊이 감사드립니다. 그리고 이 학술대회가 소기의 성과를 거둘 수 있도록 열과 성을 다하여 발제문을 준비해주신 교수님들, 그리고 귀중한 시간을 할애하여 토론에 참가해주신 교수님들과 연구자님들께도 깊이 감사드립니다. 특히 학술대회의 좌장을 맡아 수고해주실 성균관대 법전원의 김형성교수님께도 심심한 감사의 말씀을 드립니다.

그렇지만 – 100년 전 3·1대혁명도 그랬지만 – 오늘의 학술대회의 성패 역시 원근각지에서 먼 길을 마다 않고 달려와주신 참가자 여러분들께 달려있습니다. 여기에 모인 우리들 한 사람 한 사람이 100년 전 '대한독립만세'를 목이 터져라 외쳤던 그때 그 시절의 한 사람 한 사람이 되어서 그날의 감격을 다시금 느껴보는 소중한 자리가 되기를 기원합니다.

여러분!
과거를 잊는 민족에게 미래는 없다고들 말합니다. 과거를 올바르게 이해하지 못하는 민족에 대하여는 심지어 미래가 복수를 준비한다는 말도 있습니다. 3·1대혁명 당시 민족대표들은 자손들의 존엄과 자유를 위하여 일어섰다고 누누히 강조하였습니다. 그분들의 후손인 우리들이 오늘 이 학술대회를 통하여 그분들의 장한 기개와 목숨을 건 투쟁이 올바르게 자리매김하는데 조금이라도 기여할 수 있기를, 그리하여 그 분들의 은혜를 만분지일이나마 갚을 수 있기를 간절히 소망합니다.

2019년 10월 15일
저자들을 대표하여
김선택 씀

차례

제1장

3·1대혁명정신과
대한민국임시정부헌법의 탄생
– 그 헌법적 의의를 논함 –

김선택 교수 (고려대 법전원)

"오등(吾等)은 자에 아 조선의 독립국임과 조선인의
자주민임을 선언하노라. 차로써 세계만방에 고하여
인류평등의 대의를 극명하며, 차로써 자손만대에 고하여
민족자존의 정권을 영유케 하노라. …
조선건국 4252년 3월 일 조선민족대표"

"제1조 대한민국은 민주공화제로 함.
대한민국 원년 4월 일 대한민국임시정부"

I. 서 론 : 법률가의 사관(史觀)

역사는 유전(流轉)한다. 역사는 과거의 사실(事實)을 단지 오늘로 소환하여 전시하는 작업이 아니다. 역사는 오늘을 살고 있는 인간의 정신 속에서 매번 다시 태어난다. 과거의 사실(事實)은 그것의 의미를 새롭게 규정하고 그것이 발생하고 움직여간 맥락을 재구성하는 정신적 작업 속에서 비로소 오늘의 사실(史實)로 새 생명을 얻게 된다. 역사의 구체적인 모습은 역사적 사실의 의미를 구명하고 나아가 규정하기 위해서 성찰하는 인간에게 달려있다.

법률가에게 역사란 무엇인가. 만약 그가 – 단순히 교양을 추구하거나 아마추어 역사가의 흉내를 내지 않고 – 진지하게 법률가로서 역사를 마주한다면 어떠한 관점과 방법으로 역사에 접근할 것인가. 한 편으로는, 역사가에게 사실이 사료의 역할을 하듯이, 법률가에게 역사적 사실은 법원(法源)을 탐색하는 자료가 될 수 있다. 법률가는 역사적인 문서(document) 속에서 법원(法源)이 될 자료를 발견할 수 있고 또 이를 통하여 법형성을 풍부하게 하는데 기여할 수 있다.[1]

다른 한 편으로는, – 특히 한국과 같이 법전법을 중심으로 법률체계

---

1 그러나 법의 현상형식 내지 인식근거로서의 법원(法源)에 이르기 위하여 그 자료에 요구되는 진정성(authenticity) 내지 권위(authority)의 수준이 만만치 않을 것이다. 그래서 보통의 경우라면 법원(法源) 보다는, 이미 법원성을 인정받고 있는 법적 문서를 이해하는데 원용할 자료로서 더 유용할 것으로 보인다. 이는 법전보다는 법률가들의 판단에서 분쟁해결의 기준을 찾는데 익숙한 영미법계 국가와 달리 체계적인 법전화작업과 더불어 법전법을 토대로 개념체계를 구성해내는데 익숙한 대륙법계 국가에서 더 그럴 것이다.

를 운용하는 대륙법계 국가에서 – 더 자연스럽고 통상적인 것은, 역사 또는 역사적 사실에 해당하는 자료 내지 문서들이 법해석의 방법 중 하나인 역사적 해석방법 내지 발생사적 해석방법에 기여하는 것이다. 현행의 법령을 해석·적용함에 있어서 그 의미를 보다 명확히 이해하기 위하여 해당 법령 자체의 제·개정 연혁과 더불어 해당 법령의 규율대상 영역의 역사적으로 의미있는 자료들이 도움이 된다. 이 자료들도 그자체로서는 일응 정신과학적 의미에서의 해석학적 방법이 적용되는 대상이 될 것인데, 자료의 규범적 성격 여하에 따라서는 제한된 특수한 – 법적 – 논증의 대상이 될 수도 있다.

현행 헌법은 전문에서 "… 우리 대한국민은 3·1운동으로 건립된 대한민국임시정부의 법통…을 계승"한다고 선언하고 있고, 이 헌법을 제9차 개정헌법이라고 할 때 제정헌법에 해당하는 1948년 헌법('제헌헌법'이라는 통칭보다는 '광복헌법'이 더 나은 명칭이라고 생각한다[2]) 또한 그 전문에서 "우리들 대한국민은 기미삼일운동으로 대한민국을 건립하여 세계에 선포한 위대한 독립정신을 계승하여 이제 민주독립국가를 재건"한다고 선언하고 있다. 3·1운동을 계기로 직접적으로 대한민국이 건립되었다(1948년 제헌헌법 내지 광복헌법)고 하든, 간접적으로 – 정부는 국가를 전제로 하므로 – 대한민국임시정부가 건립되었다(현행 헌법)고 하든, 현재의 '대한민국이라는 국가'의 기본법이자 최고법인 헌법은 국

---

2 1948년 헌법을 가리켜 제헌헌법 또는 건국헌법이라고 부르는 관행이 있는 것은 사실이지만, 역사적으로 보면 정작 제헌헌법 또는 건국헌법이라고 불러야 할 헌법은 1919년 4월 11일 제정된 대한민국헌법('대한민국임시헌장'이라는 표제를 단, 대한민국의 최초 헌법)이다. 따라서 1948년 7월 12일 제정되고 7월 17일 공포된 헌법은 1945년 8월 15일 광복을 계기로 성립하게 된 헌법이므로 '광복헌법'이라는 명칭이 더 잘 어울린다고 생각한다.

가(대한민국)와 정부의 기원을 3·1운동에 두고 있음을 이론의 여지가 없도록 단호하게 천명하고 있는 것이다.

그런데 대한민국과 대한민국정부가 3·1운동과 그 결실인 대한민국헌법(대한민국임시헌장)의 제정과 대한민국정부(대한민국임시정부)의 수립으로부터 비롯되었음을 명확하게 명시한 이 헌법적 선언에도 불구하고 '대한민국임시정부시기의 대한민국헌법과 대한민국정부'에 대하여 평가절하하려고 하는 시도가 있어왔다. 여러 가지 현실적인 사유를 들어 사실상의 의미를 갖는 시도를 하는 것은 그럴 수 있다고 치더라도, 규범적으로도 그러한 시도가 정당하다고 할 수 있을까. 헌법전문을 헌법 본문과 마찬가지로 헌법의 법원으로 인정하는 것이 통설적인 견해이므로, 문제는 해석론에 있다고 하겠다. 그동안 여러 연구들에 의하여 밝혀져 온 것처럼 대한민국 임시정부시기의 헌법으로부터 – 정식정부시기의 여러 헌법 및 – 현행헌법에 이르기까지 계승성·연속성이 인정된다면 해석론상으로도 그 기원으로 거슬러 올라가 제대로 된 평가를 수행하고 그것을 보전하는 것이 중요할 것이다.

이 글에서 목표로 하는 것은 3·1운동에 대하여 그리고 그에 이어진 대한민국과 그 헌법(대한민국헌법)의 탄생, 그리고 그 정부(대한민국임시정부)의 수립에 대하여 올바른 헌법(사)적 의미를 규정하는 것이다. 이는 '말 그대로 단지 역사적인' 의미를 규정하자는 것이 아니고, 현행 헌법의 해석에 대한 규범적 지침을 줄 수 있기를 바라고, 가능하다면 3·1운동 및 대한민국 건국과 대한민국임시정부수립 100주년을 맞는 우리

한국과 한국민들에게 합헌적인 오리엔테이션을 줄 수 있기를 바란다.

II. 3·1운동의 혁명으로서의 성격지움

3·1운동은 1919년 3월 1일부터 동년 5월 말까지 세 달 남짓한 기간 동안, 남녀와 노소, 빈부와 귀천, 종교와 사상을 가리지 않고 200만 명 이상의 한국인들이, 한반도 전역에서 및 해외 각지에서, 대대적으로 벌인 '독립만세운동'을 일반적으로 널리 부르는 중립적인, 즉 서술적인 명칭이다(범칭 汎稱).

3·1운동에 관련한 여러 쟁점들, 즉 발발의 원인 내지 동기(내인론/외인론)[3], 3·1운동의 주체(지식인/학생/농민)[4], 3·1운동의 운동방법(폭력/비폭력)[5], 3·1운동의 결과(성공론/실패론) 등을 둘러싼 논쟁을 비롯하여 3·1운동의 역사적 경위에 대해서는 역사가들의 연구에 맡겨놓기로 한다. 다만, 여기에서는 아래 사항을 역사가들의 연구로부터 확인한 것으로 전제하기로 한다: (i) 제1차 세계대전의 종전 후 세계질서의 재편 과정에서 패전국 식민지의 해방을 원칙으로 하는 민족자결주의가 대두되었고 이 문제를 논의하기 위하여 파리강화회의가 소집된 것, 상해의

---

3 신용하, 3·1독립운동의 역사적 동인과 내인·외인론의 제문제, 한국학보 제58호 (1990. 3), 일지사, 2–42쪽 참조.

4 신용하, 3·1운동 주체세력의 사회적 구조, 3·1운동과 독립운동의 사회사 (신용하 저작집 43), 서울대학교출판부, 2001, 196–199쪽.

5 신용하, 3·1독립운동의 비폭력방법의 사회적 배경과 사회적 조건, 3·1운동과 독립운동의 사회사 (신용하 저작집 43), 서울대학교출판부, 2001, 201–219쪽.

젊은 독립지사들이 이 기회를 이용하여 일본과 같은 전승국의 식민지도 평등하게 대우하여 한국 등도 독립시켜 주도록 공론화를 시도한 것, 이를 위하여 한국 대표단을 파리로 파견하는 것만으로는 충분치 않았고 일본과의 병합이 한국민의 의사와 무관하게 강제된 것이었고 한국민 대다수는 독립을 원한다는 사실을 명백히 하기 위하여 거족적인 독립의지를 표명하는 국내외 거사를 기획한 것과 같은 외적 요인들 뿐만 아니라, 구한국 시대부터 계속된 자강운동, 계몽운동[6], 의병운동 등으로 한국민의 자체 역량이 성장해온 것[7]과 반대로 일제의 폭력적인 무단정치의 횡포와 (일제의 사주로 인한) 고종독살설의 유포로 야기된 울분 등 내적 요인이 모두 작용했을 것이라는 점; (ii) 3·1운동의 주체는 당시 종교단체 외에는 조직적인 활동을 억압받던 상황이었기 때문에, 민족대표 구성도 실제 거사도 천도교를 비롯한 종교인들의 역할이 컸고, 중앙에서는 지식인과 학생들이, 지방에서는 농민들이 주로 역할을 했다는 점; (iii) 3·1운동이 – 비록 일부 지방에서 계획적인 폭력행사가 없지 않았음이 밝혀졌지만 – 대체로 비폭력으로 평화적으로 진행되었다는 점; (iv) 3·1운동 중 체포되어 재판을 받은 사람들의 재판기록에 따르면 당시 독립이 이루어질 것을 기대했다기보다는 한민족의 독립의지를 대대적으로 과시하여 파리강화회의에 영향을 미치고자 하는 의도가 있었던 것으로 이해되고, 실제로 3·1운동의 참가자 숫자나 내세운 주의·주장, 비폭력적 방법 등이 세계 여러 나라 언론의 주목을 받았을 뿐만 아

6 신용하, 19세기 한국의 근대국가형성 문제와 입헌공화국 수립 운동, 사회와 역사 제1권 (1986), 한국사회사학회, 11–111쪽 참조. 입헌공화국으로 가는 길목에서의 신민회의 역할이 특히 강조되어 있다.
7 신용하, 3·1운동의 主體性과 민족자결주의(1977), 3·1운동과 독립운동의 사회사 (신용하 저작집 43), 서울대학교출판부, 2001, 141–170쪽.

니라 − 역시 논란이 없지는 않으나[8] − 중국의 5·4운동을 비롯하여 아시아, 아프리카의 여러 국가들에 직간접적으로 영향을 미쳤음이 확인된다는 사실에 비추어, 독립이라는 결과에 실제 이르지 못했다고 하여 실패라고 부르는 것은 지나친 단견으로 보인다는 점.

　3·1운동은 무엇인가. 정복당한 약소민족이 이민족의 압제에 울분을 이기지 못하고 우발적으로 들고 일어난 단순한 봉기에 불과한가, 아니면 그 이상의 무엇인가. 첫째, 3·1운동은 특정한 계급이나, 특정한 종교, 특정한 사상을 가진 일군(一群)의 사람들이 아니라, 그와 같은 모든 구별을 초월한 모두, 즉 '누구나'가 주체가 된 운동이었다. 참가자가 당시의 전체 인구의 10분의 1을 웃돌 정도로 대중운동으로서도 매우 규모가 큰 운동이었다. 둘째, 일제의 식민지배라는 정치적 상황을 역전시키고자 하는 열망이 지배한 운동이었다. 만약 독립지사들이 희망했던 대로 파리강화회의에서 식민지 해방의 범위에 대하여 재론하도록 영향을 미칠 수만 있었다면, 모종의 정치적 가능성이 열렸을지도 모른다. 비록 세계 정치질서가 인류의 양심과 인도에 맞게 모든 국가와 국가, 민족과 민족을 평등하게 다루는 데까지 문명화되지 못한 까닭에 희망대로 되지는 못하였지만, 당시 3·1운동이 겨냥한 것은 한반도에 대한 국제정치적 지형의 근본적이고도 급격한 변화였다. 나아가 − 아래 3·1대혁명의 정신을 논하는 가운데 자세히 언급하겠지만 − 3·1운동은 한국의 국가로서의 독립만을 지향한 것이 아니고, 개국 이래 수천 년에 걸쳐 전승되어 온 전제군주국을 민주공화국으로 급격하게 변경하는, 즉 국체변경을

---

8 한승훈, '3·1운동의 세계사적 의의'의 불완전한 정립과 균열, 역사와현실 통권 제108호 (2018. 6), 한국역사연구회, 209–243쪽 참조.

기도한 것이다. 단순히 개인 통치권자의 교체가 아니라 나라의 통치체제 자체의 근본적인 변경을 내포하는 운동이었다. 셋째, 3·1운동이 당시 일제가 구성한 법률질서에 합치하는 것이 될 수 없었다는 것은 말할 나위도 없을 것이다. 만세를 부르는 방식의 평화적 시위였지만 일제가 내란죄로까지 의율하려고 했던 것이 사실이고, 무려 46,948명이 구금되었으니, ― 일제의 한국강점 자체가 불법이었다고 보면 실질적으로야 다른 결론에 이를 수도 있지만 ― 어쨌든 당시 사실상 통용되고 있었던 법률과는 상치했던 운동이라고 할 수 있겠다.

그렇다면, 어떠한 운동이 '혁명'이라고 불리우기 위하여 충족하여야 하는 본질적인 조건들로 무엇이 있는가. UCLA 로스쿨의 스티븐 가드봄(Stephen Gardbaum) 교수는 최근 발표한 '혁명적 입헌주의(Revolutionary Constitutionalism)'라는 제하의 논문에서 정치적 변혁이 혁명이라는 용어로 불리우는 것이 적정하기 위한 필요·충분조건의 목록을 다음과 같이 제시하고 있다: 첫째, 진정한 형태의 대중운동(mass mobilization), 여기에 날것 그대로의 인민의 헌법제정권력이 직접적으로 나타나야 한다; 둘째, 시간적으로 급격한, 최소한 빠른 속도의 변혁(abrupt, sharp, quick transformation)이 일어나야 하는데, 점진적인 것과는 구분되어야 한다; 셋째, 변혁의 정도라는 측면에서 개혁과는 달리 근본적인 변화(fundamental change)가 이루어져야 하는데, 보통 현존 정권의 제거가 여기에 포함된다; 넷째, 변화에 있어 법 외적인 또는 비상규적인 방식 또는 절차(extra-legal or extraordinary modes or processes of change)가 사용되었어야 한다;

마지막으로 특기할 만한 사항인데, 역사상 평화적인 혁명보다는 유혈혁명이 더 통상적이었지만, 폭력이 혁명의 본질적인 징표는 아니라는 것이다(violence is not essential).[9]

이 기준이 혁명을 연구하는 학자들에게 보편적으로 수용되는지 여부에 관하여는 차후의 과제로 미뤄두고, 여기에서 일응 3·1운동에 적용해보기로 한다: (i) 3·1운동이 진정한 대중운동이었음은 분명하고, 나아가 대한민국 헌법이 상해에서 제정된 것을 보면 실질적인 헌법제정권력의 형성과 활동이 포함되어 있었다고 보아야 한다; (ii) 1899년 고종에 의한 대한국국제의 흠정에서 분명히 나타난 바와 같이 수천 년간 철옹성 같이 유지되어온 전제군주정 체제가 3·1운동 발발 한 달만인 4월 11일 대한민국임시헌장에서 민주공화정의 채택으로 붕괴된 것은 민주(공화)혁명임이 분명하다; (iii) 현존 정권의 교체 정도가 아니라 통치체제 자체가 변경된 것이므로 근본적인 변화라 아니할 수 없다; (iv) 독립만세운동이 당시의 사실상 적용되던 법률질서에 반하는 것이었음은 말할 나위도 없고, 통상적으로 이루어지는 종류의 절차도 과정도 아니었음도 분명하다; 마지막으로, 폭력이 일부 있었다고는 하나 대체로 비폭력 평화시위로 시종했던 운동이었으며, 폭력이 있고 없고는 혁명적 성격을 인정하는 본질적 요소가 아니므로 문제가 되지 않을 것이다. 이렇게 보면 3·1운동을 '혁명'으로 성격짓는 것이 옳을 것으로 보인다.

실제로 3·1운동의 성격을 '혁명'으로 규정한 예는 이미 일제강점기 동

---

9 Stephen Gardbaum, Revolutionary Constitutionalism, I·CON (2017), Vol.15 No.1, pp.173-200(177).

안에도 계속하여 있어왔을 뿐만 아니라,[10] 특히 권위있는 역사적 문서라고 할 수 있는 1944년 대한민국(임시)헌법 제5차 개정헌법(대한민국임시헌장) 전문에서 "삼일대혁명"이라고 정식으로 명명하고 있음을 볼 수 있다. 또한 1948년 (광복)헌법제정 당시 기준이 된 헌법초안이었던 '유진오-행정연구회 공동안'에도 3·1혁명이라고 부르고 있었다. 이 초안이 국회에 제출된 후 그 논의과정에서 3·1혁명이 3·1운동으로 바뀌게 되었는데, 조국현의원이 "조선이 일본하고 항쟁하는" 것이었으므로 '항쟁'이라고 부르자고 제안한데서 비롯되었다.[11] 이 조국현의원의 제안을 받아 이승만의장이 자신이 종래 불러왔던 '혁명'을 순식간에 던져버리고 "혁명은 옳은 문구가 아니다"라며 가세하였고,[12] 조헌영의원이 '3·1운동'을 제안하였다.[13] 이에 구성된 5인 특별위원회에서 조헌영의원이 제안한 '기미삼일운동'을 채택하여 수정안을 본회의에 제출하였고, 본회의 사회자였던 이승만의장이 토론을 막은 채 동 수정안을 표결에 붙여 '재석 157인 중 가 91, 부 16'으로 통과된 것이다.[14] 이로써 직전 대한민국(임시정부)헌법에서 '3·1대혁명'이었던 것이 새로운 대한민국(정식정부)헌법에서 '3·1운동'으로 개명되어, 사실상 그 의의가 격하당한 셈이라고 볼 수밖에 없다. 관념상으로나마 대혁명-혁명-운동이라는 단계를 생각할 수 있다면 이러한 두 단계의 격하는, 막 정식으로 정부를 수립하고자 헌법을 제정하는 사람들이 한 일로서 보기에는 참으로 괴이

---

10 김광재, 3·1운동의 3·1혁명으로서 헌법사적 재해석 – 건국절 논란과 연관하여 – , 법학논총 제39권 제1호 (2019. 2), 전남대학교 법학연구소, 81쪽 이하(94-95쪽) 참조.

11 제1회 국회속기록 제27호 (1948. 7. 7), 503쪽.

12 제1회 국회속기록 제27호 (1948. 7. 7), 503-504쪽.

13 제1회 국회속기록 제27호 (1948. 7. 7), 504쪽.

14 제1회 국회속기록 제27호 (1948. 7. 7), 512쪽.

쩍다고 아니할 수 없다.

조국현의원의 제안은 아마도 국가 간의 전쟁을 혁명으로 보지 않는 전통적인 혁명개념론에 따른 것이었을 것으로 추측된다. 그러나 1776년의 미국독립혁명이 영미간의 전쟁의 결실이라고 하여 그 혁명성을 부인하는 사람은 없을 것이다. 실제로 영국의 절대군주의 압제로부터 미국식민지를 해방시켰고, 전 세계에 걸쳐 군주제가 시행되고 있는 상황에서 공화국을 수립한 미국의 정치적 사건이 근대의 두 위대한 시민혁명 중 하나라는 사실은 보편적으로 인정되고 있다. 조국현의원의 협소한 혁명개념 이해가 불러온 사단(事端)이 지나가는 에피소드로 끝나지 않고 우리 민족의 위대한 민주대혁명을 '운동'이라는 범칭으로 국가의 기본 장전에 자리잡게 만든 정치적 배경이 무엇일까 심히 의심되는 바이다.

또한 3·1운동이 혁명으로 자리매김될 수 없다는 주장으로서, 3·1운동은 원래 의도했던 결과를 얻지 못했으니 실패한 것이고 따라서 정치적 대변혁에 바쳐지는 혁명이라는 찬사가 어울리지 않는다는 주장이 있다. 그러나 이 주장은 3·1운동이 의도했던 진정한 내용에 대한 무지에 기초한 것이다. 3·1운동은 파리강화회의에 이미 한국대표(김규식)가 파견된 상태에서 한민족의 독립의지를 대내외에 천명할 필요로부터 거사가 기획된 것이다. 원래의 기획 의도가 예상하지 못한 규모로 운동이 전국으로 전파되었고 거족적인 참여가 이루어짐으로써 기대할 수 없을 만큼 크나큰 성공을 거두었던 것이다. 이로써 그 규모나 운동방식에 있어서 전 세계 언론의 주목을 받게 되었고, 일제의 한국지배는 한국민의 의사에 따른 것이라는 일제의 선전이 순 거짓말에 불과한 것임을 세계의 인민들에게 알리는데 성공한 것이다. 당시 세계정치질서의 상황과 일본의 국세에 비추어 애초에 기대할 수도 없었고 실제로 기대하지도 않았던 독립이 이루어지지 않았다고 하여 3·1운동이 실패한 봉기에 불과하다고 폄하하는 것은 진실을 호도하는 주장이다. 뿐만 아니라 이론적으로 보아도 혁명이 실패하였다고 하여 혁명이 아닌 것으로 질적으로 변화된다는 주장은 성립하기도 어려운 주장이다. 성공여하와 혁명적 성격 여하가 공동운명인 것처럼 말하는 것은 타당하지 않다. 성공이 혁명을 인정하는 본질적 징표가 아니기 때문이다. 어쨌든 3·1운동은 본래의 의도인 독립의지의 과시로서는 충분히 성공적이었을 뿐만 아니라, 국내적으로는 일제의 식민지배의 방식을 무단정치에서 소위 문화정치로 변경시키는 성과를 가져오기도 하였고, 국외에서는 특히 대한민국의 건국과 정부의 수립이라는 민주공화주의혁명을 끌어냈다는 점에서 성공적인 '혁명'이었다고 보아야 한다.

  3·1운동을 3·1'혁명'이라고 부르는데서 나아가 3·1'대혁명'이라고 부르는 것에 대하여 작은 해명을 덧붙이기로 한다. 본시 '대'혁명('great' revolution)이라 부르는 것은 혁명들(revolutions) 가운데서 특히 중요한, 역사적으로 분수령이 될 만한 커다란 의의를 가지는 '혁명'에 바쳐지는 헌사와 같은 것이다. 한국헌정사상 주요 사건 가운데 4·19혁명은 이제 혁명으로서 보편적으로 받아들여지고 있는 것으로 보이고, 6.10민주항쟁도 명예혁명 또는 시민혁명으로 부르는 견해가 있으며, 촛불혁명도 널리 쓰이고 있다. 이렇게 여러 혁명들이 있는 가운데 우리 한민족의

역사에 가장 크고 높게 기려야 할 중대한 의의를 가지는 혁명이 있다면 단연 3·1혁명이라는 데에 이의를 제기할 사람은 없을 것이다. 3·1운동은 혁명이며, 혁명 중에서도 '대혁명'이라고 불리울 만한 혁명인 것이다. 따라서 둘 다 정당한 호칭이라고 할 수 있는, 3·1혁명과 이것을 높여 부르는 3·1대혁명은 호환적으로 쓸 수 있다고 보며, 특별히 평가절하적인 뉘앙스가 나타나지 않는다면 3·1운동이라는 범칭을 써도 무방할 것이다.

III. 3·1대혁명정신 (3·1정신)

3·1대혁명정신은[15] 어디에서 추출해낼 수 있는가. 3·1대혁명을 일으킨 내재적 · 외재적 요인 중에서 민족의 정신적인 성장의 경로를 탐구한다든지, 또는 민족대표를 비롯한 당대의 독립지사들을 비롯하여 3·1운동에 참여한 사람들이 공적 · 사적으로 남긴 자료들에 포함된 그들의 사상세계를 들여다본다든지, 또는 3·1운동에 이르는 과정에 직접적 영향을 미친 독립선언서들, 특히 1917년 대동단결선언,[16] 1919년 무오독

---

15 3·1'대혁명'의' 정신이라고 하지 않고 3·1'대혁명정신'이라고 쓴 까닭은, 3·1운동으로 우리 한민족이 외부로 표출한 정신세계를 그 사실경과의 맥락에서 설명하기보다는 내용적으로 규정하기 위함이다. 즉 3·1대혁명이라는 사건과 연관된 별도의 정신 내지 사상으로서가 아니라, 3·1대혁명 그 자체가 이미 한민족의 정신이었음을 표시하기 위함이다. 혁명과 관련된 정신이 아니라 혁명정신을 표시한 것이다.

16 조동걸, 임시정부 수립을 위한 1917년의 「대동단결선언」, 삼균주의연구논집 통권 제9호 (1987. 9), 삼균학회, 14–45쪽. 대동단결선언은 순종이 주권을 포기한 때로부터 한국민들 내지 독립지사들이 주권을 가지게 되는 것이라고 주장하고, 이 주권을 행사하기 위하여 독립지사들이 대동단결하여 임시정부를 구성할 것을 촉구하는 내용으로 되어 있다. 이 선언이 군주주권 대신에 국민주권을 기반으로 하여 임시정부를 수립할 '이론적' 근거를 제공한 것으로 높이 평가하는 견해가 많이 발견된다. 그러나 이 선언의 작성자들 스스로 "법리"라고 주장하고 있는 이른바 주권불멸설(?) 내지 주권상속설(?)이 정말 법리적으로 근거지워질

립선언서, 1919년 2·8 동경독립선언서, 특히 3·1독립선언서를 비롯한 당시의 수많은 독립선언서들을 분석해본다든지[17] 여러 가지 방법이 있을 것이다. 이러한 여러 방법들을 이 글에서 다 추적할 수는 없으므로 그동안 다양하게 이 작업을 수행해온 역사가들에게 맡겨두기로 하고, 여기에서는 가장 권위있는 공식적인 독립선언서인 3·1독립선언서 속에 나타난 3·1대혁명정신을 규명하는데 만족하기로 한다.

1. 정의 (양심, 인도, 도의)

3·1독립선언서에서 가장 인상적인 것은 아마도 전체를 관통하는 당당함, 즉 기품있는 태도가 아닌가 한다. 이민족의 압제에 ─ 실질적으로 종속관계에 들어간 1905년 을사늑약부터 계산하면 ─ 십년 넘게 시달려온 민족의 손에서 나온 선언서라고 믿기 어려울 정도로 정정당당하고 광명정대한 밝은 기운이 넘쳐흐른다. 이러한 자신만만함은 어디에서 나온 것일까.

선언서 제1절에서는 "차로써 세계만방에 고하여 인류평등의 대의를 극명하며", "차로써 자손만대에 고하여 민족자존의 정권을 영유케 하노라", "인류적 양심의 발로에 기인한 세계개조의 대기운에 순응병진하기 위하여 차를 제기함이니", "시이 천의 명명이며 시대의 대세이며 전인

수 있는지는 단정하기 쉽지 않을 것이다. 또한 이 선언이 임시정부 수립에 미친 영향은 작성자들이 임시정부에 참여함으로써 간접적으로 이루어진 것이므로 3·1독립선언서와 같은 지위를 가진다고는 도저히 볼 수 없다. 더 깊은 연구가 필요하다고 생각한다.

17 대표적인 문헌으로, 김소진, 한국독립선언서연구, 국학자료원, 1999.

류공존동생권의 정당한 발동이라 천하 하물이든지 차를 저지억제치 못할지니라"하고, 제3절에서는 "인류통성과 시대양심이 정의의 군과 인도의 간과로써 원호"한다고 하고, 제4절에서는 "아 조종세업... 아 문화민족... 아의 구원한 사회기초와 탁월한 민족심리...", "엄숙한 양심의 명령으로써 자가의 신운명을 개척함이오 결코 구원과 일시적 감정으로써 타를 질축배척함이 아니로다", 특히 "구사상 구세력에 기미된 일본위정가의 공명적 희생이 된 부자연 우 불합리한 착오상태를 광정하여 자연 우 합리한 정경대원으로 귀환케 함이로다", "당초에 민족적 요구로서 출치 아니한 양국병합", "구오를 확정하고 ...신국면을 타개함...", "금일 오인의 조선독립은 ... 일본으로 하여금 사로로서 출하여"라고 하고 있고, 제5절에서는 "아아 신천지가 안전에 전개되도다. 위력의 시대가 거하고 도의의 시대가 내하도다. 과거 전세기에 연마장양된 인도적 정신이 바야흐로 신문명의 서광을 인류의 역사에 투사하기 시하도다. ... 천지의 복운에 제하고 세계의 변조를 승한 오인은 아무 주저할 것 없으며 아무 기탄할 것 없도다."고 하고, 제6절에서 "오등이 자에 분기하도다. 양심이 아와 동존하여 진리가 아와 병진하는도다.", "전 세계기운이 오등을 외호하나니 착수가 곧 성공이라 다만 전두의 광명으로 맥진할 따름인저"라는 말로 마치고 있다.

인류가 보편적으로 가지는 성정과 양심에 비추어 보면, 어느 민족이 다른 민족을, 어느 국가가 다른 국가를 식민화하여 지배하는 것, 특히 문화민족이고 탁월한 능력을 가진 한민족을 그보다 못한 일본민족이 식민지배하고 있는 상황은 너무나 부자연스럽고 불합리하기 짝이 없다는 것이다. 3·1운동은 이 부자연스럽고 불합리한 착오상태를 바로잡는 것을 지향한다는 것이다. 때마침 제1차 세계대전의 종전으로 '힘이 지배하는 시대'가 가고 '도의가 지배하는 시대', '양심과 진리가 지배하는 시대', '인도적 정신이 지배하는 시대'가 왔으니 민족의 자주독립이라는 정당한 권리를 발동하는 것이 당연하고, 이러한 주장은 시대의 대세요 세계의 새로운 기운이니 그 어떤 것도 막지 못할 것임을 확신한다는 것이다.

제국주의의 패권에 맞서 제국주의의 약소국 침탈을 불의한 것으로 규탄하고 정의회복을 주장함이니, 불의를 멀리하고 정의를 도모하는 것은 양심에 비추어보나 진리에 비추어보나 너무나 자연스럽고 합리적인 것이므로 한국의 독립이 마땅하지 않은가, 뿐만 아니라 당시의 국제정세를 돌아볼 때 시대의 대세 및 세계개조의 기운이 정의와 인도의 편, 즉 우리 편이니 한국의 독립이 물 흐르듯 자연스럽게 되지 않겠는가 확신하고 있다. 선언서에는 우리가 하고자 하는 일이 '정의'라는 확신, 그리고 그러한 정의로운 주장에 세계가 동조하리라는 확신이 가득하다. 따라서 3·1대혁명정신으로서 첫 번째로 꼽을 수 있는 정신은 3·1독립선언서를 처음부터 끝까지 관통하고 있는 정신, '잘못된 것을 바로잡는 것', 바로 '정의'에 대한 확신이다.

2. 자유 (국가의 독립, 민족의 자결, 국민개인의 자유)

3·1독립선언서가 — 제3절에서 명시한 것처럼 — '민족적 독립'을 '최대급무'라고 선언한 것은 맞지만, 민족의 독립 그 자체를 주장하는데

그치고 있지 않다는 점에서 그동안의 연구들에 주의가 부족하지 않았나 생각된다.

우선 선언서 제1절의 "아 조선의 독립국임과 조선인의 자주민임을 선언하노라"라는 문장을 선언서 말미의 "조선건국 4252년 3월 일"이라는 문구와 함께 보면, 이때의 '조선'이라는 말이 대한제국 이전의 한국의 국호로서의 조선도, 대한제국의 국권상실 후의 식민지한국의 호칭으로서의 조선도 가리키는 것이 아님을 알 수 있다. 이성계의 조선건국 시점이 아니라 단군'조선'의 개국시점을 기산점으로 햇수를 계산해놓음으로써 무려 43세기나 되는 유구한 역사를 가진 한국을 가리키는 말로 썼음을 밝힌 것이다. 선언서 제2절은 "유사이래 누천년에 처음으로 이민족겸제의 통고를 상한지 금에 십년을 과한지라"고 하여 이를 다시 분명히 하고 있다. 따라서 "아 조선의 독립국임"을 선언한 것은 '우리나라가 독립국이라는 것'을 선언한 것이다. 즉 '국가의 독립'이다.

선언서 제1절의 "조선인의 자주민임을 선언"한 부분은 민족 전체를 가리키든, 개인을 가리키든, '우리나라 사람(들)'이 다른 어느 나라 내지 어느 나라사람에 종속되지 않는 존재라는 것을 천명한 것이다. 우선 제1절의 다음 문구, 즉 "민족자존의 정권", "민족의 항구여일한 자유발전", 제2절의 "민족적 존영의 훼손", 제3절의 "최대급무가 민족적 독립을 확실케 함이니"에서 알 수 있듯이 단체로서의 '민족의 독립'을 선언한 것이다.
선언서에 나타난 주요한 특징 중 또 하나는 국가의 독립, 민족의 독립에서 나아가 한국인 한 사람, 한 사람의 존엄과 자유에 대한 특별한

고려가 있다는 점이다. 제1절의 "조선인의 자주민임을 선언", 제2절의
"아 생존권의 박상됨이 무릇 기하이며 심령상발전의 장애됨이 무릇 기
하이며", "신예와 독창으로써 세계문화의 대조류에 기여보비할 기연을
유실함이 무릇 기하이뇨", 제3절의 "각개인격의 정당한 발달을 수하려
면", 제5절의 "아의 고유한 자유권을 호전하여 생왕의 낙을 포향할 것
이며 아의 자족한 독창력을 발휘하여…"라고 하고 있다. 국가와 민족
이 타국 · 타민족에 종속되어 압제하에 놓이면 그 국가와 그 민족에 속
하는 사람들 한 명 한 명도 노예상태에 놓이게 되는 것이다. 그리하여
각개인도 생존권에 해를 입을 뿐만 아니라 정신의 발전에 쏟을 자유도
잃고 결국 자신의 예지와 독창력을 발휘하여 인류문화에 기여할 기회
도 얻지 못하고 마는 것이다.

　선언서는 이처럼 국가-민족-개인으로 이어지는 3위 모두가 이민족의
압제로부터 독립하여 자유를 회복하지 못하면 정상적인 삶을 영위할 수
없음을 누누히 강조하고 있다. 독립은 한자로는 獨立 즉 홀로 서는 것
이며, 영어로는 In-Dependence, 즉 남에게 의존하지 않는 것을 가리키
는바, 자주적일 것, 즉 자기 스스로 결정할 수 있어야 할 것, 결국 타인
의 의사에 복속하여 지배당하지 않고 자기 스스로 결정한 자기의사에 따
라 사는 것, 곧 자유로운 것을 뜻하는 것이다. 독립, 자주, 자율이 의미
상으로 다 연결되어 있고, 결국 자유를 실질로 하는 상태로 볼 수 있다.
따라서 3·1독립선언서에 표현된 국가의 독립, 민족의 자결, 국민개인의
자유를 포괄하여 3·1대혁명의 두 번째 정신, 즉 '자유'정신이라고 본다.

3. 민주 (국민주권, 공화주의)

3·1독립선언서는 제1절의 첫머리에서 "오등은 자에 아 조선의 독립국임과 조선인의 자주민임을 선언하노라"라는 장중한 문구로 시작한다. 이어진 구절에서는 "이천만민중의 성충을 합하여 차를 포명함"이라고 선언의 정당성을 전 국민에게서 찾고 있다. 제3절에서는 "이천만 각개가 인마다 방촌의 도를 회하고"라고 하여 국민의 굳은 각오가 지지기반임을 밝히고 있다. 제4절에서는 "이천만 함분축원의 민을 위력으로써 구속함은 다만 동양의 영구한 평화를 보장하는 소이가 아닐 뿐만 아니라"라고 하여 전 국민에 대한 압제와 횡포가 선언의 배경임을 나타내고 있다. 마지막 제6절에서는 "오등이 자에 분기하도다. … 남녀노소없이… 기래하여…"라고 하여 3·1운동의 주체가 전국민임을 선언하고 있다. 문언적으로 특이한 점은 첫 절과 마지막 절에서만 "오등(吾等)"이라고 쓰고 있고, 제2절~제5절에서는 "오인(吾人)" 또는 "아(我)"라고 쓰고 있는 점이다. 의미상으로 어떠한 특별한 차이를 의도했는지는 모르겠으나, 최소한 톤의 장중함이 수미상관식으로 울림이 크도록 포석한 것이 아닌가 추측해볼 뿐이다.

일제 강점 당시 한국은 대한제국이라는 전제군주정 체제였고, 전제군주정에서 국가의 주권이 군주에게 전속된다는 점을 모르는 사람은 아무도 없었을 것이다. 전제군주국가의 신민들로서는 주권의 소재를 논하는 것 자체가 이미 군주에 대한 반역에 해당하는 일이었을 것이니 그저 당연하게 받아들이는 외에는 다른 방법이 없었을 것이다. 그런데 타국에 병합되어 주권을 상실한 국가를 회복하는 길은 곧 주권을 회복하는 것이다. 한일간에 체결된 – 유무효를 둘러싼 논란은 일단 별도로 하고 – 병합조약의 체결주체는 한국(대한제국)의 경우 외교권한을 전속적으로 보유하였던 전제군주였다. 형식법리적으로는, 만약 이 조약을 무효로 돌리거나 취소할 수 있었다면, 원래의 주권자인 전제군주에게 주권이 되돌아가는 것으로 볼 수 밖에 없었을 것이다. 물론 이 조약이 원천무효도 아니고 취소될 다른 사유도 없었다면 일단 유효한 것이 되었을 것이고, 그렇다면 주권이 이미 일본에 이양된 것이고 새로운 주권보유자인 당시 – 역시 군주국가였던 – 일본의 군주에 의하여 처분가능한 상태가 되었다고 볼 수밖에 없었을 것이다.

3·1독립선언서의 놀라운 점은 강제병합 전 (일응 헌법적인 의미에서의) 지위가 신민(臣民)에 지나지 않았던, 즉 국가권력의 객체에 불과하였던, "오등(吾等)"이 주권을 회복하겠다는 선언의 주체로 당당하게 이름을 올리고 있는 것이다. 더 놀라운 점은 병합 전 자신들의 주인이었던, 즉 국가권력의 주체였던 군주(고종황제 또는 순종황제)나 왕실(황실)에 관하여 일언반구도 언급하지 않고 있다는 점이다. 선언서의 내용만 가지고서는 국권상실 전에 한국이 군주국이었다는 사실을 전혀 알 수 없게 되어있다. 선언서의 선언주체도 서명주체도 오직 "조선민족대표"라는 것만을 알 수 있게 되어있다.

이렇게 보면 "오등(吾等) = 우리 = 조선민족대표"는 전 국민의 대표로서 한국의 주권을 당당하게 주장하고 있는 것이다. 그것도 선언서 제

1절에 쓰인바 "이천만민중의 성충을 합하여" 즉 전 국민의 의사로서 주장하고 있다. 이로부터 알 수 있는 것은 당시 한국에서 군주주권주의는 이미 수명을 다했다는 것, 국민주권주의가 당연한 것으로 받아들여지고 있었을 것이라는 점이다. 나라의 주인은 왕이 아니라 국민이며, 전 국민의 의사를 받들어 국민대표가 빼앗긴 주권을 되찾겠다고 세계만방을 향하여 독립을 선언한 것이다.

　3·1독립선언서는 3·1운동이 단순히 독립운동이기만 한 것이 아니라, - 그것과 동시에, 어쩌면 그것보다 더 중요하게 - 국민주권운동 즉 민주화혁명이었음을 확연하게 보여주고 있다. 그것도 국민주권을 확보하기 위한 혁명의 출정을 선언하는 것이 아니라 이미 국민주권을 당연한 전제로서 깔고 주권의 주체로서 당연하게도 독립운동의 주체임을 자임하고 있다는데서 놀라움을 안겨준다. 주권을 회복한 독립국가는 당연히 후속하여 헌법을 제정하고 새로운 정부를 구성하는 것이 순서이니, 3·1독립선언서는 한국민의 헌법제정권력화를 예정하고 있는 문서라고 보아도 과언이 아닐 것이다.

　그동안 오랫동안 3·1운동을 이민족의 식민지배로부터 벗어나기 위한 독립운동의 차원에서만 바라보고 민주혁명의 차원은 묻혀 있었으나, 최근에는 수많은 연구자들이 민주혁명으로서 3·1운동을 복권시키는 작업을 해오고 있는 것은 매우 반가운 일이다. 3·1운동이 혁명의 성격을 갖는다는 주장은 바로 이 차원, 즉 국민주권주의를 기반으로 하여 군주에서 국민으로 국가권력의 주체(로서의 지위)를 이동시킴으로써, '제국'을

'민국'으로 전환시키는 일대 전기를 이루었음을 특히 근거로 든다. 특히 3·1 '대'혁명이라는 명예로운 호칭은 지난 5천 년간의 전제군주제를 청산하고 민주공화국으로의 길을 열었다는 점에서 정당화된다. 이미 3·1 독립선언서 안에서 '민국'이 나타나고 있으며, 3·1운동 이후 여러 곳에서 민주정부가 수립됨으로써 민국이 드디어 행위능력을 - 부족하게나마 - 갖게 되었던 것이다. 3·1대혁명정신 가운데 역사적으로 가장 중요한 것은 아마도 '민주'정신일 것이다.

4. 평등

3·1독립선언서는 서두에서 "차로써 세계만방에 고하여 인류평등의 대의를 극명"한다고 선언하고 있으며, 이어서 "전인류 공존동생권의 정당한 발동"이므로 세상의 그 무엇이라도 이를 저지하거나 억제하지 못할 것이라고 주장하고 있다. 또한 "양국병합의 결과가... 차별적 불평..." 하에서 "양 민족간에 영원히 화동할 수 없는 원구를 거익심조"하고 있다고 지적하고 있다.

과거 신분제사회 속에서 살아왔음에도, 3·1독립선언서는 누구를 대상으로 해서든 어떠한 차별도 두지 아니하고, "이천만 각개가 인마다 방촌을 회하고...", "남녀노소없이 음울한 고소로서 활발히 기래"하도록 촉구하고 있고, 공약삼장에서도 "최후의 일인까지...민족의 정당한 의사를 쾌히 발표하라"고 격려하고 있다. 물론 이러한 문구는 이천만 각개가 하나로 단결하여 독립운동에 나서야 한다는 데에 방점이 있는 것이지 그들 상호간의 평등을 특별히 강조한 것으로 볼 수는 없을 것이다.

3·1독립선언서는 일차적 관심이 우리 민족의 이민족으로부터의 독립, 우리나라의 다른 나라로부터의 독립에 놓여있었기 때문에 국가와 국가 간, 민족과 민족 간의 평등 내지 동권을 중심에 놓고 생각할 수밖에 없었을 것이다. 그리하여 민족 간의 상호 평등, 국가 간의 상호 평등을 내세워 어떤 민족도 다른 민족을, 어떤 국가도 다른 국가를 자기 아래에 복속시키거나 차별대우할 경우 평등의 대의에도 공존동생의 권리에도 부합하지 못함을 주장한 것이다. 따라서 상대적으로 개인과 개인 간의 평등 문제에 관해서는 독립선언서에서 중점적·독립적으로 거론할 만한 적합한 장소를 발견하기가 어려웠을 것으로 이해된다. 개인과 개인 간의 평등에 대한 3·1대혁명 당시의 인식은 독립선언서와 무관하게 살펴보아야 할 것으로 보인다.

그러나 3·1독립선언서 상의 '인류평등의 대의'라든가 "남녀노소없이"와 같은 명시적인 문구로 볼 때 '평등'이 3·1대혁명의 정신을 구성하는 요소라고 판단할 수 있을 것이다.

5. 평화

3·1운동은 폭력을 사용함 없이 단지 '대한독립만세'를 외치는 평화적 시위를 하는 방식으로 전개되어 새로운 유형의 저항운동 내지 혁명으로 환영받았다. 국내에는 일제의 엄격한 무기통제로 인하여 폭력시위에 사

용할 만한 도구가 거의 남아있지 않았다는 점, 비폭력시위였기 때문에 남녀노소할 것 없이 대중적인 참여가 가능했다는 점, 특히 ─ 의병운동과 같은 무장투쟁의 경우 달리 ─ 여성들의 참여가 상당히 이루어질 수 있었고 그로 인하여 새로운 한국의 출범에 있어서 여성들의 지분이 인정되었고 성별에 의한 차별이 금지되는데 기여했다는 점을 특기할 만하다.

　3·1독립선언서에서 평화를 지향하는 정신은 세 가지로 표현되고 있다. 첫째는 시대정신에 대한 이해이다. 제2절에 "구시대의 유물인 침략주의 강권주의의 희생을 작하여", 제5절에 "위력의 시대가 거하고 도의의 시대가 내하도다"처럼 국제관계에서 폭력을 사용하는 시대는 이제 벗어났다고 보고 있다. 둘째는 독립(선언)의 목적이다. 선언서 제4절에 "금일 오인의 조선독립은 조선인으로 하여금 정당한 생영을 수케 하는 동시에 일본으로 하여금 사로로서 출하여 동양지지자인 중책을 전케 하는 것이며 지나로 하여금 몽매에도 면하지 못하는 불안공포로서 탈출케 하는 것이며 동양평화로 중요한 일부를 삼는 세계평화 인류행복에 필요한 계단이 되게 하는 것이라 어찌 구구한 감정상 문제리오"라고 하고 있듯이 한국의 독립─중국의 안정─동양의 평화─세계의 평화의 연관을 주장하고 있다. 셋째는 운동방법인데 특히 한용운이 작성한 것으로 알려진 공약3장의 내용에 비폭력적 평화적 방법이 강조되고 있으니, 제1장에 "자유적 정신을 발휘할 것이오 결코 배타적 감정으로 일주하지 말라"고 하고, 제2장에서 "… 민족의 정당한 의사를 쾌히 발표하라"고 하고, 제3장에서 "일체의 행동은 가장 질서를 존중하여 오인의 주장과 태도로 하여금 어디까지든지 광명정대하게 하라"고 하고 있다.

3·1운동에서 명시적으로 내세운 비폭력적 · 평화적 운동방식이야말로 그 전까지의 혁명과는 비교되는 태도였고, 그리하여 이를 통하여 3·1운동이 혁명의 새로운 카테고리를 만들어내었다는 찬사를 듣게 된 것이다. 지난 100년 동안 세계 여러 대륙에서 간단없이 혁명적 사건이 발생하여왔고, 이제는 비폭력적 방식에 의한 혁명도 낯설지 않게 되었지만, 3·1운동 당시에는 혁명 하면 바로 폭력과 불법이 떠오를 정도였다는 것을 상기해보면 3·1운동의 비폭력 · 평화 정신이야말로 3·1대혁명정신의 주요한 구성요소로 볼 수 있을 것이다.

IV. 3·1대혁명정신의 체화:
대한민국과 그 헌법('대한민국임시헌장')의 탄생의 의의

1919년 4월 10일과 11일에 걸쳐 중국 상해의 독립지사들이 3·1운동에서 표출된 한국민 전체의 의사를 받들어 국민주권주의에 기반한 새로운 민주공화국으로서 대한민국을 건립하고, 이 국가를 운영할 정부(임시정부)를 수립하기에 이르렀음은 주지하는 바와 같다. 그들은 국호를 정하고 헌법을 제정하고 정부를 운영할 관제를 정하여 인선까지 하는 식으로 일사천리로 진행하였다.

국호를 대한'제국'으로부터 대한'민국'으로 변경하고, 이 국가의 기본법으로서 헌법을 제정하면서 '대한민국 임시헌장'이라는 표제를 붙였다.

그 후 대한민국임시정부는 대한민국 헌법을 여러 차례 개정하면서 표제를 달리 붙이기도 하였는데, 표제가 헌법이든 헌장이든 약헌이든 상관없이 모두 우리가 오늘날 이해하는바 헌법임에는 차이가 없다. 이 글에서는 대한민국 건립 후의 최초 대한민국 헌법인 대한민국 임시헌장의 탄생이 헌법사적으로 가지는 의의를 살펴보는데 집중하기로 한다.

1. 대한민국 최초 헌법 논쟁 (근대적 헌법의 기원 논쟁)

대한민국 임시헌장이 한국 최초의 근대적 헌법인가를 둘러싼 논란이 있다. 혹자는 1894년 갑오개혁의 일환으로 이루어진 '홍범 14조'를, 혹자는 1898년 독립협회와 관민공동회의 작품인 '헌의 6조'를, 혹자는 1899년 고종이 2년 전 칭제건원을 한 구색을 갖출 요량으로 제정한 국가기본법제인 '대한국국제'를 근대적 형식과 내용을 갖춘 최초의 헌법이라고 주장하고 있어서다. 이러한 여러 주장들에 대한 찬반양론은 기왕의 연구들에 맡기고 발제자의 생각을 간략히 밝히면 다음과 같다:

첫째, 홍범 14조의 경우, 1895년 1월 7일 고종이 백관을 이끌고 종묘에서 선조에게 서고(誓告)하는 형식을 취하여 제문(祭文) 가운데 그 내용이 들어있었다는 점(다음 날 반포하였다), 한국의 주권침탈을 위한 전제적인 책략으로서 청나라와 조선 사이의 그동안의 주종관계를 단절시키고자 하는 일본의 의지가 반영된 점, 국정개혁안이 다수 포함되어 있기는 하지만, 그들조차도 일본 외교관들이 고종에게 제시하고 강요하다시피 밀어붙인 내정개혁안의 항목들과 대부분 – 그것도 텍스트 자

체까지 - 일치한다는 점[18] 등에 비추어 고종의 자기와의 약속 비슷한
- 실제로는 진정성이 있었는지조차 의심스러운 - 이러한 문건이 과연
헌'법'이라는 카테고리에 들어갈 수 있을지 회의가 든다. 기껏해야 전제
군주가 외세에 굴복하여 흠정한 '강요된 전제군주헌법'의 예에 집어넣
을 수는 있을지 모르겠다.

둘째, 헌의 6조의 경우, 독립협회가 주도하고 관리들과 민간이 귀천
을 가리지 않고 참여한 관민공동회에서 토론한 결과를 작성하여 고종에
게 올린 문건으로 군민공치(君民共治)라는 당시 지식인들의 사상과 합
치하는 모범적인 시도로 보여졌겠지만, 우선 어떠한 '법적' 구속력도 없
는 건의안에 불과했다는 점, 그리고 전제황권을 굳건히 하는 것을 기본
전제로 하고 있다는 점, 비록 의회설립운동을 추진하여 중추원개편안을
이끌어내긴 했지만, 독립협회 회원들간의 선거로 상원격의 중추원의 일
부 의관을 민간선출자로 하자는 안이었을 뿐이고 실제 그 단계에 이르지
도 못한 채 독립협회도 만민공동회도 강제해산당했다는 점, 고종이 자
신의 형세가 불리해보일 때 또는 이용가치가 있다고 보았을 때 독립협
회 및 만민공동회의 주장을 일부 수용하는 척한데 불과하고 결과적으로
보면 어떠한 양보도 할 의도가 없었음이 분명해진다는 점 등에 비추어
이 문건도 헌법의 카테고리에 집어넣기 어려운 것이라고 보아야 한다.

셋째, 대한국국제의 경우는 더 말할 것도 없다. 우선 그 내용이 위 홍

---

18 신우철, 근대 입헌주의 수용의 비교헌법사 - 개화기 '원시 헌법문서' 분석을 중심으로 - ,
   법과사회 제33호 (2007. 12), 법과사회이론학회, 137쪽 이하(145-151쪽) 참조.

범 14조나 헌의 6조에 견주어 역주행을 해도 한참 한 것인데,[19] 실제로 이것이 고종의 본심을 드러낸 것으로 보인다는 점에서 역으로 위 두 문건의 허구성이 밝혀진다고 하겠다. 그런데 대한국국제는 법조문의 구성양식을 갖추고 있음에도 불구하고, 텍스트 자체로서도 헌법으로 보기 어려운 점을 내포하고 있다. 독일의 법학자 요하네스 블룬츌리(J. C. Bluntschli)가 1868년(초판)/ 1872년(제2판) 출간한 국제법교과서("문명국가의 현대 국제법 교과서"[20])를 미국 선교사 윌리엄 마틴이 번역한 '공법회통'으로부터, 국제법상 국가의 성격 및 국가의 주권에 관한 부분을 차용하여 문서화한데 불과했기 때문이다.[21] 블룬츌리는 국가주권설을 주장하였지만, 국가주권이라 함은 결국 특별한 다른 사정이 없는 한 국민주권으로 이어진다는 입장을 가지고 있었다.[22] 그럼에도 불구하고 대한국국제는, 국가 상호간에는 상호 주권을 존중하여야 하는 까닭에 내

19 유진오는(신고 헌법해의, 1953) "이 얼마나 반동적 국헌인가! … 내용에 있어서는 실로 완명 고루하여 세계의 진운과 민중의 요구에 응하고자 하는 의도는 추호도 보이지 않고, 도리어 이에 역행하여 군주독재의 철석같은 제도를 확립하려 한 것이었다."고 맹비난을 하고 있다.

20 Das moderne Völkerrecht der civilisirten Staaten als Rechtsbuch dargestellt.

21 동 제64장에서는 "국가의 주권은 다음에서 표현된다(83쪽). a) 국가가 외국으로부터 독립하고 자기 영토 내에서 외국의 국가행위를 거부하는 것. b) 외국의 방해없이 자기 자신의 국가 의사를 스스로 결정하고 자신의 재량대로 표현하고 행사하는 것(84 쪽)"이라고 하고 있고, 제68장에는 "국가가 보통 가지는 주권적 권리에는 다음의 권리들이 있다. a) 자신의 헌법을 스스로 정할 권리, b) 자신의 국민 및 영토에 대하여 독자적으로 법률을 제정할 권리, c) 스스로 통치하고 스스로 행정을 할 권리, d) 공직자들을 자유롭게 충원하는 것, e) 타국과의 교섭을 위하여 자신의 대표자들을 임명하고 수권할 권리(85쪽)"라고 쓰고 있다. William A.P. Martin이 이 블룬츌리의 책을 1880년 한역하여 "공법회통(公法會通)"이라는 제목으로 간행하였는데, 이 번역서 72쪽에 "第64章 國之主權有二 其能自立而不倚賴於他國者 一也 其能自主 而不聽命於他國 者 二也", 74쪽에 "第68章 邦國之主權有五 自立政體 一也 自定律例 二也 自治行理 三也 自選臣工 四也 自遣使臣 五也 …"라고 번역하고 있다.

22 Johannes C. Bluntschli, The Theory of the State (Lehre vom modernen Staat, 6.Aufl.의 영문번역판), p.393 참조. 그는 국가주권과 프랑스식의 Nation주권을 유사한 것으로 보고 있다.

정에 간섭할 수 없다는 블룬츌리의 일반적인 국제법 법리를 차용하여 (사실상 도용에 가깝다), 국가의 모든 활동영역에서 군주가 제한없이 자신의 전제권력을 행사할 수 있다는 것을 시종일관 강조하는데 그치고 있다. 뿐만 아니라 독립협회와 만민공동회 사건을 통하여 자신의 백성들이 의회를 개설하여 자신의 군주권을 제한하려고 한다든지 심지어 공화제를 도입하여 자신의 군주지위조차 위협하려고 하는[23] 등 – 자신으로서는 황당한 – 경험을 한 직후라 그런지 아예 신민으로서 군주권력을 침해거나 훼손하는 행위를 하는 자는 그 행위가 기수이든 미수이든 예비 음모이든 막론하고 다 신민의 도리를 잃은 자, 즉 반역자로 취급하겠다는 협박성 조문까지 만들어 넣고 있는 것이다. 이 문건은 헌법이라기보다는, 국제법상 국가가 다른 외국과의 관계에서 독립적인 지위를 가진다는 원칙을 변용하여 군주가 어떠한 제한도 받음없이 자의적으로 전제정치를 할 수 있다고 선언한데 불과한, 포고칙령 같은 것으로 보아야 할 것 같다. 대한국국제에서 근대헌법의 조그마한 표지라도 찾으려고 하기보다는 차라리 쓰레기통에서 장미꽃을 찾는 것이 빠를 것이다.

그런데, 우리 학계에서 그동안 과거의 문건 가운데 어떠한 것이 소위 근대적 입헌주의적 의미의 헌법으로서 최초의 것이라고 인정받을 만한지 논쟁해온 것에 대하여 한 마디 비판을 덧붙이고자 한다. 우선 이른바 '근대적 입헌주의'라 함은 과거 유럽 국가들의 절대군주의 권한을 법률문서로 제한하고자 시도한 19세기 초반의 입헌군주제 헌법의 제정운동을 포함해서 하는 말인지, 또는 18세기 마지막 4반세기에 이루어진

---

23 독립협회에서 군주제를 폐지하고 공화제를 도입할 음모를 꾸미고 있다는 벽서가 나붙은 이른바 '익명서'사건이 있었다고 하는데, 이 사건은 조작된 것으로 의심받고 있다.

위대한 두 시민혁명, 즉 1776년의 미국독립혁명과 1789년의 프랑스대혁명을 모멘텀으로 하여 그 후 제정된 헌법들을 주로 가리키는 것인지 분명히 하여야 할 것이다. 그리고 이들 헌법들은 대개가 자유주의적 입헌주의의 범주에 속하는 것인데, 과거에는 우리 헌법학의 논의가 자유주의적 입헌주의의 테두리를 벗어나지 못하였던 것도 사실이다. 그러나 오늘날 헌법학도 많이 발전하였고, 전 세계적으로 다양한 유형의 입헌주의가 가능하다는 것이 인정되고 있다. 자유주의적 입헌주의 뿐만 아니라 사회주의적 입헌주의, 아시아 입헌주의, 특히 동아시아 유교적 입헌주의 또는 이슬람 입헌주의 등이 제안되고 토론되고 있다.[24] 따라서 근대적 입헌주의라는 명목으로 자유주의적 입헌주의를 유일한 '입헌주의의 가능한 형태'로 한정하는 것은 세계헌법학의 발전을 따라가지 못하는 후진적 현상이 아닌가 걱정된다.

어쨌든 홍범 14조, 헌의 6조, 대한국국제, 그 어느 것도 자유주의적 입헌주의의 실질을 가지는 것으로 볼 경우의 근대적 입헌주의 헌법의 범주에는 포함될 수 없다는 점은 분명하다고 하겠다.

반면에, 대한국국제가 반포된 이후 10년 만에 대한제국은 붕괴되었고, 시기적으로 대한국국제 다음으로 국가 기본법제의 성격을 갖는 문서로 등장한 대한민국 임시정부시기 최초의 헌법인 '대한민국 임시헌장'은 - 아래에서 보는 바와 같이 - 국민주권을 인정하는 바탕위에서 민주공화제를 채택하고 국민의 기본권을 보장하는 동시에 3권분립적 국가질서를 구성하고 있는 등 자유주의적 입헌주의 계열에 속하는 헌법

---

24 Mark Tushnet, Varieties of Constitutionalism, I·CON (2016), Vol.14, Issue 1.

으로서 우리나라 최초의 것임이 분명하다고 하겠다.

2. 대한민국 건립과 그 헌법 제정의 정당성:
3·1대혁명-헌법제정권력-대한민국 임시정부-대한민국 (임시)헌법

　대한민국 임시헌장을 선포하면서 대한민국 임시정부는 자신이 3·1운동으로 확보된 민주적 정당성의 수임자임을 명백하게 선포하고 있다. 즉 3·1운동으로 표출된 전 국민의 위임에 의하여 정당성(정통성)을 확보하였음을 선언하고 있다. 헌법 전문 격인 선포문에서 "신인일치로 중외협응하여 한성에서 기의한지 30유여일에... 국민의 신임으로 완전히 다시 조직한 임시정부"라고 하고 있고, 임시헌장 조문 뒤에 붙인 선서문에서 "...민국 원년 삼월 일일 아 대한민족이 독립선언함으로부터 남과 여와 노와 소와 모든 계급과 모든 종파를 물론하고 일치코 단결하여... 아 민족의 독립과 자유를 갈망하는 실사(實思)와 정의와 인도를 애호하는 국민성을 표현한지라... 차 시를 당하여 본 정부가 전국민의 위임을 수하여 조직되었나니..."라고 다시 한 번 강조하고 있다.

　이론상 헌법은 모든 법령의 제정근거이자 효력근거이고 헌법제정은 헌법을 비로소 탄생시키는 행위이므로, 헌법의 제정 이전에는 어떠한 법질서도 전제할 수 없고 따라서 헌법제정은 합법성(legality)을 가지고는 가타부타 판단할 수 없는 법이전의 − 정치적 − 행위이다. 그렇다면 정당성(legitimacy)을 충족하는가가 헌법제정에 있어서 중요한 문제가 될 것인데, 흠정헌법의 경우에는 군주가, 민정헌법의 경우에는 국민에게 헌법을 제정할 정당성이 있다고 보통 설명하고 있다. 헌법제정권력(constituent power)과 주권(sovereignty)은 구별이 쉽지 않은 상호연관된 개념인데, 보통 주권을 가지는 자에게 국가의 자주조직권이 있다고 보아 헌법제정권력도 가지는 것으로 본다. 따라서 민주국가에서는 국민에게 주권이 있으므로 역시 국민에게 헌법제정권력이 있다는 데에 이견이 없다. 민주국가의 헌법제정은 민주적 정당성(democratic legitimacy)을 획득하여야 한다는 말이다.

그렇다면 대한민국 임시정부에 의한 대한민국 임시헌장의 제정은 민주적 정당성을 어떻게 획득하고 있는지가 문제될 것이다. 사실 3·1운동의 민족대표 33인에 대하여도 그렇고 상해의 대한민국 임시정부도 그렇고, 그들의 대표성이 어떻게 확보되었다고 말할 수 있는지 의문을 제기하는 사람들이 제법 있다. 여기에서 우리는 3·1운동이 피식민 민족에 의하여 피식민 영토 안에서 일어난 혁명임을 상기할 필요가 있다. 전국에 걸쳐 일어난 대규모의 대중운동으로서 당시 식민지배국가의 법령상 불법이었던 운동이었으므로, 이 운동을 대표하는 사람들에게 어떠한 정해진 절차를 따르도록 요구하는 것은 불가능한 일이었다. 이 논리는 이 민족에게 강점된 영토를 떠나 해외로 망명한 지사들이 민족을 대표하는 업무를 수행하는 경우에도 마찬가지로 적용된다. 3·1운동이라는 대중운동의 과정에서 인민이 비로소 헌법제정권력을 행사할 수 있는 하나의 구체적인 의사통일체 및 행동통일체로서의 하나의 국민단체, 즉 "우리 대한국민"으로 형성되었다.[25] 이들이 직접 헌법제정으로 나아가는

---

25 이헌환, 대한민국의 법적 기초 – 헌정의 연속성과 남북한정부의 관계 – , 법학연구 통권 제31집 (2010. 12), 전북대학교 법학연구소, 15–16쪽.

것은 식민지배상태에서는 기대불가능한 것이었고, 결국 해외로 망명한 독립지사들이 이들을 대표할 수밖에 없었다.

헌법제정권력과 대표의 관계에 관한 유력한 이론[26]에 따르면 혁명운동의 대표자들의 경우 대표성을 사실적으로가 아니라 상징적으로 획득할 수 있다고 본다. 평시의 경우에는 선거라든가 투표를 통하는 등으로 실체적인 대표성을 획득할 수 있겠지만, 불안정하고 혼란스러운 혁명상황에서는 국민의 암묵적 지지 등 다른 방식의 대표성 획득이 인정된다고 보는 것이다. 3·1운동의 민족대표의 경우도 그렇고 대한민국 임시정부의 경우도 그러한데 가능한 한 13도를 고루 대표하도록 인적 구성을 하였고, 특히 대한민국 임시정부는 3·1운동을 전후하여 국내의 민족대표들과도 교류를 꾸준히 유지하였다. 또한 ― 한성임시정부가 비록 과거 식민화되기 전의 수도였던 한성에서 그리고 13도 대표로 구성하여 수립된 임시정부로서 지리상·형식상으로는 정통성이 더 있는 것 같이 보이지만 ― 1919년 9월 상해 임시정부를 중심으로 한성정부와 노령정부가 통합하는 절차를 밟아 통합임시정부를 구성한 사실에서도 알 수 있는 것처럼, 일제 식민지배의 지휘부가 있는 한성에서는 임시정부가 대한민국 정부로서 활동하는 것 자체를 기대할 수 없었기 때문에, 대한민국 임시정부의 정통성을 상해 임시정부의 수립으로 거슬러 올라가 인정하는 것이 현실적이고 합리적이라고 보아야 할 것이다. 3·1운동 전부터 임시정부를 수립할 때까지 전 과정을 함께 하였고 국내의 독립지

---

26 Raf Geenens/Thomas Decreus/Femmy Thewissen/Antoon Braeckman/Marta Resmini, The 'Co-Originality' of Constituent Power and Representation, Constellations, Vol.22, Issue 4 (December 2015), p.518.

사들과도 꾸준히 소통하고 협력한 상해 임시정부의 독립지사들이 3·1
운동으로 표출된 "우리 대한민국 국민"과 그들의 헌법제정권력을 대표
하는 것이 순리라고 볼 수밖에 없는 구조였던 것이다.

3. 3·1대혁명정신의 체화로서 대한민국 임시헌장의 내용

(1) '정의'의 체화

자연의 이치에도 반하고 합리적이지도 못한 것, 인류보편의 도의와
양심에 반하는 것, 낡은 사상에 빠져서거나 착오로 인한 것, 공명심의
발로이거나 이기적인 즐거움을 위한 것 등과 같은 잘못을 바로잡아아
한다는 것이 3·1대혁명의 '정의'의 정신이다. 수천 년에 걸쳐 자주독립
국가를 유지해온 우수한 문화민족인 한국이 일본의 강압에 의하여 식
민지로 종속되어 있는 것이 바로 이러한 잘못에 해당한다는 것은 명약
관화하다. 대한민국 임시헌장의 선서문에서 밝히고 있는 바와 같이 3·1
운동을 통하여 "남과 여와 노와 소와 모든 계급과 종파를 물론하고 일
치코 단결하여" "민족의 독립과 자유를 갈망하는 실사(實思)와 정의와
인도를 애호하는 국민성을 표현"하였으니 이때를 당하여 대한민국 (임
시)정부가 "전국민의 위임을 수하여 조직된" 것은 자연스러운 일이고
이는 "우리의 인도가 … 일본의 야만을 교화하는 일이요 우리의 정의
가 … 일본의 폭력을 승하는" 일이었다. 정부는 헌법에 의하여 조직되
는 것이고, 헌법은 국가를 전제로 하는 것이니, 대한민국 (임시)정부를
조직한다 함은 대한민국이라는 국가의 건립과 그에 따른 대한민국 헌

법의 제정을 당연히 수반하는 일이었다. 대한민국 임시정부(의 지사들)은 대한민국 임시헌장에 대한'민국'이라는 국호를 정하여 표제에 내걸고 있고, 제1조에서 제8조에 이르기까지 조문마다 "대한민국"을 기재하고 있으며, 제정일자를 "대한민국 원년 4월   일"이라고 하고 있다. 특히 제7조에 "대한민국은 신의 의사에 의하여 건국한 정신을 세계에 발휘하며 ..."라고 하여 자신들이 대한민국을 "건국"하였음을 명시적으로 밝히고 있기도 하다. 또한 대한민국의 영토가 일본에 강제점령당하고 있는 상태임을 고려하여 제10조에 "임시정부는 국토회복 후 만 1개년 내에 국회를 소집"한다고 명시함으로써, 주권과 국민과 영토의 국가의 3가지 성립요소 가운데 대한민국 임시정부 수립 후에도 전적으로 흠결상태를 면치 못하는 영토 문제와 더불어 임시의정원의 민주적 정당성을 계승하여 정식정부를 수립할 주체로서 '국회'를 언급하고 있다. 대한민국의 건국, 대한민국 헌법(대한민국임시헌장)의 제정, 대한민국 정부(대한민국임시정부)의 수립이라는 일련의 과정은 3·1대혁명정신인 '정의'를 구체화하는 일이었다.

(2) '자유'의 체화

새로이 건립된 대한민국의 기본법전으로 제정된 대한민국 임시헌장은 그 전문("선포문")에서 "항구완전한 자주독립의 복리에 아 자손여민에 세전키 위하여" 임시헌장을 선포한다고 취지를 선언하고 있다. 위에서 설명한 바대로 '자주'도 '독립'도 결국 '자유'의 다른 이름이라고 할 수 있다면, 새로이 제정된 대한민국 헌법은 바로 인민의 자유를 위한 것이었다. 더욱이 인민의 자유를 보장함에 있어서 당대 세계의 수준에 견주어도 대한민국 임시헌장은 전혀 부끄럽지 않았다. 제3조에 "대한민국의 인민은 남녀 귀천 급 빈부의 계급이 무하고, 일체 평등임"이라고 규정하였으니, 성별에 의한 차별을 명시적으로 금지하고 사회적 신분계급을 부인했을 뿐만 아니라 빈부에 따른 차별까지도 금지하는 진보적인 태도를 보여주고 있는 것이다. 제4조에서는 "대한민국의 인민은 신교 · 언론 · 저작 · 출판 · 결사 · 집회 · 신서 · 주소 · 이전 · 신체 급 소유의 자유를 향유함"이라고 규정하여, 근대적 시민혁명 이후 자유주의 헌법이 보장했던 거의 모든 인권들, 즉 신체의 자유, 종교의 자유, 언론 · 출판 · 집회 · 결사의 자유, 서신의 비밀, 거주 이전의 자유, 재산권, 지적재산권 등을 다 보장하고 있다. 이어서 제5조에서는 "대한민국의 인민으로서 공민자격이 유한 자는 선거권 급 피선거권이 유함"이라고 규정하여 국민의 정치적 권리, 그중에서도 주권행사와 직결되는 중요한 '좁은 의미의 참정권'인 선거권 · 피선거권을 보장하고 있다. 이로써 새로이 건립된 대한'민국'이 국민주권주의에 입각한 민주국가임을 간접적으로 선명하는 효과도 보고 있다. 또한 제9조에서는 "생명형 신체형 급 공창제를 전폐함"이라는 규정을 두고 있는바, 신체형의 폐지는 강제병합 후(정확히는 1912년 이후) 한국민들만을 대상으로 적용되었던 일제의 형사악법, 특히 조선태형령으로 인하여 한민족이 받아온 수모와 고통을 생각할 때 이해되는 것이지만, 생명형과 공창제의 폐지는 당대의 기준으로 보아 대단히 진취적인 규정이 아니었나 생각된다. 특히 생명형의 폐지는 사형제도를 폐지한다는 것인데 그때로부터 백년이나 지난 오늘날에도 사형제 존폐를 둘러싼 논란이 여전한 것을 생각해볼 때 놀

랍기까지 하다. 이러한 권리보장과 더불어 국민의 기본의무로서 제6조에 "대한민국의 인민은 교육 납세 급 병역의 의무"가 있다고 규정하고 있는데, 오늘날의 대한민국 헌법상의 국민의 기본의무 규정과 별반 다르지 않다. 이와 같은 대한민국 임시헌장의 기본권 보장은 3·1대혁명정신 중 하나인 '자유'를 구체화한 것이었다.

(3) '민주'의 체화

대한민국 임시정부는 새로이 건립된 국가의 국가체제(국가형태)로서 '민주공화제'를 채택하여 대한민국 임시헌장 제1조에서 "대한민국은 민주공화제로 함"이라고 규정하였다. 개화기부터 강제병합에 이르는 시기까지 관비유학생들이나 해외 사정에 눈뜬 지식인들이 다양한 방법으로 구미의 정치체제를 한국에 소개하였음은 주지의 사실인데, 대체로 군주전제, 군민공치(또는 군민동치), 민주공화의 3개 체제로 나누어서 설명한 것으로 수렴될 것 같다. 그 중에서 군민공치제는 유럽의 입헌군주제를 가리키는 것으로 보이는데 논자의 입장에 따라서 조금 뉘앙스의 차이가 있었던 것 같지만 대동소이한 것으로 보아도 무방할 것이다.[27] 당시 수천 년에 걸쳐서 동양적 스타일의 전제군주제만을 경험해 온 한국인들에게 공화제는 입에 올리기도 어려웠을 것은 물론이고 입헌군주제도 생소하기 그지없었을 것이다. 또한 구미의 민주혁명과 그에 따른 민주적 정치체제를 접하고 감동한 선각자라 할지라도 당시 한국민의 근왕정서와 정치적 수준(이른바 민도)을 심각하게 고민하지 않

---

27 군민공치제에 관한 개화파 관료들의 생각에 관하여는, 왕현종, 19세기말 개혁관료의 서구정체인식과 입헌문제, 한국사상사학 제17집 (2001. 12), 한국사상사학회, 475-512쪽 참조.

을 수 없었을 것이다.

그러나 강제병합 후 10년도 안되어 일어난 3·1운동에서 한국민은 국권을 회복했을 경우의 국가체제로서 전제군주체제를 전혀 고려하고 있지 않음을 보여주었다. 나아가 입헌군주체제도 이미 고려대상이 아니었다. 오로지 민주공화국만이 가능한 국가체제였다. 물론 소위 복벽주의라고 불리우던 왕정복고 주장도 있었고, 고종이나 그의 왕자들 가운데 한 사람을 해외로 이주시켜 그를 수장으로 하는 망명정부를 세우려고 기도한 세력도 있었다. 또한 3·1운동의 주요한 참여층이었던 농민들 중에서도 신지식에 거리가 있었던 많은 사람들이 근왕적 사고를 갖고 있었던 것도 부인할 수 없을 것이다. 그러나 대한제국 정부가 붕괴되는 과정에서 고종이 보여준 전제권력에 대한 무책임하고 이기적인 집착과 그의 주변에서 기생했던 정치세력들의 사대적 부역행위는 그들의 '신민(臣民)'에 불과했던 한국인들을 정치적으로 각성한 '시민(市民)'으로 바뀌도록 하는 각성제로 작용한 것으로 보인다. 군주와 기성 신료들에 대한 애정도 기대도 더 이상 가질 수 없었던 한국인들에게 남은 선택지는 '자신들' 뿐이었다. 즉 스스로 주권을 행사할 수 있는 민주공화국에 대한 지향이 분명하게 나타났던 것이다. 대한민국 임시헌장은 '민주'가 이미 3·1대혁명정신으로 승화되었던, 이러한 사정을 수용했을 뿐이다.

대한민국 임시헌장 제1조에 규정된 '민주공화제'라는 용어를 둘러싸고 과잉의 해석이 있어 한 마디 덧붙인다: '민주'와 '공화'를 한 단어로 결합하여 쓴 이 용례가 당대에 유일하고 독창적인 것이었다고 하면서 크게 찬미하는 입장[28]이 있는 것으로 안다. 그러나 19세기 후반 20세기 초의 일반국가학에서는 아리스토텔레스의 정체 3분론에서의 군주제, 귀족제, 민주제 중에서 군주제를 제외한 귀족제도 민주제도 공화국과 결합할 수 있는 것으로 이해하고 있었다. 게오르그 옐리네크도 1900년에 출간한 자신의 일반국가학에서 공화국의 한 태양으로 "민주공화국(demokratische Republik)"을 자세히 설명하고 있음을 볼 수 있다.[29] 또한 대한민국 임시헌장이 헌법적 문서에 국가형태를 민주공화로 규정한 최초의 사례라고 주장하기도 하는 것 같은데, 이런 식의 '최초' 주장은 전 세계의 모든 헌법적 문서를 다 찾아볼 수 없는 바에야 그 자체만으로도 증명불가능한 주장에 불과하므로 일단 조심하여야 한다. 더 큰 문제는 실례(實例)로서, 1918년 11월 11일 합스부르크가의 오스트리아–헝가리제국 황제가 더 이상 오스트리아의 국정에 관여하지 않겠다고 하면서 오스트리아인들 스스로 장래의 국가형태를 결정하도록 했을 때 다음 날인 2일 오후 오스트리아 정치인들이 공화국을 선언하고 국회에서 "독일–오스트리아공화국의 국가형태 및 정부형태에 관한 법률"을 의결하였는데 그 제1조에서 "독일–오스트리아는 민주공화국이다(Deutsch-Österreich ist eine demokratische Republik)"라고 규정한 사례가 있다는 점이다. 그리고 더 근본적으로는 구한말부터 대한민국 임시헌장의 제정에 이르는 시기까지 한국인들에게 '민주'와 '공화' 양자의 의미가 선명하게 구분되지 않았다는 것을 간과해서는 안된다. '민주'도 '공화'도 군

---

28 신우철, 비교헌법사: 대한민국 입헌주의의 연원, 법문사, 2008, 300쪽; 이영록, 한국에서의 '민주공화국'의 개념사 – 특히 '공화' 개념을 중심으로 –, 법사학연구 제42호 (2010. 10), 한국법사학회, 58쪽.

29 Jellinek, Georg, Allgemeine Staatslehre, 1900 (3. Aufl. 6. neudruck, Hermann Genter Verlag, 1959), S.717-736.

주제가 없는 국가형태를 지향하는 것으로 이해되는 경향이 주류였다는 것이다.[30] 따라서 대한민국 임시헌장의 '민국'이나 '민주', '공화', '민주공화국' 모두 국민이 주권을 가진 공화국을 가리키는 것이었기 때문에 민주와 공화를 결합한 '민주공화'제라는 표현에 특별히 새롭고 독창적인 의미를 부여한 것이 아니라는 점에서 주의를 요한다.

또 한 가지, 대한민국 임시헌장 제8조, 즉 "대한민국은 구황실을 우대함"이라고 규정한 이른바 구황실우대조항에 대하여, 이는 민주공화제를 채택한 임시헌장과 충돌·모순되는 것이라고 하여 비판하는 견해도 있는 것으로 안다. 대한민국 임시헌장 제정 당시에도 이미 이 조항을 삽입할 지 여부를 둘러싼 논란이 있었던 것으로 알려져 있으니 그러한 비판도 일리가 없는 것은 아니다. 그러나 왕정을 복고하여 군주제 국가형태를 새로운 국가의 체제로 계속하기로 결정했다면, 헌법에 구황실 우대조항 같은 것은 불필요했을 것이다. 구황실우대조항은 스스로 생계를 유지할 능력이 없는 구황실에 대하여 일반 국민들이 갖고 있는 정서를 감안하여 국가에서 재정적인 보조 등을 하기 위한 근거조항으로서 필요했던 것 아닌가 생각된다. 결국 동 조항은 민주공화제 채택의 '동전의 앞뒷면' 같은 것에 불과하다고 보아야 한다.

(4) '평등'의 체화

한국 헌법은 기본권 목록 가운데 평등권을 가장 앞에 규정하는 독특한

---

30 최정욱, 근대 한국에서의 '민주' 개념의 역사적 고찰, 한국정치학회보 제47집 제1호 (2013. 3), 한국정치학회, 127~144쪽 참조.

구성을 전통적으로 유지해오고 있다. 이러한 전통의 출발점에 대한민국 임시헌장이 있다. 임시헌장은 제4조의 자유권, 제5조의 참정권, 제6조의 기본의무를 규정하기에 앞서, 제3조에서 - 즉 기본권목록의 모두에 - "대한민국의 인민은 남녀 귀천 급 빈부의 계급이 무하고 일체 평등임" 이라고 규정하고 있다. 성별에 따른 계급화와 차별, 신분에 따른 계급화와 차별, 재산의 정도에 따른 계급화와 차별을 일체 부정하고 있다.

이처럼 3·1독립선언과 3·1대혁명으로 건립되는 대한민국에서는 일체의 계급도 일체의 차별도 없을 것임을 약속하고 있는바, 수 천 년의 역사에 걸쳐 신분에 따른 차별, 성별에 의한 차별이 당연시되어왔던 나라에서, 이처럼 평등사상이 법적인 확약으로 정착된 배경은 무엇인가.

임시헌장에 첨부된 선서문은 "존경하고 열애하는 아 이천만 동포 국민이여, 민국 원년 삼월 일일 아 대한민족이 독립선언함으로부터 남과 여와 노와 소와 모든 계급과 모든 종파를 물론하고 일치코 단결하여 … 아 민족의 독립과 자유를 갈망하는 실사와 정의와 인도를 애호하는 국민성을 표현한지라. 금에 세계의 동정이 합연히 아 국민에게 집중하였도다. 차시를 당하여 본 정부는 전 국민의 위임을 수하여 조직되었나니 …"라고 하고 있다. 이어서 첨부된 정강의 제1호에서는 "민족평등 국가평등 급 인류평등의 대의를 선전함"이라고 명시하고 있다.

위에서도 말한 것처럼, 3·1운동에는 당시 전체 인구의 10분의 1을 웃돌 정도로 많은 수가 참가했을 뿐만 아니라, 신분의 고하를 막론하고,

종교와 사상의 차이를 불문하고, 즉 모든 구별을 초월하고 모든 한국 사람, 즉 "한국인 누구나"가 주체로서 참가했다. 3·1운동이 우리 역사상 최초로 민주공화국의 '국민'을 형성하는 계기가 되었다고 보는 것은 이러한 사정에 기인하는 것이다. 바로 이렇게 전체 한국인으로써 형성된 '대한민국 국민'의 위임을 받아 대한민국의 임시정부가 조직되고 그(대한민국의) 기본장전으로 임시헌장이 제정되었으니, 3·1운동의 주체이자 새롭게 건국되는 대한민국의 주체인 국민 모두에 대하여 동등한 주체성을 인정하는데서, 그 정당성을 가져오는 것이 자연스러웠던 것이다.

3·1운동과정에서 한국인들, 특히 역사적으로 소외받고 차별받아온 계급의 사람들이 보여준 주인의식이야말로, 3·1대혁명이 대한민국의 건국과 임시정부 조직의 기반이 되는데 밑거름이 되었다. 이로써 3·1독립선언서에서 천명한 "인류평등의 대의"가 실체를 갖게 되었다. 3·1대혁명의 평등정신이 대한민국 임시헌장에서 성별과 신분, 빈부에 따른 계급을 일체 인정하지 않는 평등(권)보장으로 구현된 것이다. 그로부터 대한민국 헌법은 임시정부시기이든 정식정부시기이든 이러한 평등정신을 체화하는 장전으로서의 성격을 고유의 전통으로서 갖게 되었다.

(5) '평화'의 체화

3·1운동이 비폭력·평화시위 방식을 채택함으로써 세계 혁명역사에 새로운 이정표가 되었다는 찬사를 받는다고 위에서 말한바 있다. 과연 3·1운동이 폭력에 의존하였더라면 그토록 많은 수의 한국인들이 그것

도 남녀노소할 것 없이 누구나가 참여하는 거족적 운동으로 진행될 수 있었을까, 그리고 헌병경찰을 동원한 무단정치를 시행하고 있었던 일제가 그들 편에서도 무력을 동원하였다면 보잘 것 없었을 것이 분명한 폭력시위가 진압되지 않은 채로 3월초부터 5월말까지 무려 3개월간 지속할 수 있었을까. 또한 비폭력과 폭력의 선명한 대비가 세계인의 이목을 끈 주요한 포인트가 될 수 있었을까. 3·1대혁명정신의 핵심으로 보이는 평화야말로 3·1운동의 특징 중의 특징이라고 할 수 있을 것이다.

대한민국 임시헌장은 그 전문("선포문")에서 "신인일치로 중외협응하여 한성에 기의한지 30유여일에 평화적 독립을 3백여주에 광복하고…"라고 하여 3·1운동이 평화적인 독립운동이었음을 다시금 강조하고 있다. 제7조에서는 "대한민국은 신의 의사에 의하여 건국한 정신을 세계에 발휘하며 진(進)하여 인류의 문화 급 평화에 공헌하기 위하여 국제연맹에 가입함"이라고 규정함으로써 새로이 건립된 대한민국도 세계평화의 이상을 추구하는 나라임을 분명히 하고 있다. 이처럼 대한민국 임시헌장은 3·1대혁명정신인 '평화'를 구체화하고 있다.

4. 대한민국 임시정부 헌법의 탄생과 대한민국 임시정부의 법통

현행 1987년 헌법은 그 전문에서 "우리 대한국민은 3·1운동으로 건립된 대한민국임시정부의 법통…을 계승"한다고 명시하고 있는바, 특히 "법통", "법통을 계승" 등의 문구의 해석을 둘러싸고 의견이 분분한 실정이다.[31]

---

31 김광재, 대한민국헌법의 탄생과 기원, 윌비스, 2018, 227–229쪽 참조.

대한민국 임시정부의 법통과 관련한 논쟁은, 현행 헌법에 와서야 비로소 동 문구가 직접 명시되었으므로 법률가들에게는 처음에는 생소한 주제로 느껴졌을 법도 하지만, 독립운동가들 사이에서 및 역사가들에게는 익숙한, 그리고 심각한 주제로 받아들여져 온 것으로 보인다. 이 문제는 통일신라 이후 통일국가의 모습으로 한반도에서 이어져 내려온 독립된 정치공동체가 일제에 의하여 병합되어 무려 40년 가까이 지도에서 사라진 상태가 지속되었고, 해방이후에는 미국과 소련에 의하여 38도선의 남과 북에서 그들의 군정지배를 받아 여전히 회생하지 못하였다가, 겨우 주권을 회복하였으나 다시 남북으로 국토가 분단되어 – 한국전쟁 이후부터는 군사분계선을 사이에 두고 – 두 개의 정체체제가 경쟁하는 모양새가 되어버린 한국의 비극적 현대사를 염두에 두고 보지 않을 수 없는 문제이다. 지도에서 사라진 정치공동체를 관장한다는 임시정부를 자임하는 다수의 조직들이 해외 여기저기에 출몰하였다는 점도 고려할 수밖에 없다. 여기에서 조선–대한제국–대한민국으로 이어지는 국가의 흐름 가운데, 특히 국가의 행위능력을 가능케 하는 정부와 관련하여 조선의 왕실–대한제국의 황실–대한민국의 임시정부–대한민국의 정식정부라는 흐름을 인정할 수 있다. 결국 어떠한 용어를 쓰든(법통, 정통성, 계통성 등등), 문제는 다수의 임시정부들 가운데 어느 조직이 이 흐름의 계보에 정식으로 자리잡을 수 있느냐, 그리고 대한민국이라는 국가의 정식정부가 과연 임시정부의 계승자로 자리매김될 것이냐가 관건이라고 하겠다.

3·1대혁명에서 모여진 전 국민의 의사로써 위임을 받아 임시정부를

건설하기 위해 모인 독립지사들이 대한'민국'이라는 국가를 건립하고 그 헌법으로서 '임시헌장'을 제정하고 이 헌법에 따라 국가를 운영할 정부 관제를 편성하여 임시정부를 구성하였다는 것은 움직일 수 없는 사실이다.[32] 이러한 움직임의 중심에 서있었던 것이 상해의 대한민국임시정부였음도 부인할 수 없는 사실이다. 또한 미군정 종료 후 수립된 대한민국 정식정부에서도 대한민국 임시정부를 계승한다는 데 대하여 공감대가 형성되어 있었던 것도 사실이다. 따라서 조선—대한제국—대한민국의 흐름을 인정할 수 있는 것처럼, 국가운영을 맡은 주체로서 조선왕실—대한제국황실—대한민국 임시정부—대한민국 정식정부의 흐름도 인정할 수 있을 것이다. 그렇다면 한국이라는 국가적 공동체의 연면한 흐름을 끊지 않기 위해서라도 대한민국 임시정부의 법통을 인정하는 것이 자연스럽고 합리적이라고 볼 수 있다.[33]

법률적으로 보아도, 대한민국 정식정부에서 임시정부 시절 발행한 국채·공채를 상환한 사례라든지 대한제국 시기에 체결한 조약에 대하여 새롭게 체결·비준절차를 밟지 않고 단지 국무회의 심의만을 거친 후 대한민국에 대하여도 효력이 있다고 관보에 공포한 사례 등을 보면, 법통을 둘러싼 논쟁이 좀 차분하게 가라앉을 때도 되지 않았나 생각한다.

---

32 김희곤, 3·1운동과 민주공화제 수립의 세계사적 의의, 한국근현대사연구 제48집 (2009. 3), 한국근현대사학회, 23쪽: "대한민국은 1919년에 건국되었다. 이는 3·1운동으로 나타난 뜻을 수렴하여 수립된 것이 아니라 3·1운동을 통해 국민들이 명령한 것을 실행에 옮긴 것이다." (밑줄은 발제자가 추가)

33 김창록, 법적 관점에서 본 대한민국의 정체성, 법과사회 제59호 (2018. 12), 법과사회이론학회, 276-280쪽 참조.

V. 결론 – 위대한 정신과 미완의 과제

위에서 우선, 현행 헌법에 이르기까지 정식정부시기의 헌법에 비록 3·1운동으로 명시하고 있으나 3·1혁명 또는 좀 더 높여서 3·1대혁명으로서의 지위와 성격을 인정하여야 한다는 점을 밝혔다. 그리고 임시정부시기의 최초 대한민국 헌법인 대한민국 임시헌장은 3·1대혁명 가운데 비로소 '국민(we, the people)'으로 형성되어 헌법제정권력을 행사할 수 있게 된 한국민 전체를 상징적으로 대표하는 대한민국임시정부에서 제정되었으므로 민주적 정당성을 획득한 것임을 밝혔다. 정식정부를 수립한 1948년 이후의 헌법들에도 임시정부시기의 헌법의 핵심내용들이 그대로 계승되어 내려오고 있고, 대한민국도 대한민국 정부도 모두 3·1대혁명과 대한민국 임시정부에 뿌리를 두고 있으므로, 이와 같은 동일성·계속성·정통성을 존중하는 가운데 헌정이 운영되어야 할 것이다.

3·1독립선언서와 대한민국 임시정부시기의 헌법들에 대하여 정식정부시기의 헌법들과의 연속성이 인정된다면, 그들에게 헌법의 준법원적(準法源的) 성격을 인정한다거나 그 정도는 어렵더라도 헌법의 해석·적용에 있어서 준거(準據)가 될 수 있는 자격을 인정하는 것이 가능할 것이다. 그런 의미에서, 무엇보다도 3·1독립선언서에 명시된 3·1대혁명정신과 대한민국 임시헌장을 비롯한 임시정부시기 대한민국헌법들의 정신과 내용 가운데 현행 헌법의 해석에 있어서 채용할 만한 부분이 있는지 심사숙고하여야 하겠다. 차후의 연구과제이다.

제국(帝國)의 헌법이었던 1899년 대한국국제(大韓國國制) 제4조는 "대한국 신민이 대황제의 향유하옵신 군권을 침손할 행위가 유하면, 그 기행과 미행을 물론하고, 신민의 도리를 실(失)한 자로 인(認)할지니라." 고 선포한 바 있다. 민국(民國)의 헌법인 대한민국헌법 하에서 대한민국 국민 그 누구라도 최초의 국민주권행사의 결실인 대한민국임시헌장과 대한민국임시정부의 법통을 부인한다면 이는 국민의 도리를 잃은 자라 해도 과언이 아닐 것이다.

우리 대한인민이 3·1운동으로 얻고자 한 것은 한민족 전체를 주인으로 하고, 구한국의 전체 판도를 영토로 하는, 국민이 주권을 가지는 민주공화국이었다. 오늘날, 군사분계선 이북 지역의 주민과 국토에 대하여는 대한민국의 주권이 사실상 미치지 못하고 있으니, 100년 전 우리가 소원했던 형태의 근대적인 국민국가는 아직도 미완이라고 할 수밖에 없다.

또한 1972년 '소위 유신헌법'에 의하여 대통령에 대한 명목적인 신임 투표제와 국회 재적의원 3분의 1에 대한 대통령임명제를 강요당함으로써 주권적 지위를 상실했던 우리 국민들이 험난한 민주화과정 속에서 무수한 희생을 치르고 주권을 회복하고 1987년 현행헌법으로 대통령 직선제를 쟁취했음은 주지하는 바와 같다. 그 후 여섯 차례에 걸쳐 대통령직 교체가 평화적으로 이루어졌고, 특히 여야간 평화적 정권교체까지 성공함으로써 한국의 민주주의가 공고화되었다고 믿기도 하였었다. 그러나 2016~17간에 일어난 촛불운동의 계기가 된 이른바 '국정농단' 사건은, 한 편으로는 우리 대한민국이 '과연 근대적인 국민국가이기는 한가' 하는 회의를 불러일으키는 동시에 다른 한 편으로는 '여전히 국민 (의 주권의식)은 살아있다'는 것을 확인시켜주었다. 대한민국 전 지역에서 거의 2천만 명에 가까운 국민들이 비폭력적·평화적 방법으로 참여하여 정권을 교체하고 '나라다운 나라'를 건설할 계기를 마련한 촛불혁명은, 3·1대혁명정신이 우리 대한인민들에게 부여한 책무가 아직 미완이라는 진실과 더불어, 그럼에도 불구하고 그 완성을 위하여 국민들이 여전히 각성되어 있음을 보여주었다는 점에서 고무적이다.

3·1대혁명의 위대한 정신, 즉 정의·자유·민주·평등·평화의 정신을 기초로, 자주(독립)적인 자세로 대한민국을 다시 설계함으로써 순국선열들의 피에 보답하는 것이 3·1운동 100주년과 대한민국 건국 100주년, 그리고 대한민국 (임시)정부수립 100주년을 맞는 "오등(吾等)", 즉 "우리 대한국민"의 책무라 하겠다.

참고문헌

〈단행본〉

강재언, 근대한국사상사연구, 한울, 1983

고정휴 외, 대한민국임시정부의 현대사적 성찰, 나남, 2010

국가보훈처 편, 대한민국임시정부의 법통과 역사적 재조명, 국가보훈처, 1997

국사편찬위원회 편, 한민족독립운동사 3: 3·1운동, 1988

국사편찬위원회 편, 한민족독립운동사 7: 대한민국임시정부, 1990

김광재, 대한민국헌법의 탄생과 기원, 윌비스, 2018

김소진, 한국독립선언서연구, 국학자료원, 1999

김영수, 한국헌법사, 학문사, 2001

김영수, 대한민국임시정부헌법론, 삼영사, 1980

김희곤, 임시정부 시기의 대한민국 연구, 지식산업사, 2015

김희곤 외, 제대로 본 대한민국임시정부 – 자주독립과 통합 운동의 역사,
        지식산업사, 2009

김희곤 외, 3·1운동과 1919년의 세계사적 의의, 동북아역사재단, 2010

박은식, 한국독립운동지혈사, 1920 (김도형 옮김, 한국독립운동지혈사,
        소명출판, 2008)

박은식, 한국통사, 1915 (김승일 옮김, 한국통사, 범우사, 1999)

박찬승, 대한민국은 민주공화국이다 – 헌법 제1조 성립의 역사, 돌베개, 2013

서희경, 대한민국 헌법의 탄생, 창비, 2012(신용하 저작집 43), 3·1운동과 독립운
        동의 사회사, 서울대학교출판부, 2001

신우철, 비교헌법사: 대한민국 입헌주의의 연원, 법문사, 2008

양 건, 헌법의 이름으로, 사계절, 2018

왕현종, 한국 근대국가의 형성과 갑오개혁, 역사비평, 2003

유진오, 신고 헌법해의, 일조각, 1959

유진오, 헌법해의 (증보판), 명세당, 1952

유치형, 헌법, 1908

윤대원, 상해시기 대한민국임시정부 연구, 서울대학교출판부, 2006

이연복, 대한민국임시정부 30년사, 국학자료원, 1999

이영록, 우리 헌법의 탄생, 서해문집, 2006

이현희, 대한민국임시정부사, 한국학술정보, 2003

이현희, 대한민국임시정부사연구, 혜안, 2001

이현희, 三·一革命と大韓民國臨時政府の法統性, 동방도서, 1996

이현희, 임시정부의 숨겨진 뒷이야기, 학연문화사, 2000

전봉덕, 한국근대법사상사, 박영사, 1984

조동걸, 3·1운동의 역사 (우사 조동걸 저술전집 06), 역사공간, 2016

조동걸, 대한민국임시정부 (우사 조동걸 저술전집 08), 역사공간, 2010

조동걸, 한국독립운동사 총설 (우사 조동걸 저술전집 03), 역사공간, 2010

조성구, 헌법, 1907

한태연·갈봉근·김효전 등 공저, 한국헌법사(상), 한국정신문화연구원, 1988

한국근현대사학회 편, 대한민국임시정부수립80주년기념논문집(상), 국가보훈처, 1999

한국근현대사학회 편, 대한민국임시정부수립80주년기념논문집(하), 국가보훈처, 1999

한홍구 외, 대한민국의 정통성을 묻다, 철수와영희, 2009

3·1문화재단 편, 3·1운동 새로 읽기, 2015

3·1민족해방운동연구 (3·1운동 70주년 기념논문집), 청년사, 1989

3·1운동과 민족통일 (3·1운동 70주년기념 심포지엄), 동아일보사, 1989

3·1운동 50주년 기념논집, 동아일보사, 1969

Bluntschli, Johannes C., Das moderne Völkerrecht der civilisirten Staten, C. H. Beck, 1868 (2. Aufl. 1872) (공법회통, 한국근대법제사료총서 3, 아세아문화사, 1981)

Jellinek, Georg, Allgemeine Staatslehre, 1900 (3. Aufl. 6. neudruck, Hermann Genter Verlag, 1959)

Sieyès, Emmanuel J., Qu'est-ce que le tiers-état?, 1789 (박인수 옮김, 제3신분이란 무엇인가, 책세상, 2003)

〈논문〉

고정휴, 대한민국임시정부의 성립과정에 대한 검토, 한국근현대사연구 제12집 (2000. 3), 한국근현대사학회, 88-127쪽

고정휴, 대한민국임시정부의 통합정부 수립운동에 대한 검토, 한국근현대사연구 제13집 (2000. 6), 한국근현대사학회, 34-71쪽

구영수, 한국민족주의운동에 관한 전개과정의 특성 연구 - 위정척사, 개화운동, 동학운동 및 3·1운동을 중심으로 - , 동의법정 제3집 (1987. 2), 동의대학교 지역사회개발연구소, 175-195쪽

권보드래, 1910년대의 '혁명' - 3·1운동 전야의 개념과 용법을 중심으로 - , 개념과 소통 제15호 (2015. 6), 한림대학교 한림과학원, 47-82쪽

김광재, 3·1운동의 3·1혁명으로서 헌법사적 재해석 - 건국절 논란과 연관하여 - , 법학논총 제39권 제1호 (2019. 2), 전남대학교 법학연구소, 81-118쪽

김광재, 3·1대혁명과 대한민국임시정부헌법, 헌법이론실무학회 제23회 정기학술

발표회 〈3·1대혁명과 대한민국 헌법〉 발표문 (2019. 3. 30)

김기승, 대한독립선언서의 사상적 구조, 한국민족운동사연구 제22집 (1999. 9),
　　　한국민족운동사연구회, 115-161쪽

김동택, 대한제국기 근대국가형성의 세 가지 구상, 21세기정치학회보 제20집
　　　제1호 (2010. 5), 21세기정치학회, 99-121쪽

김동택, 한국 근대국가형성과 3·1운동, 대동문화연구 제67집 (2009),
　　　성균관대학교 대동문화연구원, 403-435쪽

김두헌, 독립선언서의 사상사적 검토, 3·1운동 50주년 기념논집, 동아일보사,
　　　1969, 615-624쪽

김명기 · 유하영, 대한민국임시정부의 정통성에 관한 연구, 국제법학회논총
　　　제38권 제1호 (1993. 6), 대한국제법학회, 1-18쪽

김범주, 대한민국임시정부 헌정사, 한태연 · 갈봉근 · 김효전 등 공저, 한국헌법
　　　사(상), 한국정신문화연구원, 1988, 241-312쪽

김선택, 혁명적 입헌주의와 대한민국 헌법, 헌법이론실무학회 제23회 정기학술
　　　발표회 〈3·1대혁명과 대한민국 헌법〉 발표문 (2019. 3. 30)

김선택, 헌법과 혁명 – 시민입헌주의(Civic Constitutionalism), 동아법학
　　　제58호 (2013. 2), 동아대학교 법학연구소, 1-39쪽

김선택, 공화국원리와 한국헌법의 해석, 법제 통권 제60호 (2008. 9), 법제처,
　　　44-76면

김영수, 대한민국임시정부헌법과 그 정통성, 헌법학연구 제1권 (1995. 11),
　　　한국헌법학회, 55-79쪽

김용직, 3·1운동의 정치사상, 동양정치사상사 제4권 제1호 (2005. 3), 한국 · 동양
　　　정치사상사학회, 47-66쪽

김윤희, 제국민(帝國民), 대한제국, 대한제국 황제, (내일을 여는) 역사 제17호

김재영, 한국헌법 전사(前史): 개화기 입헌주의운동의 허(虛)와 실(實),

헌법연구 제3권 제2호 (2016. 9), 헌법이론실무학회, 27-53쪽

김정인, 3·1운동과 임시정부 법통성 인식의 정치성과 학문성, 서울과 역사 제99

호 (2018. 6), 서울역사편찬원, 205-242쪽

김정인, 초기 독립운동과 민주공화주의의 태동, 인문과학연구 제24집 (2017. 2),

덕성여자대학교 인문과학연구소, 31-52쪽

김정인, 3·1운동의 민주주의 혁명성의 문제 − 「'운동'인가 '혁명'인가 − '3·1혁명'

의 재인식」의 토론문, 3·1혁명 95주년 기념 학술회의 〈'제국'에서 '민국'

으로〉, (2014. 2. 26), 137-139쪽

김정인, 근대 한국 민주주의 문화의 전통 수립과 특질, 역사와현실 제87호

(2013. 3), 한국역사연구회, 201-234쪽

김창록, 법적 관점에서 본 대한민국의 정체성, 법과사회 제59호 (2018. 12),

법과사회이론학회, 273-295쪽

김태웅, 대한국국제(大韓國國制)의 역사적 맥락과 근대 주권국가 건설 문제,

역사연구 제24호 (2013. 6), 역사학연구소, 207-224쪽

김효전, 근대국가의 성립과 좌절, 한태연·갈봉근·김효전 등 공저, 한국헌법사

(상), 한국정신문화연구원, 1988, 133-240쪽

김희곤, 대한민국임시정부와 대한민국의 정통성, 한국사학사학보 제13권 (2006. 6),

한국사학사학회, 153-173쪽

김희곤, 3·1운동과 민주공화제 수립의 세계사적 의의, 한국근현대사연구 제48집

(2009. 3), 한국근현대사학회, 7-26쪽

도면회, 「대한국국제」와 대한제국의 정치구조, (내일을 여는) 역사 제17호

(2004. 9), 190-203쪽

박진철, 1919년 3·1운동과 '국민'의 탄생 그리고 헌법, 인문사회 21 제7권 제5호
(2016. 10), 아시아문화학술원, 625-640쪽

박찬승, '민주주의'라는 키워드로 본 한국근대사 - 김정인 저, 『민주주의를 향한
역사』 (책과 함께, 2015) 〈서평〉, 역사와현실 통권 제99호 (2016. 3),
한국역사연구회, 283-289쪽

박찬승, 헌법탄생의 정치사 - 서희경 저, 『대한민국 헌법의 탄생 - 한국 헌정
사, 만민공동회에서 제헌까지』 (창비, 2012) 〈서평〉, 역사비평 통권
제102호 (2013), 역사비평사, 409-414쪽

박찬승, 3·1운동과 민주공화제 임시정부의 수립, 3·1혁명 95주년 기념 학술회의
〈'제국'에서 '민국'으로〉, (2014. 2. 26), 59-84쪽

박찬승, 대한민국 헌법의 임시정부 계승성, 한국독립운동사연구 제43집 (2012.
12), 한국독립운동사연구소, 373-430쪽

박찬승, 한국의 근대국가 건설운동과 공화제, 역사학보 제200집 (2008. 12),
역사학회, 305-344쪽

박찬승, 3·1운동의 사상적 기반, 한국역사연구회 역사문제연구소 편, 3·1민족해
방운동연구, 청년사, 1989, 397-429쪽

배경한, 한국독립운동과 辛亥革命, 한국근현대사연구 제75집 (2015. 12), 한국
근현대사학회, 76-107쪽

송석윤, 군민공치와 입헌군주제헌법 - 비교헌정사적 연구, 서울대학교 법학 제
53권 제1호 (2012. 3), 서울대학교 법학연구소, 497-527쪽

서진교, 1899년 고종의 '대한국국제' 반포와 전제황제권의 추구, 한국근현대사연
구 제5집 (1996. 12), 한국근현대사학회, 42-67쪽

서희경, 대한민국 민주공화제 헌법의 자생적 뿌리, (내일을 여는) 역사 제51호 (2013. 6), 16-34쪽

서희경, 대한민국 건국헌법의 역사적 기원 (1898-1919): 만민공동회 · 3·1운동 · 대한민국임시정부헌법의 '민주공화' 정체 인식을 중심으로, 한국정치학회보 제40집 제5호 (2006. 12), 한국정치학회, 139-163쪽

서희경, 대한민국 '민주공화제'의 기원, 시민과 세계 제14호 (2008. 12), 참여사회, 50-73쪽

서희경 · 박명림, 민주공화주의와 대한민국 헌법 이념의 형성, 정신문화연구 제30권 제1호 통권 제106호 (2007. 3), 한국학중앙연구원, 77-111쪽

신용하, 19세기 한국의 근대국가형성 문제와 입헌공화국 수립 운동, 사회와 역사 제1권 (1986), 한국사회사학회, 11-111쪽

신용하, 3·1독립운동의 역사적 동인과 내인 · 외인론의 제문제, 한국학보 제58호 (1990. 3), 일지사, 2-42쪽

신용하, 3·1운동의 主體性과 민족자결주의, 한국사상 제15집 (1977) (3·1운동과 독립운동의 사회사 (신용하 저작집 43), 서울대학교출판부, 2001, 141-170쪽)

신우철, 대한민국헌법의 성립과 변경: 세기에 걸친 경험의 종합과 새로운 개혁의 모색, 법학논문집 제42집 제3호 (2018), 중앙대학교 법학연구원, 5-44쪽

신우철, 근대 입헌주의 수용의 비교헌법사 − 개화기 '원시 헌법문서' 분석을 중심으로 − , 법과사회 제33호 (2007. 12), 법과사회이론학회, 137-171쪽

신우철, 중국의 제헌운동이 상해 임시정부 헌법제정에 미친 영향 − 임시헌장 (1919. 4. 11.)과 임시헌법(1919. 9. 11.)을 중심으로 − , 법사학연구 제

29호 (2004. 4), 한국법사학회, 5-57쪽

신주백, 3·1운동과 1920년대 초 주체의 사회변동, 인문과학연구 제28집
(2019. 2), 덕성여자대학교 인문과학연구소, 37-60쪽

오제연, 한국 근현대사 속의 6월 항쟁: 3·1운동·4월 혁명과 비교를 중심으로,
민주화운동기념사업회 학술토론회 자료집 (2017), 61-80쪽

오향미, 대한민국임시정부의 입헌주의: '헌법국가'로서의 정당성 확보의 딜레마,
국제정치논총 제49집 제1호 (2009. 3), 한국국제정치학회, 277-303쪽

왕현종, 19세기말 개혁관료의 서구 정체인식과 입헌문제, 한국사상사학 제17집
(2001. 12), 한국사상사학회, 475-512쪽

왕현종, 대한제국기 고종의 황제권 강화와 개혁논리, 역사학보 제208호 (2010.
12), 역사학회, 1-34쪽

유준기, 대한민국임시정부의 역사적 정통성과 그 의의, 한국민족운동사연구
제61집 (2009), 한국민족운동사학회, 5-19쪽

윤대원, 한말 일제 초기 政體論의 논의 과정과 民主共和制의 수용, 중국현대
사연구 제12집 (2001), 중국근현대사학회, 53-75쪽

윤대원, 임시정부법통론의 역사적 연원과 의미, 역사교육 제110집 (2009. 6),
역사교육연구회, 103-135쪽

윤대원, 대한민국임시정부 연구, 이제는 사실과 객관성을, (내일을 여는) 역사
제28호 (2007. 6), 110-120쪽

윤대원, 대한민국임시정부의 3·1절 기념과 3·1운동 인식, 한국독립운동사연구
제57집 (2017. 2), 한국독립운동사연구소, 53-84쪽

이나미, 정치주체의 변동과 국민 형성, 한국정치연구 제14집 제1호 (2005),
서울대학교 한국정치연구소, 61-88쪽

이만열, 3·1정신 재정립의 현재적 의의, 3·1혁명 100주년기념사업추진위원회
　　　결성식 및 95주년 기념 학술회의 자료집 (2014. 2. 26), 15-33쪽

이만열, 독립운동과 대한민국 헌법정신, 인문과학연구 제24집 (2017. 2),
　　　덕성여자대학교 인문과학연구소, 9-29쪽

이보형, 3·1운동에 있어서의 민족자결주의의 도입과 이해, 3·1운동 50주년 기념
　　　논집, 동아일보사, 1969, 175-187쪽

이상훈, 민주공화주의 이념의 기원 - 20세기 초 아방가르드적 정치한류,
　　　철학 제124집 (2015. 8), 한국철학회, 121-139쪽

이상훈, 독립운동과 민주공화주의 이념, 시대와 철학 제23권 제4호 (2012),
　　　한국철학사상연구회, 193-219쪽

이승우, 건국헌법 이전의 한국헌법사, 헌법학연구 제13권 제2호 (2007. 6),
　　　한국헌법학회, 155-198쪽

이승현, 신민회(新民會)의 국가건설사상 - 공화제를 향하여, 정신문화연구
　　　제29권 제1호 (2016. 3), 55-78쪽

이연복, 대한민국임시정부의 역사적 위상, 한국민족운동사연구 제23집 (1999),
　　　한국민족운동사학회193-207쪽

이영록, 헌법에서 본 3·1운동과 임시정부 법통, 법학논집 제24권 제1호
　　　(2017. 4), 조선대학교 법학연구원, 3-24쪽

이영록, 한국에서의 '민주공화국'의 개념사 - 특히 '공화' 개념을 중심으로 - ,
　　　법사학연구 제42호 (2010. 10), 한국법사학회, 49-83쪽

이정은, 3·1운동 연구의 현황과 과제, 한국사론 26 (1996), 국사편찬위원회, 3-44쪽

이준식, '운동'인가 '혁명'인가 - '3·1혁명'의 재인식, 3·1혁명 95주년 기념 학술회
　　　의 〈'제국'에서 '민국'으로〉, (2014. 2. 26), 36-58쪽

이준식, 대한민국임시정부의 이념적 지향 – 대한민국임시헌장(1919) 해석을
중심으로 – , 인문과학연구 제24집 (2017. 2), 덕성여자대학교 인문과학
연구소, 53-82쪽

이헌환, 대한민국의 법적 기초 – 헌정의 연속성과 남북한정부의 관계 – ,
법학연구 통권 제31집 (2010. 12), 전북대학교 법학연구소, 3-30쪽

이현주, 3·1운동 직후 '국민대회'와 임시정부 수립운동, 한국근현대사연구 6집
(1997. 6), 한국근현대사학회, 111-159쪽

장인성, 3·1운동의 정치사상에 나타난 '정의'와 '평화', 대동문화연구 제67집
(2009), 성균관대학교 대동문화연구원, 435-477쪽

전봉덕, 대한국국제의 제정과 기본사상, 법사학연구 제1호 (1974. 7),
한국법사학회, 1-20쪽

전종익, 대한민국임시정부 이전 정치체제 구상 – 1910년대 군주제와 공화제를
중심으로, 법사학연구 제56호 (2017. 10), 한국법사학회, 219-248쪽

전종익, 甲申政變과 立憲主義: 근대입헌주의 정치체제론 비판, 법학논문집
제35집 제2호 (2011. 8), 중앙대학교 법학연구원, 5–20쪽

전종익, 근대주권개념의 수용과 전개: 1876년부터 1900년까지 개화지식인의
개혁론을 중심으로, 서울대학교 법학박사학위논문, 2006

정상우, 개화기 입헌주의 수용에 관한 연구 동향과 과제, 한국학연구 제23집
(2010. 11), 인하대학교 한국학연구소, 117-142쪽

정용욱, 3·1운동사 연구의 최근 동향과 방향성, 역사와현실 제110호 (2018. 12),
한국역사연구회, 269-304쪽

정용화, 입헌민주주의 수용과 정체체제의 변동, 한국정치연구 제14집 제1호
(2005. 4), 서울대학교 한국정치연구소, 33-59쪽

정용화, 조선에서의 입헌민주주의 관념의 수용: 1880년대를 중심으로, 한국정치
  학회보 제32집 제2호 (1998. 9), 한국정치학회, 105-124쪽

조동걸, 3·1운동의 이념과 사상 – 독립선언서와 선언자의 비교분석 – , 3·1운동
  과 민족통일, 동아일보사, 1989, 11-43쪽

조동걸, 임시정부 수립을 위한 1917년의 「대동단결선언」, 삼균주의연구논집
  통권 제9호 (1987. 9), 삼균학회, 14-45쪽

조재곤, 「대한국국제」의 분석과 각국 헌법, 한국근현대사연구 제84집 (2018. 3),
  한국근현대사학회, 111-149쪽

최 선, 한국 근대 헌법의 기원에 대한 논의, 〈독립신문〉 '논설'을 중심으로,
  한국학연구 제41집 (2012. 6), 고려대학교 한국학연구소, 289-321쪽

최정욱, 근대 한국에서의 '민주' 개념의 역사적 고찰, 한국정치학회보 제47집
  제1호 (2013. 3), 한국정치학회, 127-144쪽

표명환 '대한민국임시정부의 법통 계승'의 헌법이념에 관한 고찰, 토지공법연구
  제37집 제1호 (2007. 8), 한국토지공법학회, 493-512쪽

한승훈, '3·1운동의 세계사적 의의'의 불완전한 정립과 균열, 역사와현실 통권
  제108호 (2018. 6), 한국역사연구회, 209-243쪽

한시준, 대한민국 임시정부와 삼균주의, 사학지 제49집 (2014. 12),
  단국사학회, 297-318쪽

한시준, 대한민국 '건국60년', 그 역사적 모순과 왜곡, 한국근현대사연구 제46집
  (2008. 9), 한국근현대사학회, 236-255쪽

한인섭, 3·1운동인가? 3·1혁명인가?, 최갑수 외, 혁명과 민주주의,
  경인문화사, 2018, 51-84쪽

한인섭, 대한민국은 민주공화제로 함 – 대한민국 임시헌장(1919. 4. 11.) 제정의

역사적 의의 - , 서울대학교 법학 제50권 제3호 (2009. 9), 서울대학
교 법학연구소, 167-201쪽

한홍구, 대한민국, 1948년과 2008년, 황해문화 통권 제60호 (2008년 가을), 새얼
문화재단, 10-31쪽

Gardbaum, Stephen, Revolutionary Constitutionalism, I·CON (2017) Vol.15 No.1,
pp.173-200

Grawert, Rolf, Die demokratische Republik – Von Rousseau zu Kant, Der Staat,
Vol.51, No.4 (2012), S.491-523

Geenens, Raf/Thomas Decreus/Femmy Thewissen/Antoon Braeckman/Marta
Resmini, The 'Co-Originality' of Constituent Power and Representation,
Constellations, Vol.22, Issue 4 (December 2015), pp.514-522

Henkin, Louis, Revolutions and Constitutions, Louisiana Law Review, Vol.49 No.5
(May 1989), pp.1023-1056

Jin, Guantao & Qingfeng Liu, From 'Republication' to 'Democracy': China's
Selective Adoption and Reconstruction of Modern Western Political
Concepts (1940-1924), History of Political Thought, Vol.XXVI No.3
(Autumn 2005), pp.467-501

Kang, Man-gil, The Nature and Process of the Korean National Liberation
Movement during the Japanese Colonial Period, Korea Journal, Vol.36
No.1 (Spring 1996), pp.5-19

Kim, Yŏng-Mo, The Samil Independence movement Viewed from the Socio-
historical Context, Korea Journal, Vol.19 No.3 (March 1979), pp.15-20

Shin, Yong-Ha, Re-evaluation of the Samil Independence Movement, Korea

Journal, Vol.19 No.3 (March 1979), pp.4-14

國分典子, 大韓帝国におけるドイツ憲法思想の繼受, 愛知県立大学立大学部
論集, 1996, 31-53面

제2장

대한민국임시정부헌법과 제헌헌법의 연속성

김광재 초빙교수 (숭실대 법대)

I. 서 론

대한민국은 7월 17일을 국경일인 제헌절로 기념하고 있다. 여기에서 제헌(制憲)이란 헌법을 만들어 정하였다는, 즉 헌법을 제정 · 공포 · 시행하였다는 뜻인 바, 1948년 7월 17일은 광복 후 국민의 열망이 담긴 입헌주의헌법이 대한민국에 등장한 날이라 할 수 있다. 그렇다면 1948년 7월 17일 공포된 제헌헌법은 어디에서 온 것인가.[1] 이른바 '헌법의 아버지'라 일컬어지는 유진오를 비롯한 천재적 재능을 소유한 몇 사람의 창조물인가.

전제군주정이 몰락하고 주권자인 인민(국민)들에 의하여 자발적으로 국가라는 공동체의 성립과 내용에 대한 합의를 이루어내는 것은 바로 근대국가로 가는 첫걸음이라고 할 수 있다. 1948년 제헌헌법 제1조 제1항은 "대한민국은 민주공화국이다", 제2항은 "대한민국의 주권은 국민에게 있고 모든 권력은 국민으로부터 나온다"라고 천명하고 있다. 오랜 기간 동안 왕정 · 황제정(군주제)이었던 조선과 대한제국에서 곧바로 일제(日帝)에 의해 35년 동안이나 국권을 침탈당하고, 외관상 공화

---

* 대한민국임시정부기념사업회 상임학술위원, 도헌공법연구소 변호사, 숭실대학교 법과대학 초빙교수. 이 글은 필자의 『대한민국헌법의 탄생과 기원』, 월비스, 2018; "3·1운동의 3·1혁명으로서 헌법사적 재해석 – 건국절 논란과 연관하여 – ", 전남대학교 법학연구소 「법학논총」 제39권 제1호, 2019, 81–118면을 바탕으로 재구성한 것임.

1 1948년 헌법은 전문에서 "~우리들 대한국민은…이 헌법을 제정한다"고 하였기에 제헌절차를 거친 것으로 볼 수 있으므로 일반적으로 '제헌헌법'으로 일컬어진다. 그런데 필자는 1948년 헌법은 형식상 제헌절차를 거쳤지만, 그 내용상으로는 1944년 대한민국임시정부헌법의 전면개정으로 볼 여지도 있다고 본다. 다만, 1948년 헌법을 제헌으로 보든 전면개정으로 보든 대한민국임시정부헌법과 연속성을 가진다는 것이 필자의 생각이므로, 이하에서는 일반적 명칭인 '1948년 제헌헌법'을 사용한다.

제나 민주주의를 논할 장(場)이 없어 보이는 대한민국이, 광복 후 채 3년도 지나지 않은 시점에서 당당히 민주공화국과 국민주권주의를 천명할 수 있었던 원동력은 무엇인가.

근대국가로서의 정체성을 가지게 된다는 것이 어느 날 갑작스럽게 완성되는 기적적인 현상은 아닐 것인 바, 근대성이 발아되어 태동하는 계기를 부여한 지점(사건)과 그 전후 일련의 과정을 거쳐서 완성되는 연속적인 구조를 알아보는 것은 대한민국헌법의 연원과 원동력을 밝혀내는 의미 있는 연구일 것이다.

근대입헌주의헌법의 상징이라고 할 수 있는 민주제와 공화제가 우리 역사에서 공식적으로 '헌법(헌장)'이라는 이름의 문서에 처음으로 등장한 것은 1919년 4월 11일 공포된 「대한민국임시헌장」에서였다. 여기서 또 다시 의문이 제기된다. 일제의 국권침탈이 자행되던 1919년 4월 대한민국임시정부는 왜 임시헌장 제1조에서 "대한민국은 민주공화제로 함"이라고 선언하였을까. 외관상 독립항쟁인 3·1혁명으로 건립된 대한민국임시정부는 왜 독립운동에 그치지 않고 제1조에서 군주제의 타파를 내세우고 민주공화제의 기치를 들었을까.

대한민국임시정부헌법은 1919년 4월 11일 「대한민국임시헌장」이 공포된 이래 1944년 4월 22일 「대한민국임시헌장」까지 5차례 개정을 거쳤고, 1948년 7월 17일 공포된 제헌헌법으로 이어졌다.[2] 임시정부헌법과 제헌헌법은 서로 연관성을 가지는가. 가진다면 어떤 부분에서 어느

---

2 '대한민국임시정부헌법'이란 용어는 사실 정확하지 못하다. 엄밀히 말하자면 '대한민국임시정부가 제·개정한 대한민국임시헌법'이라 해야 할 것이다. 하지만 대한민국임시정부가 제·개정한 헌법문서의 명칭이 '대한민국임시헌장', '대한민국임시헌법', '대한민국임시약헌' 등 세 가지이므로 이들을 다 포괄할 수 있는 용어가 필요하고, 그런 취지에서 이하에서는 '대한민국임시정부헌법'이라는 명칭을 사용한다.

정도 연관성을 가지는가.

　이 글은 위와 같은 물음에서 출발하고 그에 대한 해답을 찾아보려는 목적을 가지고 있다.

II. 3·1혁명과 대한민국임시정부헌법

1. 3·1혁명과 헌법제정권력의 등장

　3·1혁명은 군주정을 혁파하고, 공화정이라는 체제의 새로운 국가를 탄생시키겠다는 국민적 열망의 실현이었다.[3] 따라서 3·1혁명은 이후 형성되는 많은 임시정부들의 정통성을 실천적으로 부여하는 역할을 하였다. 「대동단결선언」이 그 이론적인 토대를 제공하였으나,[4] 현실적 주권으로 실현되고 실제적으로 국민의 의지가 발현되어 제헌권력으로서의 변화가 일어난 것은 3·1혁명이다. 이전까지의 한인(韓人)들은 독립협회의 만민공동회나 여러 정치 단체들에 의하여 꾸준히 계몽되고는 있었지만 여전히 신분제가 우선 되는 군주정 하의 신민(臣民)의 위치에서 벗어나지 못하고 있었다. 이와 달리 대한제국 멸망 이후 일제의 신민이라는 지위에서 고통받아오던 한인(韓人)들이 3·1혁명을 통해 주체적으로 신민의 굴레를 벗어나 군주정을 청산한 뒤 공화정이라는 체제로 나아가려

3　3·1운동의 혁명적 성격에 대한 자세한 것은 김광재, "3·1운동의 3·1혁명으로서 헌법사적 재해석 – 건국절 논란과 연관하여", 「법학논총」 제39권 제1호, 2019, 87–96면 참조.

4　대동단결선언 원문은 "대동단결선언 원문(1917.7)", 국외 항일운동 자료, 국사편찬위원회 한국사데이터베이스 〈http://db.history.go.kr〉. 대동단결선언에 대한 자세한 분석은 조동걸, "임시정부 수립을 위한 1917년의 「대동단결선언」", 「한국학논총」 제9호, 1987, 123–170면.

고 했다는 측면에서, 이때부터 비로소 국민들이 제헌권력이 되었다고 할 수 있다.[5] 즉, 임시정부 수립이 말 그대로 임시이긴 하지만 (임시정부의 법적성격을 어떻게 보든) 대한제국의 정통성을 잇는 국가를 표방한 정치조직의 출현이므로, 3·1혁명은 국가를 건설하기 위한 구성원들의 정치적 의사표시이자 이후 제정된 대한민국임시정부헌법을 위한 헌법제정권력의 행사로 볼 것이다.[6] 다시 말하자면, 새로운 나라의 주권자는 국왕도 아니고, 특정 계층만도 아니고, (만세운동에 대한 각자의 지분을 가진) 온 나라 남녀노소, 각계각층을 망라한 "우리 인민(국민)"이 되는 것이다. 이는 헌법제정권력과 주권의 소재라 할 수 있는 인민(국민)들이 등장한 것이고, 새로운 질서(체제)가 출현한 것이라 할 수 있다.[7]

사실 3·1혁명은 19세기 후반 이후 1919년까지 계속된 일제의 침략과 탄압에 대한 항쟁의식에서 시작되었다. 이러한 항쟁의식은 「3·1독립선언서」 첫 구절에서 명확히 나타난다.

"吾等은 玆에 我 조선의 독립국임과 조선인의 자주민임을 선언하노라. 此로써 세계 만방에 고하여 인류평등의 大義를 克明하며, 차로써 자손만대에 誥하야 민족자존의 正權을 永有케 하노라."

「3·1독립선언서」는 조선(한국)이 '독립국'임과 조선(한국)인이 '자주민'

---

5 김광재, 『대한민국헌법의 탄생과 기원』, 윌비스, 2018, 27면.

6 같은 취지로, 이헌환, "대한민국의 법적 기초", 「법학연구」 제31집, 2010, 15–16면; 한인섭, "대한민국은 민주공화제로 함: 대한민국 임시헌장(1919.4.11.) 제정의 역사적 의의", 「서울대학교 법학」 제50권 제3호, 2009, 181–185면.

7 같은 취지로, 한인섭, 『"3·1운동인가? 3·1혁명인가?" 혁명과 민주주의』, 경인문화사, 2018, 74–76면.

임을 세계만방에 선포한 것이다. 대한제국이 일제에 의해 멸망된 상태에서 '독립국'임을 선언한 것은, 우선 '독립국'을 다시 세운다는 뜻이 담겨있고, 다음으로 그 '독립국'을 유지하고 운영할 '정부'가 필요하다는 뜻이 담겨있다.[8] 그런데 여기서 새로 세울 나라가 군주정인 '대한제국'을 의미하는가? 수립할 정부가 '황(왕)실'을 의미하는가? 이전의 만민공동회부터 「헌의 6조」, 「대동단결선언」, 「대한독립선언서(무오독립선언서)」등으로 이어지는 민족적 열망으로 볼 때,[9] 새로 세울 나라는 군주정이 아닌 공화정이고, 수립할 정부는 황(왕)실이 아닌 공화정을 운영할, 말 그대로의 정부(政府, Government)일 것이다. 이후 임시정부 수립과정에서 '조선'은 '대한민국'으로, '조선인'은 '대한인민'으로 확립되었다.[10]

한편, 독립국임과 자주민임을 선언하는 주체가 '吾等(오등)', 즉 '우리'라는 점에 주목해야 한다. 여기서 '우리'는 군주정 하의 신민(臣民)도 아니고, 신분제 하의 반상(班常)도 아니며 서로 평등한 남녀노소, 각계각층 모두를 포함하는 '인민(국민)'이라 할 것이다.[11] 이는 미국헌법 전문의 시작이 "We, the People of the United States…"이고, 현행 대한민

---

8 같은 취지로 김희곤, 「임시정부 시기의 대한민국 연구」, 지식산업사, 2015, 44면. 3·1혁명이 대한민국임시정부의 수립으로 이어지는 과정에 대해서는 신용하, 「3·1운동과 독립운동의 사회사」, 서울대학교출판부, 2001, 224–225면 참조.

9 만민공동회부터 3·1혁명 전까지의 상황에 대한 분석은, 김광재, 앞의 책, 13–26면 참조.

10 1919년 4월의 '대한민국'임시헌장의 선서문에서는 "대한민족"이라고 하였으나 제1조부터 제8조까지 「대한민국」이라 표현하였고, 통합 대한민국임시정부가 출범한 후인 1919년 9월의 '대한민국'임시헌법 역시 계속하여 「대한민국」이라는 국호를 사용하였고, 현재까지 「대한민국」이라는 국호는 변함없이 이어져 왔다.

11 '우리'의 사전적 의미는 "말하는 이가 자기와 듣는 이, 또는 자기와 듣는 이를 포함한 여러 사람을 가리키는 일인칭 대명사"인데, 군주제와 신분제 하에서는 '소신(小臣)들', '소인(小人)들'이 있을 뿐 모두가 평등한 '우리'는 성립할 수 없다. '오등'에 이어 「3·1독립선언서」의 두 번째 문장이 "인류평등의 대의(大義)"를 강조한 것은 결코 우연이 아닐 것이다.

대한민국임시정부헌법과 제헌헌법의 연속성   85

국 헌법 전문의 첫 문장의 주어 역시 "<u>우리</u> 대한국민은"인 것과 일맥 상통한다. 「대동단결선언」에서 '우리 동지', '한인(韓人)'으로 처음 등장한 인민(국민)은, 「3·1독립선언서」의 '吾等(오등)'으로, 「대한민국임시헌장(1919. 4. 11. 공포)」의 '국민', '인민'으로, 「대한민국임시헌법(1919. 9. 11. 공포)」의 '대한인민'으로, 「1948년 제헌헌법」의 '우리들 대한국민'으로 이어진 것이다.

2. 대한민국임시정부의 출범과 통합

3·1혁명 직후, 1919년 3월 17일 노령에서 조직된 대한국민의회, 4월 11일 상해에서 조직된 대한민국임시정부, 4월 23일 서울에서 조직된 한성정부 등 3개의 임시정부는 정부로서의 형태를 갖추고 본격적으로 활동하였다.[12] 각 지역 간에 원활한 의사소통이 이루어질 수 없는 구조였기에, 다수의 정부가 형성되는 것은 당연한 수순이었다. 그러므로 서로의 존재를 인식한 이후에는 일제에 대한 강력한 독립투쟁을 위해서 3개의 조직을 하나로 통합하는 일이 당면한 과제였다.

노령의 대한국민의회는 의회조직을 가지고는 있었으나 소비에트제를 채용하였기 때문에 의회기능 뿐만 아니라 행정, 사법기능을 의회가 통일적으로 담당하게 되었고, 따라서 전체적인 의미에서 정부체계를 완비하였다고 볼 수는 없었다.[13] 한성정부는 형식적으로나마 13도 대표를 소

---

12 그 외 대한민간정부, 조선민국임시정부, 신한민국임시정부, 고려임시정부, 임시대한공화정부 등 여러 정부가 있었으나, 실질적으로 정부라고 할 수 있었던 것은 대한민국임시정부, 대한국민의회, 한성정부 등 셋이다.

13 오향미, "대한민국임시정부의 입헌주의", 「국제정치논총」 제49집 제1호, 2009, 288면.

집하여 수립되었으며, 상해의 대한민국임시정부는 상해에 망명해 있던 독립운동가들의 지역안배를 고려하여 임시의정원을 설치하는 등 정부의 형태를 지니고 있었다. 나아가 한성정부는 국민대회를 통해 임시정부약법을, 상해의 대한민국임시정부는 임시헌장을 각 선포하여 법령의 체계까지 갖추고 있었다. 그러나 한성정부는 국내에서 임시정부를 운영한다는 것이 어렵다는 본질적인 한계를 가지고 있었고, 또한 정부의 대표인 집정관총재 이승만을 비롯하여 각 부 장관들을 모두 국외에 있는 독립운동가들로 임명하여 국외 임시정부 운영을 예정하고 있었다.[14] 따라서 국외에서 완비된 조직을 갖춘 상해의 대한민국임시정부를 중심으로 임시정부들 사이의 통합이 일어났다.

우선 상해의 대한민국임시정부는 노령의 대한국민의회의 의원의 80%를 임시의정원 의원으로 수렴하고 임시정부통일방안(개헌)을 추진하는 형식으로 대한국민의회를 흡수하였고, 다음으로 한성정부의 정부조직과 인선을 모두 소멸시키고 한성정부의 조직과 인선을 그대로 상해임시정부로 가져옴으로써 한성정부의 정통성과 정당성을 계승하여 하나의 임시정부 체제로 통합하고자 노력하였다.[15] 그 결과 통합 대한민국임시정부는 1919년 9월 11일 대한민국임시헌법을 공포하고, 그 헌법에 따른 임시대통령 이승만, 국무총리 이동휘 및 국무원의 명단을 발표함

---

14 한성정부의 각원명단은 국학자료원, 『우남 이승만문서4』, 1998, 28-29면.

15 신용하, 앞의 책, 305-309면. 1919년 8월 대한민국임시정부는 집정관총재 이승만, 국무총리총재 이동휘를 비롯한 한성정부 각원 명의로<약법 6조>까지 첨부, "상해에서 국민대리총회를 大開하고 국민의 요구와 사업상을 위해 京城에서 조직된 정부를 채용하기로 의결"하는 내용의<國務院諭告文>을 발표함으로써 통합을 공식 선언했다. 이에 따라 대한국민의회는 1919년 8월 30일 블라디보스톡 신한촌에서 상설의회 총회를 열고 상해 임시정부 쪽 파견원도 참석한 가운데 해산을 선언했다.; 국사편찬위원회, 『신편한국사48 : 임시정부의 수립과 독립전쟁』, 2002, 124-125면.

으로써 임시정부간의 통합을 완료하였다.[16]

대한민국임시정부의 임시의정원은 1919년 4월 11일 회의를 거쳐 '대한민국'이란 국호를 확정하였다.[17] 그리고 대한민국임시헌장을 제정하여 제1조에서 "대한민국은 민주공화제로 함"이라고 천명하였다. 이로써 대한민국은 전제국가, 군주국가가 아닌 '민주공화국'이라는 새로운 질서를 수립하였다.

3. 대한민국임시헌장

가. 대한민국임시헌장의 기원과 이념

「대동단결선언」이 군주정에서 공화정으로 이동할 수 있는 이론적 근거를 제시하여 민주공화국으로서의 길을 열어주었다면, 1919년 4월 11일 상해의 대한민국임시정부에서 공포한 「대한민국임시헌장」은 한인(韓人)들이 세운 국가 중 최초로 "민주공화제"라는 체제를 천명하였다는 점에서 헌정사적으로 매우 중요한 의미를 지니며, 이후 대한민국헌법사의 기초 골격이 된 헌법이라 할 것이다. 3·1혁명 직후, 4월 11일 상해의 대한민국임시정부를 구성하면서 발표한 임시헌장이므로 약 1개월여 남짓한 시간 만에 완성된 헌법이기에 근거가 될 자료들이 거의 남아있지

---

16 이로써 통합임정부는 대한민국임시정부로서의 정통성과 정당성 문제에서 더 자유로워질 수 있었다. 임시정부 통합의 자세한 과정은 국사편찬위원회, 앞의 책, 120–125면.

17 "四月十一日에 國號 官制·國務員에 關한 問題를 討議하자는 玄楯의 動議와 趙蘇(素)昻의 再請이 可決되야 討議에 入할새 先히 國號를 大韓民國이라 稱하자는 申錫雨의 動議와 李漢根의 再請이 可決되니라"; 대한민국임시의정원기사록 제1회, 1919.4., 「대한민국임시정부자료집2: 임시의정원I」, 국사편찬위원회 한국사데이터베이스 〈http://db.history.go.kr〉.

않지만, 학계에서는 이를 조소앙 등의 작품으로 보고 있다.[18] 조소앙 등이 「대동단결선언」에서 표방한 민주공화제의 큰 틀이 임시헌장에도 그대로 유지되고 있는 점이 강력한 근거 중 하나이다.

임시헌장의 기원에 대하여는 신해혁명의 영향을 주로 받았다는 것이 유력한 견해이다.[19] 이전까지 대한제국의 헌법 유사문서였던 홍범14조는 제2조에서,[20] 헌의6조 역시 제2조에서,[21] 대한국국제는 제1조에서[22] 대한제국이 전제황권을 기초로 하는 국가임을 각 명시하고 있는바, 이 문서들이 민주공화국이라는 새로운 패러다임의 기원이 되었다고 보기는 어렵다. 또한 일본의 제국헌법 역시 제1장 제1조에서 만세일계의 천황이 이를 통치한다는 입헌군주국으로서의 지위를 명확히 하고 있기 때문에 민주공화국의 이념이 등장한다고 보기는 어렵다. 따라서 지리적으로나 한반도를 둘러싼 외교적 상황과 시대상을 반추하여 보았을 때, 1911년에 시작된 중국의 신해혁명이 군주정을 타파하고 공화정과 유사한 제도를 취하려고 하였던 만큼 상해의 대한민국임시정부로서는 중국

---

18 조소앙의 작품으로 보는 견해로는 손세일, "대한민국 임시정부의 정치지도체계: 임시헌법 개정과정을 중심으로", 『3·1운동 50주년 기념논집』, 동아일보사, 1969, 910면; 이현희, 『대한민국임시정부사연구』, 혜안, 2001, 120면; 조소앙의 주도를 인정하면서도 신익희의 관여를 주장하는 견해로는 신우철, 『비교헌법사: 대한민국 입헌주의의 연원』, 법문사, 2008, 292–293면.

19 이 부분에 대한 자세한 연구는 신우철, "중국의 제헌운동이 상해 임시정부 헌법제정에 미친 영향", 『법사학연구』 제29호, 2004, 5–57면.

20 "制定王室典範, 以昭大位繼承 宗戚分義(왕실의 규범을 제정하여 왕위 계승 및 종친(宗親)과 외척(外戚)의 본분과 의리를 밝힌다)"; 홍범14조 원문은 "홍범 14조", 『조선왕조실록』, 국사편찬위원회 한국사 데이터베이스 〈http://db.history.go.kr〉.

21 「헌의6조」 원문은 국사편찬위원회, 『신편한국사41: 열강의 이권침탈과 독립협회』, 2002, 377면.

22 「대한국국제」 원문은 국사편찬위원회, 『고종시대사 4집』, 국사편찬위원회 한국사 데이터베이스 〈http://db.history.go.kr〉.

의 헌법 문서들의 영향을 받을 수밖에 없었을 것이다.[23] 일례로, 신해혁명에서 '멸망흥한'의 상징으로 '(대)중화민국'이라는 국호이자 연호를 사용하였는데, '민국'이라는 단어는 그 당시 독립 운동가들에게 군주정과의 작별을 뜻하는 새롭고 혁신적인 단어로 받아들여졌다.[24] '일제타도' 혹은 '독립국가'의 상징으로 '대한민국'이라는 '대한제국'과는 별개의 시대를 상징하는 국호이자 연호를 선택하게 된 연유도 신해혁명의 영향이라고 할 수 있다.[25]

그러나 이하에서 검토하는 바와 같이, 그 당시의 대한민국만이 가지고 있는 독창적인 내용들 또한 규정되어 있으므로 임시헌장은 그 자체로서도 하나의 독립적이고 발전된 헌법적 가치를 가지고 있다고 볼 수 있다. 또한 3개의 임시정부 중, 상해의 대한민국임시정부[26]만이 헌법이라고 할 수 있는 결과물을 내놓았는데, 난립하는 임시정부 중 최초이자 유일하게 헌법을 만들었다는 점에서도 의미가 있다. 한성정부는 약법을,[27]

---

23 신우철, 앞의 책, 294-306면; 김희곤, 앞의 책, 2015, 32-34면.

24 '대한민국'이라는 국호의 '민국(民國)'은 민주국가나 민주공화국을 의미한다는 견해가 일반적이나, 이와 달리 '민국'은 민주국가나 민주공화국이 아니라 '국가가 아우르는 모든 사람을 위한 국가'로 풀이하는 견해도 있다. 대표적으로, 허완중, "헌법의 일부인 국호 '대한민국'", 「인권과정의」 제467권, 2017, 45-46면.

25 김희곤, 앞의 책, 32면. 헌장에서 정한 '대한민국'이라는 국호는 치열한 논란 끝에 '조선'이나 '고려'를 배제하고 선택된 것이다.; 신우철, 앞의 책, 299면. 이 시기 국호를 둘러싼 논쟁에 대하여는 한인섭, 앞의 논문, 175-177면.

26 상해의 대한민국임시정부의 각료 명단은 다음과 같다. 국무총리 이승만, 내무총장 안창호, 외무총장 김규식, 재무총장 최재형, 교통총장 문창범, 군무총장 이동휘, 법무총장 이시영, 내무차장 신익희, 외무차장 현순, 재무차장 이춘숙, 교통차장 선우혁, 군무차장 조성환, 법무차장 남형우, 국무원비서장 조소앙; 국사편찬위원회, 앞의 책, 120면.

27 한성정부 국민대회 약법(約法) 제1조 국체(國體)는 민주제를 채용함. 제2조 정체(政體)는 대의제를 채용함. 제3조 국시(國是)는 국민의 자유와 권리를 존중하고 세계평화의 행복을 증진하게 함. 제4조 임시정부는 일체 내정, 일체 외교의 권한을 가짐. 제5조 조선국민은 납세·병역의 의무가 있음. 제6조 본 약법은 정식국회를 소집하여 헌법을 발표할 때까지 적용함.

노령정부는 결의문을[28] 각 채택하였으나 이들은 그 내용이나 완성도 면에서 헌법이라고 보기는 어렵다.

나. 대한민국임시헌장의 내용

대한민국임시헌장은 한성에서 기의한 만세운동 즉, 3·1운동의 정신을 바탕으로 하고 있다는 선포문 및 10개조의 본문 등으로 구성되어 있다. 현행 대한민국헌법의 기반이 되고 있는 민주공화제, 평등원칙(평등권) 및 기타 국민의 기본권들, 국제사회의 일원이라는 부분, 선거권 및 피선거권, 국회라고 하는 명칭을 바탕으로 한 대의제 등 중요한 내용을 규정하고 있다. 물론 여타의 임시정부들이 여전히 존재하고 있는 현실 및 시간적인 제약상 정부조직에 대한 자세한 조문 없이 제2조에 포괄적으로 규정한 한계가 존재한다. 그러나 제3조의 일체 평등, 제9조에서 언급하고 있는 신체형·사형제의 폐지 등은 당시의 시대상에 비추어볼 때 매우 진보적이라고 볼 수 있다. 임시헌장의 자세한 내용을 살펴보면 다음과 같다.

---

28 노령정부(대한국민의회) 결의안 제1조 대한국민의회는 조국독립의 달성을 기약하며 세계민족자결주의에 기인하여 한국민족의 정당한 자주독립을 주장함. 제2조 한일병합조약은 일본의 강압적 수단으로 성립한 것이고 우리 민족의 의사가 아니므로 그 존속을 부인하며 일본의 통치 철폐를 주장함. 제3조 프랑스 파리에서 열리는 평화회의에 대표를 보내어 우리의 독립운동과 정부 건설의 승인을 요구하며 국제연맹에의 참가를 주장함. 제4조 한국 독립운동의 실정을 세계에 선전하며 정부 건설의 사실을 각 국 정부에 통지하여 우리의 주권을 주장함. 제5조 이상의 목적이 인도와 정의의 공정한 판결을 받지 못하면 일본에 대하여 혈전 포고를 주장함.

대한민국임시헌장(1919.4.11. 공포)[29]

선포문

신인일치(神人一致)로 중외협응(中外協應)하야 한성(漢城)에 기의(起義)한지 30유일(有日)에 평화적 독립을 3백여주(三百餘州)에 광복하고, 국민의 신임(信任)으로 완전히 다시 조직한 임시정부는 항구완전한 자주독립의 복리를 아(我) 자손여민(子孫黎民)에게 세전(世傳)키 위하야 임시의정원의 결의로 임시헌장을 선포하노라

제1조 대한민국은 민주공화제로 함

제2조 대한민국은 임시정부가 임시의정원의 결의에 의하여 차(此)를
　　　통치함

제3조 대한민국의 인민은 남녀귀천(男女貴賤) 及 빈부(貧富)의 계급
　　　(階級)이 무(無)하고 일체 평등임

제4조 대한민국의 인민은 종교 · 언론 · 저작 · 출판 · 결사 · 집회 ·
　　　신서 · 주소 · 이전 · 신체 及 소유(所有)의 자유(自由)를 향유
　　　(享有)함

제5조 대한민국의 인민으로 공민자격이 有한 자는 선거 及 피선거권
　　　이 有함

제6조 대한민국의 인민은 교육 · 납세 及 병역의 의무가 有함

제7조 대한민국은 신(神)의 의사에 의해 건국한 정신을 세계에 발휘하

---

29 대한민국임시헌장 원문은 "대한민국임시헌장(1919.4.11.)", 『대한민국임시정부자료집1』, 국사편찬위원회 한국사데이터베이스 〈http://db.history.go.kr〉.

며 진(進)하야 인류의 문화 及 평화에 공헌하기 위하야 국제연맹

에 가입함

제8조 대한민국은 구황실을 우대함

제9조 생명형·신체형 及 공창제(公娼制)를 전폐함

제10조 임시정부난 국토 회복 후 만 1개년내에 국회를 소집함

선서문

존경하고 열애하는 아 이천만 동포국민이어

민국 원년 3월 1일 아(我) 대한민족이 독립선언함으로부터 남과 여와 노

와 소와 모든 계급과 모든 종파를 물론하고 일치하고 단결하여 동양의

독일인 일본의 비인도적 폭행 하에 극히 공명하게 극히 인욕(忍辱)하게

아(我) 민족의 독립과 자유를 갈망하는 실사와 정의와 인도를 애호하는

국민성을 표현한지라. 금에 세계의 동정이 흡연(翕然)히 아(我) 국민에

게 집중하였도다. 차시를 당하여 본 정부는 전국민의 위임을 수하여 조

직되었나니, 본 정부는 전국민으로 더불어 전심하고 육력(戮力)하여 임

시헌법과 국제도덕의 명하는 바를 준수하여 국토광복과 방기확고(邦基

確固)의 대사명을 과(果)하기를 차(次)에 선언하노라.

동포국민이어 분기할지여다. 우리의 류(流)하는 일적(一滴)의 혈(血)이

자손만대의 자유와 복락의 가(可)이요, 신(神)의 국의 건설의 귀한 기반

이니라. 우리의 인도-마침내 일본의 야만을 교화할지초 우리의 정의

가 마침내 일본의 폭력을 승할지니 동포여 기(起)하여 최후의 일인까

지 투쟁할지어다

정강

1. 민족평등 국가평등 及 인류평등의 대의(大義)를 선전함

2. 외국인의 생명재산을 보호함

3. 일체 정치범인을 특사(特赦)함

4. 외국에 대한 권리의무는 민국정부와 체결하는 조약에 일의함

5. 절대독립을 서도(誓圖)함

6. 임시정부의 법령을 위월(違越)하난 자난 적으로 인(認)함

다. 대한민국임시헌장의 특징

대한민국임시헌장 제1조는 "대한민국은 민주공화제로 함"이라고 하여, 현행 대한민국헌법 제1조 제1항인 "대한민국은 민주공화국이다"라는 규정과 차이가 없다. 이 규정은 1919년 4월 임시헌장 이후 5차례의 개헌을 거쳐 1944년 4월 임시헌장까지 표현방식의 차이에도 불구하고 계속 유지되었으므로, 1948년 제헌헌법 및 현행 헌법 제1조 제1항이 1919년 4월 임시헌장에서 비롯되었다고 할 것이다.[30] 중국 역시 신해혁명 당시 공화정과 민주정을 주장하였으나 쑨원의 중화민국 임시약법에서 주권은 국민 전체에 속한다는 규정만 두었을 뿐, 민주공화국이라는 용어가 직접적으로 사용되지는 않았다. 게다가 이후 위안스카이의 제정에의 회귀 등의 문제와 맞물려서 민주공화국이라는 용어는 1920년대

---

30 민주공화제가 이의없이 채택될 수 있었던 것은 바로 3·1혁명 때문이었다. 1919년 3월 1일 이후 온 나라를 휩쓴 만세운동의 기세로 만들어진 임시정부였기에, 인민(국민)의 목숨을 건 만세운동의 참여가 없었다면 결코 만들어질 수 없었던 정부였기에, 민주공화제와 국민주권의 선언은 실로 당연한 것이라 할 수도 있다.; 같은 취지로 한인섭, 앞의 논문, 180면.

중반에나 등장하는 만큼, 헌법전상 민주공화정이라는 문구는 대한민국
이 선구적으로 사용한 용어라고 볼 수 있다.[31] 한성정부의 약법에서도
민주제와 대의제가 언급되는 것으로 볼 때, 1898년 만민공동회에서부
터 발아한 공화국으로의 전환이라는 국가체제 변혁의 의지가 3·1혁명
이라는 헌법제정권력의 발현(發顯)으로 이어지고, 이러한 과정에서 민
주공화정은 외부로부터의 이식(移植)이 아닌 우리 국민의 자체 의지에
의해 형성된 것으로 볼 수 있다.[32]

　임시헌장 제2조는 "대한민국은 임시정부가 임시의정원의 결의에 의
하여 이를 통치함"이라고 하여 통치기구로서 행정부와 의정원을 규정
하였다. 이는 임시의정원이 통치의 중심이 되는 일종의 의원내각제로
볼 수 있다.[33] 근대적인 권력분립의 한 축인 사법부에 관한 규정을 두
지 않은 것은 실질적인 사법권을 행사하기 어려운 당시의 현실을 반영
한 것으로 추측된다.

31　동아시아에서 한국이 독창적으로 사용한 용어라는 견해는 신우철, 앞의 책, 300면. 나아
　가 이영록은 유럽에서도 민주공화(demokratische Republik)이라는 용어가 헌법전에
　명기되기 시작한 것은 1920년 2월의 체코슬로바키아 헌법과 같은 해 10월의 오스트리아
　연방헌법에서였다는 점을 감안하면, 임시헌장에서 '민주공화제'를 명기한 선구성을 부각해
　둘 필요가 있다고 본다. 이영록, "한국에서의 '민주공화국'의 개념사", 「법사학연구」 제42호,
　2009, 58면. 그렇다면 이와 같은 선구적인 '민주공화'라는 단어는 어디서 온 것일까. 이영
　록은 대한유학생회보 제2호(1907. 4.) 논설과 서북학회월보 제12호(1909. 5.) 논설 등에서
　이미 '민주공화국(제)'라는 용어가 나타난다고 하였다.; 이영록, 위의 논문, 59면. 박찬승은
　대한제국기에 이미 유학생들이나 국내 지식인들 사이에서 '민주공화제' '민주공화국'이라는
　용어가 사용되고 있었고, 1910년 국망 이후 민주공화제가 가장 바람직한 제도라는 공감대
　가 형성되고 있었기 때문에, 1919년 임시헌장을 만들면서 '민주공화국'이라는 단어가 자연
　스럽게 들어가지 않았을까 여겨진다고 하였다. 박찬승, "대한민국 헌법의 임시정부 계승성",
　「한국독립운동사연구」 제43집, 2012, 384-385면.
32　3·1혁명은 만민공동회 이래 이어져온 공화주의 이념의 구체적 실현이자 군주정과의 마지막
　투쟁, 즉 민족 내부의 공화주의와 복벽주의의 투쟁이었다. 대한민국임시정부의 정치이념은
　이 투쟁의 산물이었던 것이다. 서희경, 『대한민국 헌법의 탄생』, 창비, 2012, 78면.
33　김영수, "대한민국임시정부헌법과 그 정통성", 「헌법학연구」 제1권, 1995, 60면.

임시헌장의 제3조부터 제6조까지는 국민의 권리와 의무에 대하여 규정하고 있는데, 이는 현행헌법의 서술 방식과 유사한 형태를 띠고 있다. 구체적으로 보면, 임시헌장의 제3조에서는 평등권을, 제4조에서는 자유권을, 제5조에서는 참정권을, 제6조에서는 국민의 의무를 각 규정하고 있는데, 현행 헌법의 제2장 국민의 권리와 의무 영역에서도 인간의 존엄과 가치 · 행복추구권을 시작으로 평등권, 자유권적 기본권, 참정권, 청구권적 기본권, 사회권적 기본권, 국민의 의무 순서대로 정렬되어 있다. 임시헌장의 권리와 의무에 대한 서술 방법은 중국의 영향을 받아서 신해혁명 직후 제정된 악주임시약법(鄂州臨時約法) 등에서 볼 수 있는 권리와 의무 서술 순서와 일치한다.[34] 그러나 세부 내용에 있어서는 제1조와 마찬가지로 중국과는 다른 독창적인 서술들을 찾아볼 수 있는데, 제3조의 남녀 · 귀천 및 빈부(男女貴賤 及 貧富)의 계급 없이 일체 평등으로 한다는 규정은, 남녀와 빈부를 평등의 대상으로 삼았다는 점에서 당시 시대상에 비추어볼 때 독창적이면서도 매우 선진적인 규정이었다.[35] 임시헌장에 영향을 주었던 중국의 중화민국 임시약법 제5조에서도 중화민국 인민의 평등만을 규정하고 있었고, 그 이후의 중화민국 정식헌법에서도 제5조에서 "中華民國各民族一律平等"이라고 하여, 각 민족 간의 평등을 규정하고 있을 뿐, 남녀나 빈부를 중요한 평등의 대상으로 언급한 적이 없기 때문이다.[36] 제4조의 경우에는 "종교 · 언론 · 저작 · 출판 · 결사 · 집회 · 신서 · 주소 · 이전 · 신체 및 소유의 자유"를 규정하고 있다. 이는 이후 1919년 9월 11일 제정된 임시헌법에 계승되었을 뿐만 아니

---

34 신우철, 앞의 책, 302면.

35 한인섭, 앞의 논문, 187면.

36 신우철, 앞의 책, 302면.

라, 청원권이나 재판청구권 등 행정권 및 사법권이 확립된 이후에 필요한 몇 개의 조항을 제외하고는 현행헌법의 내용과도 크게 다르지 않다는 점에서 현행헌법과의 연속성을 파악할 수 있다.

제7조의 경우에는 임시헌장에만 존재하고, 이후 임시헌법에서 빠진 조항으로 임시헌장의 작성자로 알려진 조소앙의 삼균주의의 색채가 묻어나는 조항이다. 조소앙의 삼균주의는 "개인과 개인(人與人), 민족과 민족(族與族), 국가와 국가(國與國) 간의 균등생활을 실현하려는 주의"로서 국가와 국가 간의 균등까지 강조하였고, 이의 방편으로 국가와 국가 간의 균등은 식민정책의 철폐를 통하여 모든 국가가 서로 간섭하거나 침탈하지 않는 평화롭고 평등한 지위를 도모한다는 국제평화주의로 연결되는 이념이다.[37] 이는 광복 후 헌법체계에서 다시 등장하는 가치로서, 매우 시대를 앞서간 조문이라 할 수 있다.

제8조의 구황실 우대조항의 경우, 민주공화제를 기틀로 삼고 근대헌법적인 기본권 요소, 국제평화주의까지 수록되어 있는 임시헌장 체계에서 다소 이질적인 규정이라 할 수 있다. 그러나 이는 군주정과 복벽주의를 다시 수용할 수 없는 현실에서 구성원에게 일종의 심리적 안정감을 제공하기 위한 조문이거나, 보수적인 유림과 위정척사파 계열 측에게 임시정부에 대한 지지를 호소하기 위한 조문이라고 할 수 있는바, 군주정에서 공화정으로 가는 과도기적인 시대상의 산물로 보아야 할 것이다.[38]

---

37 조소앙, 『素昻集』, 상해, 1932, 84-85면. 조소앙의 사상에 대해서는 신용하, "조소앙의 사회사상과 삼균주의", 『한국학보』 제27권 제3호, 2001, 2-39면; 한시준, "대한민국 임시정부와 삼균주의", 『사학지』 제49집, 2014, 297-318면.

38 한인섭, 앞의 논문, 191-193면. 제8조의 구황실우대조항은 임시헌장 제정 당시부터 임정 주도세력 사이의 격렬한 논쟁을 불러왔을 뿐 아니라, 다음 임시헌법 제정 과정에서도 내내 논란거리가 되었던 "뜨거운 감자"였다.; 신우철, 앞의 책, 306면.

중화민국 역시 이러한 과도기적인 요소를 겪었다는 점과 1919년 9월의 임시헌법에서도 해당 조항이 여전히 남아서 계승되었다는 점에서 구황실 우대조항의 불가피성을 엿볼 수 있다. 1919년 9월의 임시헌법 제정 과정에서 구황실 우대조항의 반대론자였던 여운형마저도 "구황실 우대조항이 민주공화정과 양립할 수 없다는 것이지, 구황실이 징벌의 대상은 아니라"고 언급한 바 있고, 실제로 대한제국의 멸망은 일본이라는 타의에 의해서였던 만큼, 군주정의 종식이 완전한 구성원 스스로의 자의에 의해서가 아니었기에, 공화정을 주장하는 쪽에서도 군주정과 일도양단 식으로 결별하기는 어렵다는 부담을 안고 있었던 것으로 보인다.[39]

제9조의 생명형을 전폐한다는 것은 문언 그대로 사형을 완전히 폐지함을 의미한다. 오늘날에도 그 존속 여부에 관한 논란이 계속되는 사형제에 대하여, 1919년 당시 사형폐지를 첫 헌법문서에 포함시킨 것은 매우 놀라운 일이다. 그리고 신체형을 전폐한다는 것은 1910년대에 가장 널리 쓰인 형벌로서 반문명적인 혹독한 형벌인 태형에 대한 폐지를 의미한다.[40] 제9조는 공창제의 전폐도 포함하고 있는데, 당시 공창제의 문제점이 심각히 대두되지 않았던 시대상황을 고려할 때 임시헌장 10개조의 하나에 포함된 것은 주요 기초자 조소앙의 균등주의에 입각한 인권의식의 표출이라 할 것이다.[41]

이상과 같이 대한민국임시헌장은 전문과 본문 10개조의 간결한 구성

39 오향미, 앞의 논문, 291–293면.
40 일제는 수많은 밀정을 풀어 국민을 감시하며, 소위 '법과 규칙' 위반자에 대해서는 형벌로 강제하였다. 3개월 이하의 징역 또는 100원 이하의 벌금, 과료의 형에 대해서는 재판절차를 거치지 않고 경찰서장 또는 헌병대장이 즉결처분으로 태형을 가할 수 있게 규정한 <범죄즉결례>는 한국 민중들에게 악명이 높았다.; 국사편찬위원회, 『신편한국사47: 일제의 무단통치와 3·1운동』, 2002, 310면.
41 한인섭, 앞의 논문, 188–189면.

이지만, 근대입헌주의의 요소인 민주주의원리, 대의제, 그리고 국민의 기본권 등을 갖춘 우리나라 최초의 근대적 의미의 기본법적 성격을 가진 '헌법'이라고 할 수 있다.[42][43]

III. 헌법총론의 연속성

1. 개관

이상에서 대한민국임시정부헌법의 연원과 특징을 살펴보았는데, 이하에서는 대한민국임시정부의 헌법문서들과 제헌헌법의 구체적인 비교·분석을 통하여 대한민국임시정부헌법들과 제헌헌법의 연관성을 알아보고자 한다. 대한민국임시정부는 임시정부 간 통합을 이룬 후인 1919년 9월 11일 대한민국임시헌법(제1차 개정헌법)을 공포한 이래, 1925년 4월 7일 대한민국임시헌법(제2차 개정헌법), 1927년 4월 11일 대한민국임시약헌(제3차 개정헌법), 1940년 10월 9일 대한민국임시약헌(제4차 개정헌법), 1944년 4월 22일 대한민국임시헌장(제5차 개정헌법)을

---

42 김선택, "입헌주의에 대한 충성심 없는 헌법화", 「헌법연구」 제2권 제1호, 2015, 9면; 김선택, "공화국원리와 한국헌법의 해석", 「헌법학연구」 제15권 제3호, 2009, 226-227면; 김영수, 앞의 논문, 1995, 60면; 김범주, "대한민국임시정부 헌정사", 「한국헌법사(상)」, 한국정신문화원, 1988, 254면; 표명환, "「대한민국임시정부의 법통 계승」의 헌법이념에 관한 고찰", 「토지공법연구」 제37집 제1호, 2007, 499면.

43 '헌법(憲法)'의 기본적 의미는 "국가조직과 구성에 관한 법"이라 할 수 있지만, 오늘날에 와서는 "국가적 공동체의 존재형태와 기본원리를 정하고 국민의 기본권을 보장한 국가의 최고법"으로 이해될 수 있다.; 김유향, 「기본강의 헌법」, 윌비스, 2019, 2면. 임시헌장은 오늘날의 헌법개념에도 정확히 부합한다고 볼 수 있다.

각 공포하였다.[44]

이러한 대한민국임시정부헌법들과 제헌헌법의 전체적인 체계를 개관한 아래 〈표 1〉에서 보는 바와 같이, 제헌헌법은 거의 모든 사항이 임시헌법(임시헌장, 임시약헌 포함, 이하 같다)들과 중첩됨을 알 수 있다.

〈표 1〉 제헌헌법과 임시헌법의 체계 개관

헌법체계	임시헌법						제헌헌법
	1919.4.11.	1919.9.11.	1925.4.7.	1927.4.11.	1940.10.9.	1944.4.22.	1948.7.17.
국호	대한민국	대한민국	대한민국	대한민국	대한민국	대한민국	대한민국
민주공화제	제1조		제1조	제1조		제1조	제1조
국민(인민)주권		제1조, 제2조	광복운동자(제3조)	제1조	제1조	제4조	제2조
평등원칙	제3조	제4조			제2조		제5조, 제8조
자유보장	제4조	제2장		제3조	제2조	제2장	제5조, 제2장
선거권/피선거권	제5조	제9조 3호	광복운동자(제28조)	제5조, 제7조	제4조, 제6조	제9조 4호	제25조, 제26조
병역·납세의무	제6조	제10조 1~2호	광복운동자(제27조)	제4조		제10조 3~4호	제29조, 제30조
국제평화주의	제7조	전문					전문, 제6조
입법부조항	임시의정원(제2조)	임시의정원(제4장)	임시의정원(제3장)	임시의정원(제2장)	임시의정원(제2장)	임시의정원(제3장)	국회(제3장)
행정부조항	임시정부(제10조)	국무원(제5장)	임시정부(제2장)	임시정부(제3장)	임시정부(제3장)	임시정부(제4장)	정부(제4장)

44 대한민국임시헌법 제1차 개정헌법부터 제5차 개정헌법까지의 각 헌법의 내용과 특징에 대하여는, 김광재, 앞의 책, 48-112면 참조.

대통령조항	임시대통령 (제3장)					대통령 (제4장제1절)
사법부조항		법원 (제6장)			심판원 (제5장)	법원 (제5장)

2. 헌법 체계상의 동질성

제헌헌법은 10장, 제103조로 구성되어 있는 바, 각 장의 제목은 전문, 총강, 국민의 권리의무, 국회, 정부, 법원, 경제, 재정, 지방자치, 헌법 개정, 부칙의 순으로 되어 있다. 대한민국임시정부의 헌법문서들 중 실용적인 규정만을 배치했던 경우가 아닌 독립을 대비하여 국가의 체계를 완비하고자 했던 경우는, 우드로 윌슨(T. Woodrow Wilson)의 민족자결주의와 파리강화회담(1919년)을 계기로 독립을 이룰 것이라고 예측했던 1919년 9월의 대한민국임시헌법과 태평양전쟁으로 인한 일본의 패망을 예측했던 1944년 4월의 대한민국임시헌장이다. 독립을 직접적으로 대비한 위의 두 헌법과 제헌헌법의 체계를 비교하면 동질성이 더욱 두드러진다.

다음 〈표 2〉에서 드러나듯이 경제와 지방자치에 대한 장을 제외하면, 1919년 9월 임시헌법과 1944년 4월 임시헌장, 그리고 제헌헌법의 구성은 거의 일치한다. 이는 제헌헌법의 헌법적 틀이 명백히 광복 이전의 대한민국임시정부헌법에 기반하고 있음을 보여주는 것이다.[45]

---

45 같은 취지로 서희경·박명림 "민주공화주의와 대한민국 헌법 이념의 형성", 「정신문화연구」 제30권 제1호, 2007, 87면.

〈표 2〉 제헌헌법과 1919년 9월, 1944년 4월 임시헌법의 체계 비교

헌법 체계	대한민국임시헌법 (1919.9.11.)	대한민국임시헌장 (1944.4.22.)	제헌헌법 (1948.7.17.)
전문	아 대한인민은 아국이 독립국임과 아민족이 자유민임을 선언하도다.…원년 4월 11일에 발포한 10개조의 임시헌장을 기본삼아 본임시헌법을 제정하야…	우리 민족은…유구한 역사를 통하여 국가생활을… 3·1대혁명에 이르러 전민족의 요구와 시대의 추향에 순응하여 정치, 경제, 문화 기타 일체 제도에 자유 평등 및 진보를 기본정신으로 한…	유구한 역사와 전통에 빛나는 우리들 대한국민은 기미 삼일운동으로 대한민국을 건립하여 세계에 선포한 위대한 독립정신을 계승하여 이제 민주독립국가를 재건함에 있어서…
총강	제1장 총령 (제1조−제7조)	제1장 총강 (제1조−제4조)	제1장 총강 (제1조−제7조)
기본권	제2장 인민의 권리와 의무 (제8조−제10조)	제2장 인민의 권리와 의무 (제5조−제8조)	제2장 국민의 권리의무 (제8조−제30조)
입법부	제4장 임시의정원 (제18조−제34조)	제3장 임시의정원 (제9조−제28조)	제3장 국회 (제31조−제50조)
행정부	제3장 임시대통령 (제11조−제17조) 제5장 국무원 (제35조−제41조)	제4장 임시정부 (제29조−제44조)	제4장 정부 (제51조−제75조)
사법부	제6장 법원 (제42조−제47조)	제5장 심판원 (제45조−제56조)	제5장 법원 (제76조−제83조)
경제			제6장 경제 (제84조−제89조)
재정(회계)	제7장 재정 (제48조−제54조)	제6장 회계 (제57조−제60조)	제7장 재정 (제90조−제95조)
지방자치			제8장 지방자치 (제96조−제97조)
헌법개정	(제8장에 포함, 제57조)	(제7장에 포함, 제61조)	제9장 헌법개정 (제98조)
부칙	제8장 보칙 (제55조−제58조)	제7장 보칙 (제61조, 제62조)	제10장 부칙 (제99조−제103조)

3. 헌법전문에서의 연속성

가. 헌법규정

일반적으로 헌법전문은 제정당시의 시대적인 상황과 배경을 반영할 뿐만 아니라 헌법탄생의 유래와 헌법제정권자의 의지를 담아낸다. 따라서 헌법전문에 대한 분석은 본문 못지않은 중요성을 지닌다고 할 수 있다. 앞에서 언급한 3개의 헌법문서는 모두 '전문'규정을 가지고 있고, 1919년 4월 임시헌장은 전문과 유사한 선포문 및 선서문을 가지고 있다는 공통점이 있는데, 그 내용을 살펴보면 다음과 같다.

〈표 3〉 제헌헌법과 임시헌법의 전문 비교

대한민국임시헌장 (1919.4.11.)	대한민국임시헌법 (1919.9.11.)	대한민국임시헌장 (1944.4.22.)	제헌헌법 (1948.7.17.)
선포문 신인일치로 중외협응하야 한성에 기의한 지 삼십유일에 평화적 독립을 삼백여주에 광복하고 국민의 신임으로 완전히 다시 조직한 임시정부는 항구완전한 자주독립의 복리로 아 자손려민에 세전키 위하여 임시의정원의 결의로 임시헌장을 선포하노라.	아 대한인민은 아국이 독립국임과 아민족이 자유민임을 선언하도다. 차로써 세계만방에 고하야 인류평등의 대의를 극명하였으며 차로써 자손만대에 고하야 민족자존의 정권을 영유케 하였도다. 반만년 역사의 권위를 대하야 2천만 민족의 성충을 합하야 민족의 항구여일한 자유발전을 위하야 조직된 대한민국의 인민을 대표한 임시의정	우리 민족은 우수한 전통을 가지고 스스로 개척한 강토에서 유구한 역사를 통하여 국가생활을 하면서 인류의 문명과 진보에 위대한 공헌을 하여 왔다. 우리 국가가 강도 일본에게 패망된 뒤에 전민족은 오매에도 국가의 독립을 갈망하였고 무수한 선열들은 피와 눈물로서 민족자유의 회부에 노력하여 삼일대혁명에 이르러 전민족의 요구와 시	유구한 역사와 전통에 빛나는 우리들 대한국민은 기미 삼일운동으로 대한민국을 건립하여 세계에 선포한 위대한 독립정신을 계승하여 이제 민주독립국가를 재건함에 있어서 정의인도와 동포애로써 민족의 단결을 공고히 하며 모든 사회적 폐습을 타파하고 민주주의제도를 수립하여 정치, 경제, 사회, 문화의 모든 영역에 있어서 각인의 기회

선서문
존경하고 경애하는 아이천만 동포 국민이여, 민국 원년 삼월 일일 아 대한민족이 독립선언함으로부터 남과 여와 노와 소와 모든 계급과 모든 종파를 물론하고 일치코 단결하야 (중략) 차시를 당하야 본정부일전국민의 위임을 수하야 조직되었나니 본정부일전국민으로 더불어 전심코 육력하야 임시헌법과 국제도덕의 명하는바를 준수하야 국토 광복과 방기확고의 대사명을 과하기를 자에 선언하노라.(후략)

원은 민의를 체하야 원년(1919) 4월 11일에 발포한 10개조의 임시헌장을 기본삼아 본임시헌법을 제정하야 써 공리를 창명하여 공익을 증진하며 국방 급 내치를 주비하며 정부의 기초를 견고하는 보장이 되게 하노라.

대의 추향에 순응하여 정치, 경제, 문화 기타 일체 제도에 자유 평등 및 진보를 기본정신으로 한 새로운 대한민국과 임시의정원과 임시정부가 건립되었고 아울러 임시헌장이 제정되었다. 이에 본원은 25년의 경험을 적하여 제36회 의회에서 대한민국임시헌장을 범 7장 공62조로 개수하였다.

를 균등히 하고 능력을 최고도로 발휘케 하며 각인의 책임과 의무를 완수케하여 안으로는 국민생활의 균등한 향상을 기하고 밖으로는 항구적인 국제평화의 유지에 노력하여 우리들과 우리들의 자손의 안전과 자유와 행복을 영원히 확보할 것을 결의하고 우리들의 정당 또 자유로히 선거된 대표로써 구성된 국회에서 단기 4281년 7월 12일 이 헌법을 제정한다.

나. 3·1운동 정신의 계승

1948년 제헌헌법 전문의 첫 구절은 "3·1운동으로 대한민국을 건립"하였다는 것이다. 1919년 9월 임시헌법의 모태가 되었던 1919년 4월의 임시헌장을 살펴보면 "신인일치로 중외협응하야 한성에 기의한 지 삼십유일에…"라는 구절이 있는데, 이는 1919년 3·1혁명과 관련된 내용이다. 또한 이를 계승한 1944년 4월의 임시헌장에서는 "삼일대혁명에 이르러 전민족의 요구와 시대의 추향에 순응하여 정치, 경제, 문화 기타 일체 제도에 자유 평등 및 진보를 기본정신으로 한 새로운 대한민국과 임시의정원과 임시정부가 건립…"이라고 표현하여 본격적으로 3·1혁명이 대한민국과 대한민국임시정부 건립의 모태가 되었음을 언급하고 있다(〈표 3〉참조).

다만 1944년 4월 임시헌장의 전문에서는 '삼일대혁명'으로 표현된 것이 제헌헌법에서는 삼일운동으로 변경되었는데, 「유진오-행정연구회 공동안」에서는 '삼일혁명'으로 되어 있었으나 본회의 심의과정에서 변경된 것이다. 유진오의 회고에 따르면 이렇다 할 문제제기가 없이 30명의 제헌의원의 합의에 의해 '3·1혁명'이 헌법초안의 전문에 들어갈 수 있었다.[46] 하지만 이 헌법초안이 국회 본회의에 상정된 이후, 조국현이 "조선이 일본하고 항쟁하는 것", 곧 독립운동은 혁명이 될 수 없다는 논리를 내세우며 3·1'혁명'을 '항쟁'으로 바꾸자고 발언하면서 분위기가 바뀌게 되었다. 여기에 불과 며칠 전만 해도 '혁명'으로 부르던 이승만이[47] "혁명이라는 것이 옳은 문구가 아니다"고 가세하면서 '3·1독립운동'을 제안했다. 이후 조헌영이 '3·1운동'을 제안했고, 5명(백관수, 김준연, 최국현, 이종린, 윤치영)으로 구성된 특별위원회에서 조헌영이 제안한 '기미삼일운동'을 채택하여 수정안을 제출했다. 그리고 본회의 사회를 맡은 이승만이 토론을 막은 채 수정안을 표결에 붙여 "재석의원 157인 중 가 91, 부 16"으로 통과됨으로써 '3·1혁명'은 헌법에서 사라지게 되었다.[48] 당시 제헌국회의 재적의원이 198명임을 감안하면 그 과반수에도 미치지 못하는 91명의 찬성으로 '삼일운동'이 통과되었다는 점도 논란의 여

---

46 유진오, 『헌법기초회고록』, 일조각, 1980, 207-208면.

47 대한민국국회, 『제헌국회속기록1』, 선인문화사(영인본), 1999, 348면.

48 국회도서관입법조사국, 『헌법제정회의록 : 제헌국회』, 국회도서관, 1967, 650-654면, 670면.; 찬란한 '3·1혁명', 누가 '3·1 운동'으로 바꿨나,
<http://www.ohmynews.com/NWS_Web/View/at_pg.aspx?CNTN_CD=A0001963265>.

지가 있다. 충분한 토론도 없이 출석의원 과반수의 찬성으로 헌법전문의 중요 문구를 의결했다는 것은 민주적 정당성 및 절차적 정당성에 중요한 흠결이 될 수 있기 때문이다.

한편 3·1혁명으로 수립된 역사적 실체를 '대한민국임시정부'가 아니라 '대한민국'으로 표현했지만, 그 실제 내용은 "대한민국임시정부에 의해 통치되었던 대한민국"으로 이해할 수 있다.[49] 따라서 3·1혁명의 독립정신, 민주정신 등이 대한민국임시정부 뿐만 아니라 광복 후 대한민국(정식)정부 수립의 헌법적 기본정신이었고, 대한민국임시정부헌법 뿐만 아니라 제헌헌법에도 명문화되었다고 할 수 있다.[50]

다. 대한민국 국호(國號)의 계승

대한민국이라는 국호를 사용한 것 역시 주목할 만한 부분인데, 애초에 '유진오-행정연구회 공동안'에는 '조선인민'이라는 단어만 있을 뿐「대한국민」이라는 언급이 없었다. 하지만 헌법기초위원회 내부심의 과정에서「대한국민」이라는 단어로 바뀌었고, 변경한 이유 중 하나로 이승만의 국회 개회식 식사를 반영한 것이라고 밝힌 바 있다. 이승만은 1948년 5월 31일 국회 개회식 식사에서 "…나는 이 대회를 대표하여 오늘의 대한민주국이 다시 탄생된 것과 따라서 이 국회가 우리나라에 유일한 민족대표기관임을 세계만방에 공포합니다. …오늘 여기서 열리는

---

49 같은 취지로 신용옥, "대한민국 제헌헌법과 '건국절' 논란", 「한국사학보」 제65호, 2016, 494면.

50 같은 취지로 서희경·박명림, 앞의 논문, 88면. 김영수는 헌법전문의 3·1정신을 "우리 민족의 건국정신"으로 보면서 "이는 3·1정신의 역사적 산물인 대한민국임시정부와 그 헌법이 오늘날 대한민국의 정신적 기원임을 입증하는 것"이라고 한다.; 김영수, 앞의 논문, 64면.

국회는 즉 국민대회의 계승이요 이 국회에서 건설되는 정부는 즉 기미년에 서울에서 수립된 민국임시정부의 계승이니 이날이 29년 만에 민국의 부활일임을 우리는 이에 공포하며 민국년호는 기미년에서 기산할 것이오.…"라고 '민국임시정부의 계승'을 언급하였다.[51] 1919년 4월의 '대한민국'임시헌장의 선서문에서는 "대한민족"이라고 하였으나 제1조부터 제8조까지「대한민국」이라 표현하였고, 통합 임시정부가 발족한 후인 1919년 9월의 '대한민국'임시헌법 역시 계속하여「대한민국」이라는 용어를 사용하였으므로, 상해의 대한민국임시정부부터「대한민국」이라는 국호를 사용하기 시작했음을 알 수 있다(〈표 3〉참조).[52] 이승만은 비록 한성정부라고 표현하였으나 상해의 대한민국임시정부를 주축으로 한성정부를 통합하였으므로, 결과적으로 통합 대한민국임시정부는 상해의 대한민국임시정부 뿐만 아니라 한성정부의 정통성도 계승한 것으로 볼 수 있다. 나아가 헌법기초위원회 위원장 서상일은 제헌의원 중 한 사람인 최운교가 헌법의 전반적인 내용 가운데 대한민국임시정부를 계승한다는 내용이 포함되어 있는지를 질문하자, "그렇게 생각하고 나가고 있다"고 답하였는데, 헌법 초안의 전문에 수록된「대한민국」이라는 국호 역시 '대한민국'임시정부의 계승과 관련된다고 볼 수 있다.[53]

위와 같이 1948년 제헌헌법의 논의과정에서, 그리고 이후 수립된 대한민국정부는 '대한민국'임시정부의「대한민국」이라는 국호를 사용함

---

51 國會開院式 開會辭, 雩南李承 文書 東文編 15, 연세대 현대한국학연구소, 1998, 90-92면.

52 대한민국 국호에 대한 자세한 사항은 허완중, 앞의 논문, 35-74면 참조.

53 박찬승, 앞의 논문, 405면.; 표명환, 앞의 논문, 506면. 제헌국회에서도 대한민국을 국호로 하는 데는 큰 이의가 없었고, 국호가 포함된 제1조에 대하여 표결결과 재석의원 188명, 가 163명, 좀 2명으로 무난히 통과되었다.; 대한민국국회(편), 『제헌국회속기록1』, 선인문화사, 1999, 346-349면.

으로써 대한민국(정식)정부의 정통성이 대한민국임시정부와 연계되어 있음을 나타내고자 하였다. 그렇다면 1948년 제헌헌법의 정신과 이념의 기저에는 대한민국임시정부의 정신, 즉 임시정부헌법이 채택한 근대입헌주의 헌법의 원리에 입각하고 있다고 할 것이다.[54]

3. 기본원리의 연속성

가. 민주공화국과 국민(인민)주권주의

1919년 4월의 임시헌장부터 1948년의 제헌헌법까지의 헌법문서들에서, "민주공화국" 혹은 "민주공화제"라는 표현은 아래 〈표 4〉에서 알 수 있듯이 두 차례의 예외를 제외하고 계속하여 등장한다.

〈표 4〉 제헌헌법과 임시헌법에 규정된 민주공화국과 국민(인민)주권주의

헌법	공포일	민주공화국과 국민(인민)주권주의 내용
임시헌법	1919.4.11.	제1조 대한민국은 민주공화제로 함.
	1919.9.11	제1조 대한민국은 대한인민으로 조직함. 제2조 대한민국의 주권은 대한인민 전체에 재함
	1925.4.7.	제1조 대한민국은 민주공화국임. 제3조 대한민국은 광복운동중에는 광복운동자가 전인민을 대표함.
	1927.4.11.	제1조 대한민국은 민주공화국이라 국권은 인민에게 있음 광복완성 전에는 국권이 광복운동자 전체에 있음

---

54 같은 취지로 성낙인, 『대한민국헌법사』, 법문사, 2012, 37면.

임시헌법	1940.10.9.	제1조 대한민국은 주권은 인민에게 있음. 광복완성 전의 주권은 광복운동자 전체에게 있음.
	1944.4.22.	제1조 대한민국은 민주공화국임. 제4조 대한민국의 주권은 인민 전체에 있음. 국가가 광복되기 전에는 주권이 광복운동자 전체에 있음.
제헌헌법	1948.7.17.	제1조 대한민국은 민주공화국이다. 제2조 대한민국의 주권은 국민에게 있고 모든 권력은 국민으로부터 나온다.

　민주공화국(제)라는 표현이 제외된 예외는 1919년 9월 임시헌법과 1940년 임시약헌인데, 비록 민주공화국(제)이라는 명시적 표현은 등장하지 않지만 두 헌법문서 역시 주권이 인민(국민)에게 있다는 국민주권주의 사상이 반영되어 있으므로, 이념적 연속성이 사라졌다고 보기는 어렵다. 그 후 1944년 임시헌장에서 민주공화국 규정이 부활한 후, 행정연구위원회의 한국헌법, 민주의원의 대한민국임시헌법, 과도입법의원의 조선임시약헌, 민주주의민족전선의 조선민주공화국임시약법, '유진오−행정연구회 공동안'과 권승렬안에 이르기까지 거의 모든 헌법초안들의 제1조는 모두 "민주공화국(제)"이라는 국가성격 규정에 할애되고 있다. 민주공화국(제)은 이미 본 바와 같이 동시대 다른 나라의 헌법문서들보다 앞선 표현이었는데, 이는 단순히 서구의 헌법이론을 모사한 것이 아니라, 공화제와 민주제에 대한 명확한 인식이 있었기에 가능했다.

　1919년 4월 임시헌장 제정당시 이동녕 임시의정원 의장이 "동지 여러분, 지금부터 우리나라는 고종 · 순종이 최고 지도자였던 대한제국에서 우리 같은 국민이 주인이 되는 대한민국이 탄생하는 엄숙한 순간입니다. 그러니까 우리는 이제 제국의 신민이 아니고 민주공화국의 자유국민이 되는 것입니다. 나라의 주인은 제왕이 아니고 당당히 우리 국민입니다. 이 어찌 감격치 않을 수가 있겠습니까. 우리나라는 그동안 고종·순종 황제를 모시고 살았던 왕의 나라요, 제국의 지배체제였습니다. 그러나 이로부터 우리는 그런 거창한 왕지배의 신민이 아니고 당당하게도 독립된 주권을 갖는 평등한 국민입니다. 우리 국민이 나라의 주인이고 모든 권력은 국민의 마음속으로부터 울려 퍼져 나오게 되어 있습니다."[55]라고 발언한 것에서도 전제군주국가에서 공화국으로의 국가형태의 변경이 대한제국의 신민이었던 백성들을 민주공화국의 자유로운 국민의 한 사람으로 탈바꿈시켜준다는 것을 분명히 인식하고 있었음을 알 수 있다.[56]

근대국가를 상징하는 (국민주권주의에 근거한) 민주공화국은 모든 형태의 전제군주정으로부터의 탈피라는 점을 감안할 때, 1919년 4월 민주공화국을 선언한 시점에서 대한민국은 비록 국토의 수복이라는 문제가 남아있기는 하였으나 근대입헌주의 국가로의 진입이 시작되었다고 할 수 있을 것이다. 이러한 민주공화국과 국민주권주의는 대한민국헌법의 핵심가치로서 1948년 제헌헌법으로 이어졌으며, 또한 제헌헌법 전문에서 "…민주독립국가를 재건함에 있어서 정의인도와 동포애로써 민족의 단결을 공고히 하며 모든 사회적 폐습을 타파하고 민주주의제도를 수립하며"라고 표방한 민주주의의 초석(礎石)이 되었다.

나. 국제평화주의

제헌헌법은 국제평화주의를 채택하고 있다. 제헌헌법보다 먼저 제정

55 이현희, 『임시정부의 숨겨진 뒷이야기』, 학연문화사, 2000, 7–8면.
56 김선택, "공화국원리와 한국헌법의 해석", 『헌법학연구』 제15권 제3호, 2009, 213–250면.

된 바이마르헌법은 전문에서 "국내 및 국외의 평화를 보호 및 유지하고…"라는 규정을 두었을 뿐, 국제평화주의에 대한 명시적인 규정은 두지 않았다. 그러나 제헌헌법은 전문에서 "…안으로는 국민생활의 균등한 향상을 기하고 밖으로는 항구적인 국제평화의 유지에 노력하여…"라고 규정함과 동시에 제6조에서 "대한민국은 모든 침략적인 전쟁을 부인한다"라고 규정하여 명시적으로 국제평화주의를 지향함을 선포하고 있다(〈표 5〉참조). 침략전쟁은 적의 직접적 공격을 격퇴하기 위한 자위(自衛)적 수단으로의 전쟁과 대비되는 개념으로서, 국가 이익의 실현 등을 위한 수단으로써 행하는 무력행사를 말한다. 이는 교전권 자체를 부인하는 일본헌법과도 구별되는 규정이다. 이러한 정신은 앞서 본 바와 같이 조소앙의 삼균주의를 바탕으로 하는 것으로, 1919년 4월 임시헌장 제7조에서 "대한민국은 신의 의사에 의해 건국한 정신을 세계에 발휘하며 進하야 인류의 문화 及 평화에 공헌하기 위하야 국제연맹에 가입함"이라고 하여 명시적으로 국제평화를 언급한 것을 계승하였다고 볼 수 있다. 이 규정에서의 "인류…평화"는 모든 국가가 서로 간섭하거나 침탈하지 않는 평화롭고 평등한 지위를 도모한다는 의미이므로 국제평화주의와 일맥상통하기 때문이다.[57] 1919년 9월 임시헌법 전문의 "인류 평등의 대의"라는 규정도 동일하게 해석할 수 있다.

〈표 5〉 제헌헌법과 임시헌법에 규정된 국제평화주의

헌법	국제평화주의의 내용
임시헌장 (1919.4.11.)	제7조 대한민국은 신의 의사에 의하여 건국한 정신을 세계에 발휘하며 進하야 인류의 문화 及 평화에 공헌하기 위하야 국제연맹에 가입함.

---

57 조소앙, 앞의 책, 84–85면.

임시헌법 (1919.9.11.)	전문 "…此로써 세계만방에 고하여 인류평등의 대의를 극명하였으며…"
제헌헌법 (1948.7.17.)	전문 "…안으로는 국민생활의 균등한 향상을 기하고 밖으로는 항구적인 국제평화의 유지에 노력하여…" 제6조 대한민국은 모든 침략적인 전쟁을 부인한다.

다. 법치국가원리

법치국가원리 또는 법치주의원리란 '정당한 법을 통한 통치'를 의미한다. 국민의 자유와 권리를 제한하거나 국민에게 의무를 부과하려 할 때에는 반드시 국민의 대표기관인 의회가 제정한 법률로써 하게하고 행정과 사법도 법률에 근거하도록 함으로써, 국민의 자유와 권리 및 법적 안정성·예측가능성을 보장하기 위해서이다. '법이라는 형식에 의한 통치질서'가 확보되는 것 자체만으로도 어느 정도의 기본권보장이 이루어진다고 인정할 수 있지만, 법치주의는 그것만으로는 충분하지 않고 법은 자유·평등·정의의 실현을 그 내용으로 하여야 한다. 그리고 법을 수단으로 하는 자의적 통치가 아니라 객관성을 갖는 법에 의한 통치가 가능하기 위해서는 법을 집행하는 자와 법을 제정하는 자가 분리·독립되어야만 한다. 따라서 법치주의는 권력의 분립을 전제로 하며, 국민의 대표로 구성된 의회에서 제정된 법률에 의해서만 국가권력의 행사가 이루어져야 하는 것이다.

제헌헌법 뿐만 아니라 임시정부의 헌법들 역시 법치국가원리를 명문으로 선언하지는 않았다. 하지만 위 헌법들은 모두 '법에 의한 통치'를 채택하고, 국민의 기본권을 보장하며, 권력의 분립을 전제하는 등 법치국가원리를 채택하였다고 볼 수 있다. 기본권보장은 뒤에서 별도로 살펴보기로 하고 여기서는 법률주의를 중심으로 검토한다.

〈표 6〉 제헌헌법과 임시헌법에 규정된 법치국가원리

헌법	공포일	법률주의와 권력분립의 내용
임시 헌법	1919.4.11.	제2조 대한민국은 임시정부가 임시의정원의 결의에 의하야 차를 통치함. 제10조 임시정부는 국토회복후 만일개년내에 국회를 소집함.
	1919.9.11	제5조 대한민국의 입법권은 의정원이 행정권은 국무원이 사법권은 법 　　　원이 행사 함. 제6조 대한민국의 주권행사는 헌법규범내에서 임시대통령에게 전임함. 제10조 대한민국의 인민은 법률에 의하여 좌열 각항의 의무를 유함. 제48조 조세를 신과하거나 세율을 변경할 시는 법률로써 차를 정함. 제55조 본임시헌법을 시행하여 국토회복후 한일개년내에 임시대통령이 　　　국회를 소집하되 기 국회의 조직 급 선거방법은 임시의정원이 　　　차를 정함.
	1925.4.7.	제27조 광복운동자는 법령을 준수하며 재정을 부담하며 병역에 복하며 　　　징발에 응하는 의무를 유함. 제29조 조세와 세율은 법률로써 정함. 제32조 임시정부는 국토광복후 1년 이내에 국회를 소집하여 헌법을 　　　제정하되 국회성립전에는 본임시헌법이 헌법을 대함.
	1927.4.11.	제2조 대한민국의 최고권력은 임시의정원에 있음 　　　광복운동자의 대단결인 당이 완성된 때에는 국가의 최고권력이 　　　이 당에 있음 제46조 조세와 세율은 법률로 정함.
	1940.10.9.	제38조 조세 및 세율은 법률로 정함.
	1944.4.22.	제7조 인민의 자유와 권리를 제한 혹 박탈하는 법률은 국가의 안전을 　　　보위하거나 사회의 질서를 유지하거나 혹은 공공이익을 보장하 　　　는데 필요한 것이 아니면 제정하지 못함. 제57조 조세와 세율은 법률로 정함.

제헌 헌법	1948.7.17.	제28조 국민의 모든 자유와 권리는 헌법에 열거되지 아니한 이유로써 경시되지는 아니한다. 　국민의 자유와 권리를 제한하는 법률의 제정은 질서유지와 공 공복리를 위하여 필요한 경우에 한한다. 제29조 모든 국민은 법률의 정하는 바에 의하여 납세의 의무를 진다. 제30조 모든 국민은 법률의 정하는 바에 의하여 국토방위의 의무를 진다. 제90조 조세의 종목과 세율은 법률로써 정한다.

라. 사회국가원리

(1) 사회국가원리의 수용

사회국가원리의 개념에 대해서는 다양한 견해가 있으나, 사회국가란 사회정의의 이념을 헌법에 수용한 국가로서, 사회현상에 대하여 방관적인 국가가 아니라 경제 · 사회 · 문화의 모든 영역에서 정의로운 사회질서의 형성을 위하여 사회현상에 간섭하고 분배하고 조정하는 국가이며, 궁극적으로는 국민 각자가 실제로 자유를 행사할 수 있는 그 실질적 조건을 마련해 줄 의무가 있는 국가라고 정의할 수 있다.[58]

제헌헌법은 사회국가원리를 명문으로 규정하고 있지는 않지만, 前文의 "…경제 · 사회…의 모든 영역에 있어서 각인의 기회를 균등히 하고 능력을 최고도로 발휘케하여 안으로는 국민생활의 균등한 향상을 기하고"라는 선언과 제6장에서 경제에 관한 국가의 포괄적인 규제 및 조정의 권한규정을 두는 한편, 사회국가원리에 따른 세부적인 과제를 사회적 기본권의 형식으로 규정하여 사회국가원리를 수용하였다. 이러한

---

58 헌재 2002. 12. 18. 2002헌마52, 판례집 14-2, 904.

사회국가원리 수용방식은 1944년 임시헌장에서도 나타난다.

(2) 사회적 기본권의 보장

1944년 4월 임시헌장에서 사회적 기본권이 처음 규정되었는데, 이는 조소앙의 삼균주의의 영향을 받은 것이다. 한편, 헌법문서는 아니지만 이후의 헌법문서들에 많은 영향을 미쳤던 1941년의 건국강령에서는 사회적 기본권의 강조가 두드러지게 나타난다.[59] 건국강령은 한마디로 임시정부가 광복 후 건설할 민족국가상을 제시한 것이다. 개인이나 특정 계급에 의한 독재를 철저히 배격하는 민주공화국을 건설하며, 정치·경제·교육적으로 국민전체가 균등한 생활을 향유할 수 있는 균등사회를 실현한다는 것이었다. 또한 새로운 민족국가가 지향할 최고 목적은 민족전체의 발전과 행복을 실현하는 것에 두었다. 건국강령 전후 생활권, 수학권의 보장과 같은 기본권들이 각 정당의 강령들에서 규정될 정도로, 당시 사회적 기본권은 당연한 기본권 중 하나로 인식되었다. 이와 같은 상황에서 (사회적) 기본권을 구체적이고 상세하게 규정하고자 했던 조선민족혁명당의 개정초안이 1944년 4월 임시헌장에 상당한 수

---

59 건국강령은 광복 직후에까지 임시정부의 현실성 있는 통치문서로서의 역할을 해내고 있었는데, 법적 성격을 헌법으로 보기도 애매하고, 법령으로 보기도 애매한 위치에 있다. 그러나 형식과 무관하게 내용적 측면에서 토지 국유화의 문제를 제외한다면 보통선거, 교육의 균등, 계급제도의 철폐 등 현대 헌법에서도 중요하게 생각하고 있는 헌법적 가치를 모두 담아내고 있다는 점에서 건국강령이 가지는 헌법사적 의의를 부인하기는 어려울 것이다. 건국강령 전문은 "建國綱領(一九四一年十一月二十八日)", 「한국독립운동사자료2」; "임정, 대한민국건국강령 발표", 「자료대한민국사1」, 국사편찬위원회 한국사데이터베이스(http://db.history.go.kr). 전자에는 '복국 제9항, 제10항'이 탈루되어 있다.

정을 거쳐 반영되었지만,[60] "파업의 자유", "취학 취직 及 부양을 요구하는 권리" 등은 받아들여졌다. 이는 조소앙이 강조했던 교육의 균등, 경제의 균등이라는 개념이 취학을 요구할 수 있는 권리와 부양을 요구할 수 있는 권리로 구체화된 것으로 볼 수 있다.[61] 제헌헌법에서도 이러한 경향은 계속 유지되었는데, 예컨대, 제16조에서 '균등'하게 교육받을 권리와 초등교육의 무상성을, 제17조에서 근로의 권리를, 제18조에서 근로3권 및 근로자의 이익분배균점권을,[62] 제19조에서 생활유지의 능력이 없는 자에 대한 국가의 보호를, 제20조에서 혼인의 남녀'동권' 및 국가의 특별한 보호를 각 규정하고 있다. '균등', '균점' 및 '동권'이라는 표현에서 조소앙의 삼균주의가 계승되고 있음을 알 수 있다.

〈표 7〉 제헌헌법과 임시헌법, 건국강령에 규정된 사회적 기본권

헌법/ 건국강령	기본권 내용
건국강령 (1941.11.28.)	제3장 건국 (4) 건국기의 헌법상 인민의 기본권리와 의무는 다음 원칙에 의거하고 법률로 영정시행(另定施行)함. 　가. 노동권 · 휴식권 · 피구제권 · 피보험권 · 면비수학권 · 참정권 · 선거권 · 　　피선거권 · 파면권 · 입법권과 사회 각 조직에 가입하는 권리가 있음. 　나. 부녀는 경제와 국가와 문화와 사회생활상 남자와 평등권리가 있음.

---

60 신우철, "우리 헌법사에서 '기본권'의 의미–그 이상과 현실의 교직", 「역사비평」, 2011, 68–69면.

61 김효전은 이를 바이마르 헌법의 영향으로 보고, 바이마르 헌법에서 보이는 '사회적 기본권' 조항들은 이미 '1944 임시헌장'에 소략하나마 반영되어 있고, 제헌헌법에서는 이를 보다 구체적으로 규정한 것이라고 한다.; 김효전, "한국헌법과 바이마르 헌법", 「공법연구」 제14집, 1986, 15면.

62 "사기업의 근로자는 이익의 분배에 균점할 권리가 있다"고 한 조항은 바이마르 헌법에서도 보이지 않는 것인데, 헌법 독회 과정에서 문시환, 조병한 의원 등이 이 조항을 추가할 것을 제안하여 오랜 시간에 걸친 토론 끝에 결국 표결을 통해 통과된 조항이다.; 박찬승, 앞의 논문, 409면.

건국강령 (1941.11.28.)	(6) 건국시기의 헌법상 경제체계는 국민 각개의 균등생활을 확보함과 민족 전체의 발전 및 국가를 건립 보위함에 연환(環) 관계를 가지게 하되 다음의 기본원칙에 의거하여 경제 정책을 실시함. 바. 노공 · 유공 · 여공의 야간노동과 연령 · 지대 · 시간의 불합리한 노동을 금지함. 사. 공인과 농인의 면비의료를 보시(普施)하며 질병소멸과 건강보장을 힘써 행함. (7) 건국시기의 헌법상 교육의 기본원칙은 국민 각개의 과학적 지식을 보편적으로 균화(均化)하기 위하여 다음 원칙에 의거하여 교육정책을 추행함. 나. 6세부터 12세까지의 초등교육과 12세 이상의 고등기본교육에 관한 일체 비용은 국가가 부담하고 의무로 시행함. 마. 교과서의 편집과 인쇄 · 발행을 국영으로 하고 학생에게 무료로 분급함.
임시헌법 (1944.4.22.)	제5조 대한민국의 인민은 좌열 각항의 자유와 권리를 향유함. 1. 언론, 출판, 집회, 결사, 파업 及 신앙의 자유 3. 법률에 의하여 취학, 취직 及 부양을 요구하는 권리
제헌헌법 (1948.7.17.)	제16조 모든 국민은 균등하게 교육을 받을 권리가 있다. 적어도 초등교육은 의무적이며 무상으로 한다. 모든 교육기관은 국가의 감독을 받으며 교육제도는 법률로써 정한다. 제17조 모든 국민은 근로의 권리와 의무를 가진다. 근로조건의 기준은 법률로써 정한다. 여자와 소년의 근로는 특별한 보호를 받는다. 제18조 근로자의 단결, 단체교섭과 단체행동의 자유는 법률의 범위내에서 보장된다. 영리를 목적으로 하는 사업에 있어서는 근로자는 법률의 정하는 바에 의하여 이익의 분배에 균점할 권리가 있다. 제19조 노령, 질병 기타 근로능력의 상실로 인하여 생활유지의 능력이 없는 자는 법률의 정하는 바에 의하여 국가의 보호를 받는다. 제20조 혼인은 남녀동권을 기본으로 하며 혼인의 순결과 가족의 건강은 국가의 특별한 보호를 받는다.

(3) 경제질서의 규제와 조정

　제헌헌법은 제6장 제84조에서 제89조까지 경제에 관한 독립된 장을
두고 있다. 이는 자유민주주의 헌법체제하에서는 보기 드문 예인데, 그
런 측면에서 바이마르헌법의 체계를 따른 것으로 볼 여지도 있다.[63] 그
러나 형식적인 측면에서 볼 때, 경제에 대하여 별도의 장을 두지는 않
고 기본권 영역에서 "경제생활"이라는 부분으로 규정하고 있는 바이마
르헌법 보다는 오히려 중국의 오오헌초(五五憲草)에 좀 더 가까운 것으
로 보인다. 그리고 내용적인 측면에서 볼 때도 바이마르헌법과 차이가
있는데, 예를 들면, 바이마르헌법은 경제자유의 원칙에 우선권을 두고
자유의 한계를 설정하는 유보의 의미에서만 국가의 개입을 인정하고 있
는데 반하여, 제헌헌법은 경제적 균등 실현을 위해 사회주의에 가까운
강한 통제경제를 규정하고 있다는 점이다.[64] 이러한 경제에 관한 장에
대하여는 중국의 삼민주의와 오오헌초에 영향을 받은 조소앙의 삼균주
의·경제균등이 잘 드러나 있는 '건국강령'이 이후의 헌법문서들인 행
정연구위원회의 한국헌법이나 남조선과도입법의원의 조선임시약헌 등
에 영향을 미치고, 나아가 "국가주의적·민족주의적 경제균등 사상"이
자 "항일 전시경제체제로 대표되는 계획경제체제"의 계승으로 제헌헌
법에까지 나타났다는 견해가 있다.[65]

---

63 성낙인, 앞의 책, 90면.

64 이영록, "제헌헌법상 경제조항의 이념과 그 역사적 기능", 「헌법학연구」제19권 제2호, 2013,
　　69-97면.

65 신우철, "건국강령(1941.10.28.) 연구", 「중앙법학」 제10집 제1호, 2008, 94-95면.; 반면 이
　　영록 같은 경우는 제헌헌법의 경제질서는 언뜻 보면 강한 통제경제를 원칙으로 한 것처럼
　　보이나 이는 당시의 상황을 타개하기 위하여 불가피한 단기적 목표를 규정한 것에 불과하
　　고, 장기적 관점에서 경제 균등과 발전 중 어느 목표가 우선해야 하는지, 목표 달성을 위해

비록 임시정부의 헌법문서 중에서는 경제의 장을 별도로 규정하고 있는 경우가 없었으나, 1941년의 조소앙의 건국강령에서는 "건국"의 장에서 경제를 별도의 항목으로 상세히 규정하고 있었다. 이는 근대적 법규범의 시원(始原)이라 할 수 있는 '헌의6조'[66]에서부터 시작된 경제(재정)에 대한 관심이 1919년 4월 임시헌장의 경제균등 사상[67]으로 정립되고, 1941년 건국강령의 구체화를 거쳐, 제헌헌법까지 계속 유지된 것으로 볼 수 있다.

〈표 8〉 제헌헌법과 건국강령에 규정된 경제질서

건국강령 (1941.11.28.)	제헌헌법 (1948.7.17.)
6. 건국시기의 헌법상 경제체계는 국민 각개의 균등생활을 확보함과 민족 전체의 발전 및 국가를 건립 보위함에 연환(連環) 관계를 가지게 하되 다음의 기본원칙에 의거하여 경제 정책을 실시함.	제84조 대한민국의 경제질서는 모든 국민에게 생활의 기본적 수요를 충족할 수 있게 하는 사회정의의 실현과 균형있는 국민경제의 발전을 기함을 기본으로 삼는다. 각인의 경제상 자유는 이 한계내에서 보장된다.

어떤 경제 질서를 취해야 하는지 하는 문제는 차후를 위하여 열린 결말로 남겨두었다고 하여 강력한 통제경제를 취하였음을 부정하였다. 그 근거로 제헌헌법 제85조의 광물 등 지하자원이나 자연력 국유로 하지만, 사인에게 특허할 수 있도록 예외조항을 두고 있는 등, 사경제를 국가의 통제 하에 둘 수 있는 장치들을 많이 만들고 그 반대편에 법률유보가 필요하다거나, 예외사유를 꼭 명시해 놓는 등의 방법으로 선택의 여지를 남겼다는 것을 들고 있다.; 이영록, "제헌헌법의 유진오 창안론과 역사적 연속성설 사이에서 : 권력구조와 경제조항을 중심으로", 「아주법학」 제8권 제2호, 2014, 55-82면.; 이영록, "제헌헌법상 경제조항의 이념과 그 역사적 기능", 「헌법학연구」 제19권 제2호, 2013, 76면.

66 "三. 전국 재정은 어떠한 稅를 물론하고 모두 度支部에서 句管하되 다른 府·部와 私會社는 간섭할 수 없고, 예산과 결산은 인민에게 공표할 사."

67 "제3조 대한민국의 인민은 남녀·빈부 및 계급 없이 일체 평등함."

가. 대생산기관의 공구와 수단을 국유로 하고 토지 · 광산 · 어업 · 농림 · 수리 · 소택(沼澤)과 수상 · 육상 · 공중의 운수사업과 은행 · 전신 · 교통 등과 대규모의 농 · 공 · 상 기업과 성시공업구역의 공동적 주요 방산(房産)은 국유로 하고 소규모 또는 중등 기업은 사영으로 함.

나. 적의 침점 혹은 시설한 관공사토지와 어업 · 광산 · 농림 · 은행 · 회사 · 공장 · 철도 · 학교 · 교회 · 시찰 · 병원 · 공원 등의 방산과 기지와 기타 경제 · 정치 · 군사 · 문화 · 교육 · 종교 · 위생에 관한 일체 사유자본과 부적자(附敵者)의 일체 소유자본과 부동산을 몰수하여 국유로 함.

다. 몰수한 재산은 빈공 · 빈농과 일체 무산자의 사익을 위한 국영 혹은 공영의 집단생산기관에 충공함을 원칙으로 함.

마. 국제무역 · 전기 · 자래수(自來水)와 대규모의 인쇄 · 출판 · 전영(電影) · 극장 등을 국유 국영으로 함.

라. 토지의 상속 · 매매 · 저압(低押) · 전양(典讓) · 유증(遺贈) · 전조차(轉租借)의 금지와 고리대금업과 사인의 고용, 농업의 금지를 원칙으로 하고, 두레농장 · 국영공장 · 생산 · 소비와 무역의 합작기구를 조직 확대하여 농 · 공 대중의 물질과 정신상 생활정도와 문화 수준을 제고함.

아. 토지는 자력자경인에게 분급함을 원칙으로 하되 원래의 고용농 · 자작농 · 소지주농 · 중지주농 등 농민 지위를 보아 저급으로부터 우선권을 줌.

바. 노공 · 유공 · 여공의 야간노동과 연령 · 지대 · 시간의 불합리한 노동을 금지함.

사. 공인과 농인의 면비의료를 보시(普施)하며 질병소멸과 건강보장을 힘써 행함.

제85조 광물 기타 중요한 지하자원, 수산자원, 수력과 경제상 이용할 수 있는 자연력은 국유로 한다. 공공필요에 의하여 일정한 기간 그 개발 또는 이용을 특허하거나 또는 특허를 취소함은 법률의 정하는 바에 의하여 행한다.

제87조 중요한 운수, 통신, 금융, 보험, 전기, 수리, 수도, 까스 및 공공성을 가진 기업은 국영 또는 공영으로 한다. 공공필요에 의하여 사영을 특허하거나 또는 그 특허를 취소함은 법률의 정하는 바에 의하여 행한다. 대외무역은 국가의 통제하에 둔다.

제88조 국방상 또는 국민생활상 긴절한 필요에 의하여 사영기업을 국유 또는 공유로 이전하거나 또는 그 경영을 통제, 관리함은 법률이 정하는 바에 의하여 행한다.

제86조 농지는 농민에게 분배하며 그 분배의 방법, 소유의 한도, 소유권의 내용과 한계는 법률로써 정한다.

5. 문화국가의 원리

헌법상의 '문화국가'란 국가로부터 문화활동의 자유가 보장되고 국가에 의하여 문화활동이 보호·지원·조정되어야 하는 국가를 말한다. 제헌헌법은 문화국가원리를 직접 명시하고 있지는 않지만, 문화국가실현을 위한 중요한 내용들을 포함하고 있다. 즉 전문에서 "…문화의 모든 영역에 있어서 각인의 기회를 균등히 하고 능력을 최고도로 발휘케 하며", 제5조에서 "…문화의 모든 영역에 있어서 각인의 자유, 평등과 창의를 존중하고 보장하며"라고 하여 헌법의 기본원리로 채택하였다. 또한 제헌헌법은 문화국가를 실현하기 위하여 보장되어야 할 정신적 기본권으로 양심과 신앙의 자유, 언론·출판의 자유, 학문과 예술의 자유 등을 규정하고 있는바, 개별성·고유성·다양성으로 표현되는 문화는 사회의 자율영역을 바탕으로 한다고 할 것이고, 이들 기본권은 견해와 다양한 사상의 다양성을 그 본질로 하는 문화국가원리의 불가결의 조건이라고 할 것이다.[68] 정신적 기본권보장은 뒤에서 별도로 살펴보기로 하고 여기서는 문화국가원리와 직결되는 문구만을 표로 검토한다.

---

68 헌재 2004. 5. 27. 2003헌가1 등. 판례집 16-1, 670 참조.

<표 9> 제헌헌법과 임시헌법에 규정된 문화국가원리

임시헌법 (1944.4.22.)	제헌헌법 (1948.7.17.)
전문 우리 민족은 <u>우수한 전통을 가지고 스스로</u> 개척한 강토에서 유구한 역사를 통하여 국가생활을 하면서 <u>인류의 문명과 진보에 위대한 공헌</u>을 하여 왔다. 우리 국가가 강도 일본에게 패망된 뒤에 전민족은 오매에도 국가의 독립을 갈망하였고 무수한 선열들은 피와 눈물로서 민족자유의 회부에 노력하여 삼일대혁명에 이르러 전민족의 요구와 시대의 추향에 순응하여 정치, 경제, 문화 기타 일체 제도에 자유평등 및 진보를 기본정신으로 한 새로운 대한민국과 임시의정원과 임시정부가 건립되었고 아울러 임시헌장이 제정되었다. 이에 본원은 25년의 경험을 적하여 제36회 의회에서 대한민국임시헌장을 범 7장 공62조로 개수하였다.	전문 <u>유구한 역사와 전통에 빛나는 우리들 대한국민</u>은 기미 삼일운동으로 대한민국을 건립하여 세계에 선포한 위대한 독립정신을 계승하여 이제 민주독립국가를 재건함에 있어서 정의인도와 동포애로써 민족의 단결을 공고히 하며 모든 사회적 폐습을 타파하고 민주주의제도를 수립하여 정치, 경제, 사회, 문화의 모든 영역에 있어서 각인의 기회를 균등히 하고 능력을 최고도로 발휘케 하며 각인의 책임과 의무를 완수케하여 안으로는 국민생활의 균등한 향상을 기하고 밖으로는 항구적인 국제평화의 유지에 노력하여 우리들과 우리들의 자손의 안전과 자유와 행복을 영원히 확보할 것을 결의하고 우리들의 정당 또 자유로히 선거된 대표로써 구성된 국회에서 단기 4281년 7월 12일 이 헌법을 제정한다. 제5조 대한민국은 정치, 경제, 사회, 문화의 모든 영역에 있어서 각인의 자유, 평등과 창의를 존중하고 보장하며 공공복리의 향상을 위하여 이를 보호하고 조정하는 의무를 진다.

IV. 기본권의 연속성

1. 평등원칙(평등권)

제헌헌법의 제2장을 구성하고 있는 '국민의 권리와 의무'는 앞서 본 바와 같이 임시정부 헌법문서들의 '인민의 권리와 의무'라는 장과 유사하

다. 그 내용에 있어서는 우선, 제헌헌법 제2장의 시작인 제8조에서 평
등원칙(평등권)을 규정하고 있는 것에 주목할 필요가 있다. 이는 1919
년 4월 임시헌장에서부터 내려온 서술 순서를 계승한 것이다. 평등원칙
은 국민의 기본권 보장에 관한 우리 헌법의 최고원리로서 국가가 입법
을 하거나 법을 해석 및 집행함에 있어 따라야 할 기준인 동시에, 국가
에 대하여 합리적 이유없이 불평등한 대우를 하지 말 것과, 평등한 대
우를 요구할 수 있는 국민의 기본권 중의 기본권이다.

〈표 10〉 제헌헌법과 임시헌법에 규정된 평등원칙(평등권)

헌법	공포일	평등원칙 (평등권)의 내용
임시헌법	1919.4.11.	제3조 대한민국의 인민은 남녀 귀천 급 빈부의 계급이 무하고 일체 평등임.
	1919.9.11	제4조 대한민국의 인민은 일체 평등함.
	1940.10.9.	제2조 대한민국의 인민은 일체 평등이며, 법률의 범위 내에서 자유와 권리를 가짐.
제헌헌법	1948.7.17.	제5조 대한민국은 정치, 경제, 사회, 문화의 모든 영역에 있어서 각인의 자유, 평등과 창의를 존중하고 보장하며 공공복리의 향상을 위하여 이를 보호하고 조정하는 의무를 진다. 제8조 모든 국민은 법률앞에 평등이며 성별, 신앙 또는 사회적 신분에 의하여 정치적, 경제적, 사회적 생활의 모든 영역에 있어서 차별을 받지 아니한다

평등원칙(평등권)을 모든 기본권의 가장 앞에 배치하여 자유나 권리에
앞서는 중요한 헌법원칙으로 인정하는 방식은 (기본권을 규정하고 있는)
임시정부의 헌법문서들에서 공통적으로 나타나는데, 이는 '균등'을 강
조했던 조소앙의 삼균주의가 반영된 결과로 볼 수 있다. 또한 임시헌법

의 인민의 기본권은 '자유'보다도 '균등의 원칙'에 근거하고 있으며, 이러한 헌법원칙은 헌법조문 전체를 관통하는 것이었다.[69] 1919년 4월 임시헌장에 대한 분석에서 강조한 바와 같이 중국헌법들과 다른 점은 남녀평등에 관한 규정을 명시한 것인데, 이는 제헌헌법으로 계승되어 차별사유 중 가장 첫 번째로 '성별'을 규정하게 되는 계기가 된다. 1944년 4월의 임시헌장에는 수록되지 않았던 평등원칙(평등권)이 제헌헌법에서 다시 수용되어 기본권 영역의 가장 앞에 놓이게 된 이유는, 광복을 맞이한 대한민국 사회가 형식적으로는 과거 군주제 사회에 절연하여 평등한 것 같지만, 실질적으로는 여전히 남존여비(男尊女卑)사상, 반상(班常)차별 등이 남아 있는 상황에서 모든 국민은 평등하다는 것을 헌법에 명확히 할 필요가 있었기 때문인 것으로 보인다.[70]

2. 자유권 및 법률유보

가. 신체의 자유

임시정부 헌법문서에서 포괄적, 추상적으로 규정되어 있던 자유권 조항들이 제헌헌법에서는 개별적, 구체적으로 규정되었는데, 특히 신체의 자유에 대한 구체화가 두드러진다.

---

69 서희경·박명림, 앞의 논문, 90면.

70 같은 취지로 박찬승, 앞의 논문, 408면; 황도수, "헌법재판의 심사기준으로서의 평등", 서울대학교 박사학위논문, 1996, 141면.

<표 11> 제헌헌법과 임시헌법에 규정된 신체의 자유

헌법	공포일	기본권 내용
임시헌법	1919.4.11.	제4조 대한민국의 인민은 신교 언론 저작 출판 결사 집회 신서 주소 이전 신체 及 소유의 자유를 향유함. 제9조 생명형 · 신체형 及 공창제를 전폐함.
	1919.9.11	제9조 대한민국의 인민은 법률에 의하여 좌열 각항의 권리를 유함. 1. 법률에 의치 아니하면 체포 사찰 신문 처벌을 수치 아니하는 권
	1927.4.11.	[71]
	1940.10.9.	[72]
	1944.4.22.	제5조 대한민국의 인민은 좌열 각항의 자유와 권리를 향유함. 6. 법률에 의하지 않으면 신체의 수색 체포 감금 심문 혹 처벌을 받지 않는 권리
제헌헌법	1948.7.17.	제9조 모든 국민은 신체의 자유를 가진다. 법률에 의하지 아니하고는 체포, 구금, 수색, 심문, 처벌과 강제노역을 받지 아니한다. 체포, 구금, 수색에는 법관의 영장이 있어야 한다. 단, 범죄의 현행 범인의 도피 또는 증거인멸의 염려가 있을 때에는 수사기관은 법률의 정하는 바에 의하여 사후에 영장의 교부를 청구할 수 있다. 누구든지 체포, 구금을 받은 때에는 즉시 변호인의 조력을 받을 권리와 그 당부의 심사를 법원에 청구할 권리가 보장된다. 제23조 모든 국민은 행위 시의 법률에 의하여 범죄를 구성하지 아니하는 행위에 대하여 소추를 받지 아니하며 또 동일한 범죄에 대하여 두 번 처벌되지 아니한다.

1919년 9월 임시헌법에서 "법률에 의치 아니하면 체포 사찰 신문 처
벌을 수치 아니하는 권", 1944년 4월 임시헌장에서 "법률에 의하지 않
으면 신체의 수색 체포 감금 심문 혹 처벌을 받지 않는 권리" 정도로 규

---

71 관련규정으로는, 제3조 대한민국의 인민은 법률상 평등이며 일체 자유와 권리가 있음.
72 관련규정으로는, 제2조 대한민국의 인민은 일체 평등이며, 법률의 범위 내에서 자유와 권리
를 가짐.

정되어 있던 신체의 자유는 제헌헌법 제9조에서 "모든 국민은 신체의 자유를 가진다. 법률에 의하지 아니하고는 체포, 구금, 수색, 심문, 처벌과 강제노역을 받지 아니한다. 체포, 구금, 수색에는 법관의 영장이 있어야 한다. 단, 범죄의 현행 범인의 도피 또는 증거인멸의 염려가 있을 때에는 수사기관은 법률의 정하는 바에 의하여 사후에 영장의 교부를 청구할 수 있다. 누구든지 체포, 구금을 받은 때에는 즉시 변호인의 조력을 받을 권리와 그 당부의 심사를 법원에 청구할 권리가 보장된다"로 구체화되었다. 이는 일제 침략기에 만연했던 신체의 자유의 침해에 대한 경험에 비추어 광복된 대한민국에서는 인권을 강조할 필요가 절실했기 때문으로 볼 수 있다.

나. 신체의 자유 외 자유권적 기본권

학문과 예술의 자유와 관련하여, 1919년 4월 임시헌장과 9월 임시헌법에 "저작의 자유" 정도로만 규정되어 있었는데, 제헌헌법에서는 학문과 예술의 자유로 구체화되어 "모든 국민은 학문과 예술의 자유를 가진다. 저작자, 발명가와 예술가의 권리는 법률로써 보호한다"로 확장되었다. 그 외 1944년 4월 임시헌장의 포괄적 자유권 규정들은 자구를 다듬고 구체화되어 제헌헌법에 대부분 승계되었다. 거주와 이전의 자유, 통신의 비밀의 자유, 신앙과 양심의 자유, 언론 · 출판 · 집회 · 결사의 자유 등이 이에 해당한다. 그런데 임시정부 헌법에서 신교 또는 신앙의 자유라는 개념으로만 포함되었던 종교의 자유는 제헌헌법에서 정교분리원칙이 추가적으로 규정되었다.

〈표 12〉 제헌헌법과 임시헌법에 규정된 신체의 자유 외 자유권적 기본권

헌법	공포일	기본권 내용
임시헌법	1919.4.11.	제4조 대한민국의 인민은 신교 언론 저작 출판 결사 집회 신서 주소 이전 신체 급 소유의 자유를 향유함.
	1919.9.11	제8조 대한민국의 인민은 법률범위 내에서 좌열 각항의 자유를 유함. 　　1. 신교의 자유 　　2. 재산의 보유 　　3. 언론 저작 출판 집회 결사의 자유 　　4. 서신비밀의 자유 　　5. 거주이전의 자유 제9조 대한민국의 인민은 법률에 의하여 좌열 각항의 권리를 유함. 　　2. 법률에 의치 아니하면 가택의 침입 또는 수색을 수치 아니 　　　하는 권
	1927.4.11.	제3조 대한민국의 인민은 법률상 평등이며 일절 자유와 권리가 있음.
	1940.10.9.	제2조 대한민국의 인민은 일절 평등이며, 법률의 범위 내에서 자유와 권리를 가짐.
	1944.4.22.	제5조 대한민국의 인민은 좌열 각항의 자유와 권리를 향유함. 　　1. 언론 출판 집회 결사 파업 급 신앙의 자유 　　2. 거주 여행 급 통신비밀의 자유 　　7. 법률에 의하지 않으면 가택의 침입 수색 출입제한 혹 봉폐를 　　　받지 않는 권리 　　8. 법률에 의하지 않으면 재산의 몰수 혹 추세를 받지 않을 권리
제헌헌법	1948.7.17.	제10조 모든 국민은 법률에 의하지 아니하고는 거주와 이전의 자유를 　　　제한받지 아니하며 주거의 침입 또는 수색을 받지 아니한다. 제11조 모든 국민은 법률에 의하지 아니하고는 통신의 비밀을 침해받 　　　지 아니한다. 제12조 모든 국민은 신앙과 양심의 자유를 가진다. 국교는 존재하지 아 　　　니하며 종교는 정치로부터 분리된다. 제13조 모든 국민은 법률에 의하지 아니하고는 언론, 출판, 집회, 결사 　　　의 자유를 제한받지 아니한다. 제14조 모든 국민은 학문과 예술의 자유를 가진다. 　　　저작자, 발명가와 예술가의 권리는 법률로써 보호한다. 제15조 재산권은 보장된다. 그 내용과 한계는 법률로써 정한다. 　　　재산권의 행사는 공공복리에 적합하도록 하여야 한다. 　　　공공필요에 의하여 국민의 재산권을 수용, 사용 또는 제한함은 　　　법률이 정하는 바에 의하여 상당한 보상을 지급함으로써 행한다.

다. 기본권의 법률유보

한편, 기본권의 법률유보에 대하여는 천부인권사상에 가까웠던 조소
앙의 초기 사상이 반영되어 1919년 4월 임시헌장에는 기본권의 법률유
보에 대한 규정이 전혀 없었다. 그러나 이후의 헌법문서들에서는 국가
주의·법실증주의 경향성의 반영으로 기본권조항의 약화와 국가권력의
강화가 나타나고, 그 추세는 제헌헌법에서도 계속 이어졌다. 다만, 제
헌헌법 제28조에서는 "국민의 모든 자유와 권리는 헌법에 열거되지 아
니한 이유로써 경시되지는 아니한다. 국민의 자유와 권리를 제한하는
법률의 제정은 질서유지와 공공복리를 위하여 필요한 경우에 한한다"
라고 규정하여 1944년 임시헌장 제7조에서 "국가의 안정을 보위하거나
사회의 질서를 유지하거나 혹은 공공이익 보장"이라는 3가지의 제한사
유를 들었던 것과 비교할 때 국가안보라는 사유를 삭제하여 국가주의
가 다소 완화된 것으로 볼 수 있다.

〈표 13〉 제헌헌법과 임시헌법에 규정된 헌법에 열거되지 아니한 기본권,
　　　　기본권의 제한 및 그 한계

헌법	공포일	기본권 내용
임시헌법	1919.4.11.	제4조 대한민국의 인민은 신교 언론 저작 출판 결사 집회 신서 주소 이전 신체 급 소유의 자유를 향유함.
	1919.9.11	제8조 대한민국의 인민은 법률범위 내에서 좌열 각항의 자유를 유함. 1.– 5. 생략 제9조 대한민국의 인민은 법률에 의하여 좌열 각항의 권리를 유함. 1.–7. 생략
	1927.4.11.	제3조 대한민국의 인민은 법률상 평등이며 일체 자유와 권리가 있음.

임시헌법	1940.10.9.	제2조 대한민국의 인민은 일체 평등이며, 법률의 범위 내에서 자유와 권리를 가짐.
	1944.4.22.	제7조 인민의 자유와 권리를 제한 혹 박탈하는 법률은 국가의 안전을 보위하거나 사회의 질서를 유지하거나 혹은 공공이익을 보장하는데 필요한 것이 아니면 제정하지 못함.
제헌헌법	1948.7.17.	제28조 국민의 모든 자유와 권리는 헌법에 열거되지 아니한 이유로써 경시되지는 아니한다. 국민의 자유와 권리를 제한하는 법률의 제정은 질서유지와 공공복리를 위하여 필요한 경우에 한한다.

3. 청구권적 기본권

사실상 사법권을 행사하기 어려웠던 임시정부 하의 임시헌법에서는 사법부에 대한 규정이 입법부나 행정부에 비하여 부실하다는 특징을 지니는데, 앞서 본 바와 같이 국가를 정식으로 수립하려고 했던 1919년 9월 임시헌법과 1944년 4월 임시헌장에는 사법부에 대하여 규정하였다. 반면 명실상부한 (정식)정부 수립을 위한 헌법이었던 제헌헌법에서는 청구권적 기본권 규정을 정비하고, 사실상 유명무실했던 재판청구권을 명시하였을 뿐만 아니라 국가배상청구권과 형사보상청구권까지 규정하였다.

〈표 14〉 제헌헌법과 임시헌법에 규정된 재판청구권

헌법	공포일	기본권 내용
임시헌법	1919.9.11	제9조 대한민국의 인민은 법률에 의하여 좌열 각항의 권리를 유함. 5. 법원에 소송하여 그 재판을 수하는 권

	1944.4.22.	[73]
제헌헌법	1948.7.17.	제22조 모든 국민은 법률의 정한 법관에 의하여 법률에 의한 재판을 받을 권리가 있다. 제24조 형사피고인은 상당한 이유가 없는 한 지체없이 공개재판을 받을 권리가 있다. 　형사피고인으로서 구금되었던 자가 무죄판결을 받은 때에는 법률의 정하는 바에 의하여 국가에 대하여 보상을 청구할 수 있다. 제27조 공무원은 주권을 가진 국민의 수임자이며 언제든지 국민에 대하여 책임을 진다. 국민은 불법행위를 한 공무원의 파면을 청원할 권리가 있다. 　공무원의 직무상 불법행위로 인하여 손해를 받은 자는 국가 또는 공공단체에 대하여 배상을 청구할 수 있다. 단, 공무원 자신의 민사상이나 형사상의 책임이 면제되는 것은 아니다.

　한편, 청원권은 임시정부 초기부터 규정되었는데, 이는 임시정부가 정통성을 지니는 정부가 되기 위해서 구성원인 국민(인민)들의 의견을 구체적이고 적극적으로 수렴할 필요성이 있었기 때문으로 보인다. 제헌헌법에서는 한걸음 더 나아가서, 청원권을 인정함과 동시에 국민의 청원에 대한 국가의 응답의무까지 규정하였다. 그런데 상대적으로 청원권행사가 많지 않았던 임시정부에 비하여, 국토의 수복을 이룬 상황에서는 청원권을 무제한적으로 허용한다면 업무가 과중해질 우려가 있었다. 따라서 '문서'로써 청원이라는 방식을 설정하여 청원권의 행사여부를 명확하게 할 필요성이 있었을 것으로 생각되고, 이는 현행헌법까지 이어지고 있다.

---

73 1944년 임시헌장에는 재판청구권에 대한 직접적 규정은 없으나, 제5장 심판원 중 제52조 "각급심판기관의 심판은 공개하되 안녕질서와 선량풍속에 방해가 있다고 인할 때에는 비밀히 함" 조항을 통하여 간접적으로 실현된 것으로 볼 수 있다.

<표 15> 제헌헌법과 임시헌법에 규정된 청원권

헌법	공포일	기본권 내용
임시헌법	1919.9.11	제8조 대한민국의 인민은 법률범위 내에서 좌열 각항의 자유를 유함. 4. 입법부에 청원하는 권 6. 행정관서에 소원하는 권
	1925.4.7.	제28조 광복운동자는 지방의회를 조직하며 임시의정원 의원을 선거하며 임시정부 급 임시의정원에 청원함을 득함.
	1944.4.22.	제5조 대한민국의 인민은 좌열 각항의 자유와 권리를 향유함. 5. 공소 사소 급 청원을 제출하는 권리
제헌헌법	1948.7.12.	제21조 모든 국민은 국가 각 기관에 대하여 문서로써 청원을 할 권리가 있다. 청원에 대하여 국가는 심사할 의무를 진다.

4. 선거권 및 공무담임권 (피선거권)

임시정부가 1919년 수립된 이후, 가장 중점을 둔 부분은 정부의 정통성을 확립하는 것이었다. 전 국민의 지지를 받아서 출범한 정부여야만 원활한 독립운동과 국제적으로 인정받는 외교활동이 가능했기 때문이다. 따라서 한성정부가 내세웠던 지역 대표성을 유지하는 것은 매우 중요한 사안이었고, 이를 위하여 통합 임시정부 출범 후에도 임시헌법들에서는 형식적으로나마 각 지역민의 직접선거를 통한 입법부와 행정부 관료선출이 규정될 수밖에 없었다. 임시정부는 광복운동자를 비롯한 재외국민 뿐만 아니라 한국 땅에서 거주하고 있는 국민(인민)들을 '대표'하는 기관이었기 때문이다. 이는 제헌헌법에서도 선거권과 공무담임권(피선거권)이라는 규정으로 계승되었다.

〈표 16〉 제헌헌법과 임시헌법에 규정된 선거권 및 공무담임권(피선거권)

헌법	공포일	기본권 내용
임시헌법	1919.4.11.	제5조 대한민국의 인민으로 공민 자격이 유한 자는 선거권 及 피선거권이 유함.
	1919.9.11	제8조 대한민국의 인민은 법률범위내에서 좌열 각항의 자유를 유함. 3. 선거권 및 피선거권 제9조 대한민국의 인민은 법률에 의하여 좌열 각항의 권리를 유함. 7. 문무관에 임명되는 권 또는 공무에 취하는 권 제13조 임시대통령의 자격은 대한인민으로 공권상 제한이 무하고 연령 만40세 이상된 자로 함. 제20조 임시의정원 의원은 경기 충청 경상 전라 함경 평안 각도 급 중령교민 아령교민에 각 6인 강원 황해 각도 급 미주교민에서 각 3인을 선거함. 전항에 임시 선거 방법은 내무부령으로 차를 정함.
	1925.4.7.	제19조 임시의정원 의원은 법률의 정한 바에 의하여 지방의회에서 선거함. 지방의회가 성립되지 아니한 지방에는 지방의회가 성립되기까지 그 지방에 본부를 유한 광복운동단체로 지방의회를 대케 함을 득함. 제28조 광복운동자는 지방의회를 조직하며 임시의정원 의원을 선거하며 임시정부 급 임시의정원에 청원함을 득함.
	1927.4.11.	제5조 임시의정원은 대한민국 인민의 직접선거한 의원으로 조직함. 내지 각 선거구에서 선거할 수 없을 때는 각 해선거구에 원적을 두고 임시정부 소재지에 교거하는 광복운동자가 각 해선거구인의 선거권을 대행할 수 있음 제6조 임시의정원 의원은 경기, 충청, 경상, 전라, 함경, 평안 각도와 중령교민, 아령교민에서 각 6인 강원, 황해 각도와 미주교민에서 각 3인을 선거함. 제7조 대한민국의 인민은 연령 만 18세되고 완전한 공권이 있는 이는 선거권이 있으며 연령 23세되고 선거권이 있는 이는 피선거권이 있음.
	1940.10.9.	제5조 임시의정원의 의원은 57인으로 하되 경기 · 충청 · 경상 · 전라 · 함경 · 평안 각도와 중령교민 · 아령교민에서 각 6인, 강원 · 황해 각도와 미령교민에서 각 3인을 선거함. 제6조 대한민국 인민으로서 연령 만 18세에 달한 공권자는 선거권을 가지며 연령 23세에 달한 선거권자는 피선거권을 가짐.

	1944.4.22.	제5조 대한민국의 인민은 좌열 각항의 자유와 권리를 향유함. 　　4. 선거 급 피선거권의 권리 제9조 임시의정원은 대한민국 인민이 직접 선거한 의원으로 조직함 제10조 임시의정원 의원은 경기 충청 전라 경상 함경 평안 각도에서 각 　　　　6인 강원 황해 각도에서 각 3인 중령 급 아령 교민에서 각 6인 　　　　미령 교민에서 각 3인을 선거함. 내지 각 선거구에서 선거할 수 　　　　없을 때에는 각 해선거구에 원적을 두고 임시정부 소재지에 교 　　　　거하는 광복운동자가 각 해선거인의 선거권을 대행할 수 있음. 제11조 대한민국의 인민은 연령 18세되고 완전한 공권이 있는 자는 선 　　　　거권이 있고, 연령 만 25세 되고 선거권이 있는 자는 피선거권 　　　　이 있음. 국가가 광복되기 전에는 제8조 원항에 해당한 자는 선 　　　　거권이 있고 제3조 원항 상일단에 해당한 만 3년 이상의 역사가 　　　　있는 자는 피선거권이 있음. 제34조 국무위원회 주석 급 부주석과 국무위원의 자격은 제8조 원항 상 　　　　일단규정에 해당한 10년 이상의 역사가 있고 연령 만 40세 이 　　　　상된 자로 함.
제헌헌법	1948.7.17.	제25조 모든 국민은 법률의 정하는 바에 의하여 공무원을 선거할 권리 　　　　가 있다. 제26조 모든 국민은 법률의 정하는 바에 의하여 공무를 담임할 권리가 　　　　있다.

5. 사회적 기본권

　사회국가원리에서 본 바와 같이 제헌헌법은 사회국가원리에 따른 세부적인 과제를 사회적 기본권의 형식으로 규정하였다. 이러한 사회적 기본권이 1944년 4월 임시헌장에서도 규정되었음은 이미 살펴보았다 (〈표 7〉 참조).

V. 통치구조의 연속성

　임시정부의 통치구조는 헌법개정 때마다 조금씩 달라졌다. 대통령제를 택하기도 했고, 의원내각제에 가까운 집단지도체제를 도입하기도 했으며, 주석제를 취하기도 했다. 그럼에도 불구하고 의회주의라는 근본적인 경향은 변하지 않았는데, 이는 본토와 단절된 '임시'정부라는 한계를 극복하기 위하여 어느 정도 지역대표성을 가지고 있는 의회를 통하여 권력의 정당성을 의회의 신임과 결부시키려는 노력에서 비롯된 것으로 보인다.[74] 게다가 1925년 이승만의 탄핵[75]에서 얻은 교훈과 같이 1인 집중적인 체제가 쉽게 독단적인 의사결정으로 이어질 수 있다는 것을 임시정부의 시작과 동시에 겪게 된 것도 의회의 권한 강화를 중요시하게 된 이유가 되었다. 한편, 시대적인 특성상 단일의 지도자 아래에서 일사분란하게 항일투쟁을 벌여야 할 필요성도 존재하였다. 독립이라는 최종적인 목적만 동일할 뿐, 구성이나 방식이 상이한 집단들이 모여서 만들어진 임시정부인 만큼 내부의 분쟁을 줄이려면 지도자의 명성이나 카리스마에 의존하는 것이 가장 효과적인 방법이었기 때문이다.

74　신우철, "대한민국헌법(1948)의 민주주의 제 제도의 수립", 「중앙법학」 제11권 제1호, 21면.

75　1925년 3월 13일 임시대통령탄핵안(臨時大統領彈劾案)이 임시의정원에 상정되어 18일 심판위원회에 회부되고 임시의정원은 23일 이승만의 면직을 판결한 동위원회의 보고를 수리하여 임시대통령 면직 안을 통과시켰는데, 탄핵의 이유는 임시헌법 제14조(宣誓) 및 제39조(法律 및 命令의 國務員副署) 위반, 임시헌법 제11조(國家代表·政務總攬·法律公布) 위반 및 임시대통령을 선출한 임시헌법 및 임시의정원 부인이었다. 후임 임시대통령으로는 같은 날짜로 박은식이 당선되었다. 이승만 임시대통령의 탄핵에 관해서는 "大韓民國臨時政府 公報 第42號", 「대한민국임시정부자료집2」, 국사편찬위원회 한국사 데이터베이스 〈http://db.history.go.kr〉.

따라서 이 두 가지 상이한 목적을 동시에 달성하려면, 1인의 지도자를 선출하되 의회에 다양한 견제권을 주는 방식을 채택할 수밖에 없었다. 즉, 행정부의 구성에 대하여 의회가 어떠한 정도로 관여할 수 있는지를 조절함으로써, 의회의 견제권의 강도를 정하게 된 것이다. 임시정부의 초기 헌법문서에는 국무원에 대한 탄핵권의 부여로, 1927년 이후부터는 국무위원의 임명방식을 임시의정원이 전담하는 방식으로 이루어졌다. 또한 최고 지도자를 선출하는 것도 임시의정원에서 간선으로 이루어졌다. 이를 통해 혼합적 정부형태라는 권력구조가 임시정부의 헌법적 전통으로 자리 잡게 된 것이다.

헌법이 사회 구성원들이 가지는 정치적, 사회적 경험의 집합체라는 점과 정부를 빠르게 안정시켜야 하는 상황에서 새로운 제도의 정착에 투입되는 유무형의 초기비용이 매우 크다는 점을 고려할 때, 제헌헌법을 제정함에 있어서 위와 같은 역사적인 교훈에서 얻은 의회주의의 강화가 적용되는 것은 당연한 일이었다. 또한 이승만이 지도자로 거의 확정된 상황에서 다수당인 한민당이 권력 획득을 위해서는 국무총리에게 많은 권한이 부여되는 의원내각제가 유리했다. 즉, 유진오는 의회에서 간선을 통하여 선출된 대통령이 의회의 의사를 존중하여 다수파의 뜻에 따라 국무총리를 지명할 것이고, 국무총리는 자신을 지지한 다수파가 수긍할 수 있는 구성으로 국무위원을 인선하고, 국무총리가 제청한 국무위원을 대통령이 당연히 임명할 것이라는 전제로 의원내각제를 주장한 것이다. 그러나 이 구상 하에서는 행정수반으로서 대통령의 지위는 형식적인 권한 정도밖에 남지 않게 되므로[76] 제도의 장·단점과 무관

---

76 이영록, 앞의 논문(각주 64), 71면.

하게 대통령제를 주장하던 이승만으로서는 받아들 수 없는 제도였고, 유진오 원안의 수정은 불가피하게 되었다. 이후 제헌헌법에서의 통치구조는 대통령제와 의원내각제가 혼합된 형태로 결정되었다.[77] 요컨대 제헌헌법의 정부형태는 대통령에게 권한을 주되 의원내각제적인 요소를 혼합하여 대통령을 견제할 수 있도록 하는 임시정부 헌법상의 혼합형 정부형태의 특징을 갖는다고 할 수 있다.

〈표 17〉 제헌헌법과 임시헌법에 규정된 통치구조

헌 법	공포일	입법부	행정부	통수권자	국무총리	사법부
임시헌법	1919.9.11	임시의정원	국무원	대통령	존재	법원
	1944.4.22.	임시의정원	임시정부	주석		심판원
제헌헌법	1948.7.17.	국회	정부	대통령	존재	법원

VI. 결 론

대한민국은 1948년에 광복 후 국민의 열망을 담은 헌법을 가지게 되었고, 정치 체계적으로 '민주공화국'으로서의 위치를 공고히 하게 되었다. 그렇다고 하여 1948년 제헌헌법 그 이전까지 공화국의 요소 없이 오로지 군주국의 체계만을 유지해온 것은 아니다. 시대의 변화 속에서 군주국 체계가 흔들리고 공화국으로서의 전환을 모색하기도 했으며, 이

---

77 이에 대한 자세한 것은 김광재, 앞의 책, 140–152면.

러한 전환의 과정이 현재의 대한민국헌법과 그 이전의 대한민국임시정부헌법의 연속성을 보여줄 수 있으므로 이를 검토하였다.

1910년 한일병합으로 대한제국은 공식적으로 멸망하였으나, 한일병합은 무효이고 주권은 한국인에게 있다는「대동단결선언」이 1917년에 선포되었고, 1919년 3·1혁명이 일어났으며, 이후 임시정부들이 출범하였다. 3·1혁명은 국가를 건설하기 위한 구성원들의 정치적 의사표시이자 헌법제정권력의 행사로 볼 수 있다. 1919년 4월 11일 상해의 대한민국임시정부가 공포한「대한민국임시헌장」제1조 "대한민국은 민주공화제로 함"이라는 규정은 현행 대한민국헌법 제1조 제1항까지 이어지는 조항일 뿐만 아니라, 그 외 기본권 규정 역시 대한민국헌법의 기초골격이 되었다고 할 수 있다. 상해의 대한민국임시정부는 노령정부와 한성정부를 통합한 후인 1919년 9월 전문, 8장, 본문 58개조로 구성된 완결성을 지닌「대한민국임시헌법」(제1차 개정헌법)을 공포하였다. 이 헌법은 현대의 헌법전에 비추어 봐도 전혀 손색이 없는 것으로 평가할 수 있다.

1919년 9월 임시헌법(제1차 개정헌법)은 앞서의 임시헌장과 달리 대통령제를 채택하면서 그 임기를 규정하지 않았는데, 이로 인한 갈등이 증폭되어 임시정부는 1925년 이승만 임시대통령을 탄핵하고 새로운 헌법을 제정하게 된다. 1925년 제2차 개정헌법에서는 대통령제가 폐지되고 광복운동자의 장이 신설되었는데, 이는 독립운동이 장기화될 것에 대비하여 실현가능한 내용을 담으려는 의도로 보인다. 1927년 제3차 개정헌법에서는 기존의 인물 중심의 정부형태가 아닌 당 중심의 운영, 즉 이당치국(以黨治國)을 위한 정부형태를 채택하였다. 1940년 제4차 개정헌법은 과거 국무위원 가운데 호선되는, 회의체 행정부의 상징적 대표에 불과했던 주석을 행정부의 명실상부한 수장으로 변경하였다. 제2차 세계대전이 연합국의 승리로 전망되면서 임시정부는 1944년 광복을 준비하기 위하여 좌·우파가 모두 참여한 제5차 개정헌법을 만들었다. 위와 같이 1919년 4월의「대한민국임시헌장」부터 제5차 개정헌법인 1944년 4월「대한민국임시헌장」까지의 대한민국임시정부의 헌법들은 근대 입헌주의적 헌법의 특성과 독립운동가들의 근대적 민주주의사상을 담은 헌법전으로, 형식적으로는 장래 국가를 목적으로 형성된 망명정부적 성격을 지니는 임시정부의 임시헌법이라 할 수 있다.

1948년 제헌헌법은 전문에서 "우리대한국민은 기미 3·1운동으로 대한민국을 건립하여 세계에 선포한 위대한 독립정신을 계승하여 이제 민주독립국가를 재건함에 있어서"라고 선언하였고, 제1조 제1항에서는 1919년 4월「대한민국임시헌장」부터 이어져온 "대한민국은 민주공화국"임을 표방하였다. 또한 제헌헌법은 전문과 제1조 제1항 뿐만 아니라 그 체계와 용어, 기본원리, 기본권 조항 등에서 임시헌법과의 연속성이 발견된다.

결론적으로 1919년 4월 태동하여 5차례의 개정을 거친 대한민국임시정부헌법은 1948년 제헌헌법에 상당한 영향을 주었고, 나아가 제헌헌법의 모체(母體)였다고 할 것이다.

〈보론 – 대한민국임시정부의 법통 계승〉[78]

I. 헌법규정

제헌헌법 전문은 "…우리들 대한국민은 <u>기미 삼일운동으로 대한민국을 건립하여</u> 세계에 선포한 위대한 독립정신을 계승하여 이에 민주독립국가를 재건함에 있어서"라고 규정하였고, 현행헌법 전문은 "…우리들 대한국민은 <u>3·1운동으로 건립된 대한민국임시정부의 법통</u>과 불의에 항거한 4·19민주이념을 <u>계승하고</u>"라고 규정하고 있다. 앞서 본 바와 같이 제헌헌법 전문의 '대한민국'의 실제 의미는 "대한민국임시정부에 의해 통치되었던 대한민국"으로 이해할 수 있으므로,[79] 결국 제헌헌법과 현행헌법 모두 '대한민국임시정부'의 계승을 명시한 것으로 볼 수 있다. 다만 제헌헌법은 '독립정신'을 계승한다고 하였고, 현행헌법은 '법통'을 계승한다고 규정한 점에 차이가 있을 뿐이다.

〈표 18〉 현행헌법과 제헌헌법, 1944년 임시헌장의 전문 비교

대한민국임시헌장 (1944.4.22.)	제헌헌법 (1948.7.17.)	현행헌법 (1987.10.29.)
우리 민족은 우수한 전통을 가지고 스스로 개척한 강토에서 유구한 역사를 통하여 국가생활을 하면서 인류의 문명과 진보에 위대한 공헌을 하여 왔다.	유구한 역사와 전통에 빛나는 우리들 대한국민은 기미 삼일운동으로 대한민국을 건립하여 세계에 선포한 위대한 독립정신을 계승하여 이제 민주독립	유구한 역사와 전통에 빛나는 우리 대한국민은 3·1운동으로 건립된 대한민국임시정부의 법통과 불의에 항거한 4·19민주이념을 계승하고, 조국의 민주

---

78 이하는 김광재, 앞의 책, 222–238면의 내용이다.

79 김구, 김규식 등 임시정부 주축세력이 남한만의 총선거인 5.10 선거를 거부하고, 남한만의 정부 수립을 부정하는 입장이었기 때문에 '대한민국임시정부'를 명시하지 못하고 '대한민국'으로 규정한 것으로 볼 수 있다.

우리 국가가 강도 일본에게 패망된 뒤에 전민족은 오매에도 국가의 독립을 갈망하였고 무수한 선열들은 피와 눈물로서 민족자유의 회부에 노력하여 삼일대혁명에 이르러 전민족의 요구와 시대의 추향에 순응하여 정치, 경제, 문화 기타 일체 제도에 자유 평등 및 진보를 기본정신으로 한 새로운 대한민국과 임시의정원과 임시정부가 건립되었고 아울러 임시헌장이 제정되었다. 이에 본원은 25년의 경험을 적하여 제36회 의회에서 대한민국임시헌장을 범 7장 공62조로 개수하였다.

국가를 재건함에 있어서 정의 인도와 동포애로써 민족의 단결을 공고히 하며 모든 사회적 폐습을 타파하고 민주주의제도를 수립하여 정치, 경제, 사회, 문화의 모든 영역에 있어서 각인의 기회를 균등히 하고 능력을 최고도로 발휘케 하며 각인의 책임과 의무를 완수케하여 안으로는 국민생활의 균등한 향상을 기하고 밖으로는 항구적인 국제평화의 유지에 노력하여 우리들과 우리들의 자손의 안전과 자유와 행복을 영원히 확보할 것을 결의하고 우리들의 정당 또 자유로히 선거된 대표로써 구성된 국회에서 단기 4281년 7월 12일 이 헌법을 제정한다.

개혁과 평화적 통일의 사명에 입각하여 정의·인도와 동포애로써 민족의 단결을 공고히 하고, 모든 사회적 폐습과 불의를 타파하며, 자율과 조화를 바탕으로 자유민주적 기본질서를 더욱 확고히 하여 정치·경제·사회·문화의 모든 영역에 있어서 각인의 기회를 균등히 하고, 능력을 최고도로 발휘하게 하며, 자유와 권리에 따르는 책임과 의무를 완수하게 하여, 안으로는 국민생활의 균등한 향상을 기하고 밖으로는 항구적인 세계평화와 인류공영에 이바지함으로써 우리들과 우리들의 자손의 안전과 자유와 행복을 영원히 확보할 것을 다짐하면서 1948년 7월 12일에 제정되고 8차에 걸쳐 개정된 헌법을 이제 국회의 의결을 거쳐 국민투표에 의하여 개정한다.

II. 현행헌법상 '임시정부의 법통 계승' 문구 삽입 과정

1962년 12월 제5차 개정헌법 전문은 3·1혁명의 성과에 대해 '대한민국의 건립'을 삭제하고 '독립정신의 계승'이라고 표현하여[80] 대한민국임

---

80 제5차 개정헌법 전문에서는 "…우리 대한국민은 3·1운동의 숭고한 독립정신을 계승하고…" 라고 규정하였다. 임시정부에 관한 문구가 삭제된 이유에 대해 이영록은 "제3공화국헌법이 '새로운' 민주공화국의 건설을 강조한 것과 대비하여 그 이유를 추측해 볼 수는 있다. 3·1 운동의 '독립정신', 4·19 '의거', 그리고 5·16 '혁명'이라는 명명에서 알 수 있듯이, 앞의 두

시정부의 역사적, 헌정사적 의의를 축소하는 듯한 태도를 보였다. 이에 대한 반발로 '대한민국임시정부', '법통'이라는 표현은 현행헌법 전문에서 최초로 명시되었다. 현행헌법 논의과정에서 통일민주당이 제안한 헌법전문 개정안은 "유구한 역사와 전통에 빛나는 우리 대한국민은 3·1운동의 숭고한 독립정신 위에 건립된 대한민국임시정부의 법통을 이어받아 제1공화국을 재건하였으며…"라고 하여, '대한민국임시정부의 법통'에 대하여 언급하였다. 광복이 외세에 의해 단순히 주어진 것이 아닌 우리 스스로가 이루어 낸 것이기에, 즉, "민족정신의 발현"[81]이라는 측면에서 '대한민국임시정부의 법통'을 강조한 것으로 볼 수 있다. 또한 민주정의당 이종찬 의원[82]은 "이번 개헌에서는 대한민국의 법통이 분명히 밝혀질 것임을 확신한다"고 하면서 "친일 잔재의 완전한 제거"를 주장하였다.[83] 신한민주당 이민우 총재 역시 대통령 직선제와 함께 상해임시정부 법통의 명문화를 개헌 5대원칙으로 삼았다.[84]

이러한 민족정신, 자주정신 등에 기초한 개헌 논의는 헌법개정안 기초소위원회 위원장이었던 현경대 의원이 헌법개정특별위원회에 보고하

사건의 정신과 이념은 5.16 에서 드디어 완결되었다는 자의식이 전문에 짙게 배어 있다. 따라서 그 정당성의 자원을 굳이 임시정부까지 소급해서 5.16으로 의의를 격하할 필요가 없었을 것이다"고 한다.; 이영록, "헌법에서 본 3·1운동과 임시정부 법통", 「법학논총」 제24호, 2017, 16면.

81 통일민주당 이중재 개헌안작성특위 위원장의 표현.; "개헌 지상 공청 전문", 경향신문, 1987. 7. 30.

82 개헌 논의 과정에서 독립군 출신인 김준엽 전 고려대 총장은 민주정의당 중진의원인 이종찬(신흥무관학교 설립자인 우당 이회영의 손자)에게 '임시정부의 법통 계승'의 명문화를 요청했고, 이종찬은 독립운동 원로들의 조언을 받아 헌법개정특별위원회 여당 간사인 현경대 의원에게 이를 요구했다고 한다.; 정희상, "이종찬 인터뷰: 건국절 수용하면 민족사 정통성 잃어버린다", 「시사 In」 제470호, 2016. 9. 21.

83 "상해임시정부 법통성 주장", 매일경제, 1987. 3. 2.

84 "상해임정 국가법통 삼아야", 경향신문, 1986. 6. 9.

였던 발언에서도 잘 드러난다. 현경대 위원장은 "먼저 전문에서 민족자주정신과 민주주의이념의 결정체이자 우리나라 근대적 정부건립의 정신적 초석이라고 할 수 있는 「3·1운동으로 건립된 대한민국임시정부의 법통의 계승」을 명시함으로써 일제지배로 인한 민족사의 단절을 연결시켜 국가의 정통성을 회복하도록 하였고…"[85] 라고 하여, 대한민국임시정부의 법통을 계승한다는 것은 민족자주정신의 발현이자 민족사의 연속성 회복으로 본 것이다. 위와 같이 현행헌법의 "대한민국임시정부의 법통…계승" 문구에 대해서는 개헌과정에서 별다른 이견이나 논란 없이 여·야간 합의가 이루어졌다.[86]

III. '법통'의 의미 및 견해

1. '법통'의 사전적 의미

현행헌법 전문에 등장한 '법통'의 의미는 무엇인가. 국어사전에서는 '법통(法統)'을 "법의 계통이나 전통", "불법(佛法)의 전통"으로 정의하거나,[87] "정통성 따위를 제대로 이어받음. 또는 그러한 계통이나 전통",

---

85 대한민국국회, 『헌법개정특별위원회 회의록』, 제136회(8차), 1987. 9. 17. 국회도서관, 〈http://dl.nanet.go.kr〉.

86 현행헌법의 전반적인 형성과정에 대해서는 정상우, "1987년 헌법개정안 형성과정 연구", 『세계헌법연구』 제22권 1호, 2016, 1-25면.

87 예) 그는 한국 불교의 법통을 이었다.; 국립국어원 표준국어대사전〈http://stdweb2.korean.go.kr〉.

"불법을 물려받음. 또는 그러한 계통이나 전통"으로 설명하고 있다.[88] 학계에서는 이 뜻을 전용하여, "시대를 거듭하여 계속 이어지는 영원한 정신이나 정당한 권위"라는 의미로 사용하기도 한다.[89]

2. '법통'에 관한 다양한 견해

현행헌법 전문의 '법통'과 관련된 대표적인 견해를 살펴보면 다음과 같다.

첫째, '독립정신'과 동일하게 보는 견해이다. 한태연은 "여기에서 「3·1 운동으로 대한민국을 건립하여 세계에 선포한」이라는 규정은 마치 현행 헌법이 임시정부헌법을 그 前身으로 하는 경우같이 보인다. 그러나 他面에 있어서 이 「전문」은 또한 「위대한 독립정신을 계승하여」라고 규정함으로써 현행헌법은 임시정부 있어서의 그 獨立精神만을 계승했음을 규정하고 있다. 따라서 제헌헌법 「전문」에 있어서의 「대한민국」이라는 말의 의미는 다만 임시정부에 의하여 상징된 「獨立精神」과 同義異語를 의미한다고 할 수 있다."[90]고 하여 사실상 '독립정신'으로 본다.

둘째, '정통의식' 또는 '정통성'으로 보는 견해이다. 김영수는 "현 대한

---

88 예) 나라의 안녕과 왕실의 법통이 바람 앞의 등잔불처럼 위태롭다. 휴정 대사의 법통이 사명 대사에게 전해졌다.; 고려대학교민족문화연구원, 『고려대 한국어대사전』, 2009.

89 서희경, "헌법적 쟁점과 대한민국의 국가정체성(1945~1950)", 「한국정치학회」 제48집 제2호, 2014, 256면.

90 한태연, "한국헌법사 서설", 『한국헌법사(상)』, 한국정신문화연구원, 1988, 41면. 김효전도 "제헌헌법의 전문을 살펴보면 … 3·1독립운동으로 수립된 대한민국임시정부와 8·15광복에 의하여 새로이 수립된 대한민국은 민족사적精神에서 同一精神(그 근본이 되는 3·1민족정신)을 표방하고 있음을 알 수 있다."고 보아 같은 취지이다.; 김효전, "대한민국임시정부헌정사", 『한국헌법사(상)』, 한국정신문화연구원, 1988, 271~275면.

민국의 正統意識이 3·1독립정신과 그 결과로 수립된 대한민국임시정부의 독립정신에 의거하고 있음을 제헌국회가 선언한 것으로 볼 수 있다. 그리고 대한민국임시정부의 正統意識이 3·1민족운동의 민족적 주체성에서 유래하였다는 것을 밝힌 근거는 대한민국임시정부헌법 前文(1919. 9.), 대한민국임시헌장 前文(1944. 4.) 및 제헌헌법 前文에서 잘 표현되고 있다."[91]고 하여 '정통의식 또는 정통성'으로 평가한다.[92]

셋째, '법적 정통성'으로 보는 견해이다. 권영성은 "헌법전문 중의 「법통의 계승」은 法的 正統性의 계승을 의미한다고 본다. 그렇다면 대한민국임시정부의 법통의 계승이라 함은 대한민국임시정부의 입헌주의적·자주독립적·민족자결주의적 성격과 이념을 계승한 것으로 이해해야 할 것이다"[93]고 하여 '법적 정통성'으로 본다.[94] 성낙인은 법통을 권영성이 제시한 정통성의 개념으로 이해하면서도, "이러한 정통성의 개념은 일

---

91 김영수, 앞의 논문, 68-72면. 김범주는 "대한민국 제헌헌법이 대한민국임시정부헌법의 개정이 아니고 새 헌법의 제정이었으니 그 상호관계에 법적 계속성이나 정통성을 설명하기란 어렵겠다. 따라서 정신적 측면에서 3·1독립정신과 연관지어 정통성을 찾을 수밖에 없다"고 한다.; 김범주, 앞의 책, 275면. 서희경은 "대한민국임시정부의 독립정신과 독립운동을 대표하는 정당한 권위"로 본다.; 서희경, 앞의 논문, 256면.

92 김희곤도 "법통이란 말은 정통에 비해 낯설다. …헌법 전문에 나오는 '법통'이란 용어를 정통과 비교하여 분석한 헌법학자는 거의 없는 것 같다. 그 개념 차이를 학문적으로 해석하는 데 불확실한 점이 있기 때문일 것이다. …법통이 헌정사 차원에서, 정통성이 국가사 차원에서 쓰일 수 있다고 짐작하고, 법통과 정통이란 말을 굳이 엄격하게 구분하여 사용하지는 않으려 한다."고 하면서 '정통성'이란 용어를 사용한다.; 김희곤, 앞의 책, 245-256면.

93 권영성, 『헌법학원론』, 박영사, 2010, 128면.

94 김철수, 표명환도 "대한민국임시정부의 법통 계승이념은 … 대한제국의 봉건적 군주제를 포기하고 근대적인 국민주권주의의 원리와 민주공화제에 입각한 법적 정통성을 이어 받았음을 선언한 것"이라고 하여 '법적 정통성'으로 본다.; 김철수 외, 『주석헌법』, 법원사, 1994, 30면.; 표명환, 앞의 논문, 40면. 이준일 역시 "대한민국임시정부의 법통을 계승한다는 것은 대한민국임시정부가 군주제나 심지어 입헌군주제를 반대하고 국가의 기본이념으로 삼았던 민주공화국의 이념을 현행 헌법이 계승한다는 뜻으로 이해될 수 있다"고 한다.; 이준일, 『헌법학강의』, 홍문사, 2015, 89-90면.

반적으로 적법성과 구별되는 정당성의 의미로 이해할 수 있을 것이다. 그렇다면 여기에 법통 계승의 의미는 곧 적법성과 정당성의 차별성으로 연계될 수 있을 것이다"[95]고 하여 '정당성'을 강조한다.

한편 헌법재판소는 '법통'의 정확한 의미를 밝히고 있지 않지만, '친일반민족행위자 재산의 국가귀속에 관한 특별법 제2조 등 위헌소원' 사건에서 "「대한민국이 3·1운동으로 건립된 대한민국임시정부의 법통을 계승」한다고 선언한 헌법전문의 의미는, 오늘날의 대한민국이 일제에 항거한 독립운동가의 공헌과 희생을 바탕으로 이룩된 것이라는 점 및 나아가 현행 헌법은 일본제국주의의 식민통치를 배격하고 우리 민족의 자주독립을 추구한 대한민국임시정부의 정신을 헌법의 근간으로 하고 있다는 점을 뜻한다고 볼 수 있다."고 결정한바 있다.[96][97]

---

95 성낙인, 앞의 책, 41면. 이런 입장에서 성낙인은 "대한민국의 정통성이 바로 3·1운동 및 대한민국임시정부에 있음을 의미한다. 하지만 우리는 적법성과 정통성은 구별하여야 한다. 비록 헌법전문에서 대한민국임시정부의 법통을 계승하고 있다고는 하지만 그것은 어디까지나 정통성의 계승으로 이해하여야지 실정헌법질서상의 적법성의 계승을 의미하는 것은 아니기 때문이다"고 한다. 성낙인, 앞의 책, 43면.

96 헌재 2011. 3. 31. 2008헌바141 등, 판례집 23-1상, 276; 헌재 2005. 6. 30. 2004헌마859 판례집 17-1, 1016, 1020. 또한 헌법재판소는 '대한민국과 일본국 간의 재산 및 청구권에 관한 문제의 해결과 경제협력에 관한 협정 제3조 부작위 위헌확인' 사건에서 "우리 헌법은 전문에서 「3·1운동으로 건립된 대한민국임시정부의 법통」의 계승을 천명하고 있는바, 비록 우리 헌법이 제정되기 전의 일이라 할지라도 국가가 국민의 안전과 생명을 보호하여야 할 가장 기본적인 의무를 수행하지 못한 일제강점기에 일본군위안부로 강제 동원되어 인간의 존엄과 가치가 말살된 상태에서 장기간 비극적인 삶을 영위하였던 피해자들의 훼손된 인간의 존엄과 가치를 회복시켜야 할 의무는 대한민국임시정부의 법통을 계승한 지금의 정부가 국민에 대하여 부담하는 가장 근본적인 보호의무에 속한다고 할 것이다. 위와 같은 헌법 규정들 및 이 사건 협정 제3조의 문언에 비추어 볼 때, 피청구인이 위 제3조에 따라 분쟁해결의 절차로 나아갈 의무는 일본국에 의해 자행된 조직적이고 지속적인 불법행위에 의하여 인간의 존엄과 가치를 심각하게 훼손당한 자국민들이 배상청구권을 실현할 수 있도록 협력하고 보호하여야 할 헌법적 요청에 의한 것으로서, 그 의무의 이행이 없으면 청구인들의 기본권이 중대하게 침해될 가능성이 있으므로, 피청구인의 작위의무는 헌법에서 유래하는 작위의무로서 그것이 법령에 구체적으로 규정되어 있는 경우라고 할 것이다. 나아가 특히, 우리 정부가 직접 일본군위안부 피해자들의 기본권을 침해하는 행위를 한 것은 아니

3. 검토

위의 견해들은 모두 일면 타당하지만, '법통'의 의미를 단편적으로 본 한계를 지니고 있다. 앞서 본 연구[98]를 바탕으로 '대한민국임시정부의 법통 계승'의 의미에 대하여 이하에서 구체적으로 살펴본다.

IV. '대한민국임시정부의 법통 계승'의 의미

1. 대한민국임시정부의 정부성 및 국가성 승인[99]

현행헌법 전문의 "대한민국임시정부의 법통…계승"라는 구절의 '임시정부'는 대한제국의 임시정부가 아닌 대한민국의 임시정부를 의미한다는 것은 의문의 여지가 없다. 그리고 '법통'을 계승하기 위해서는 계승하고자 하는 대상의 존재성 인정이 선행되어야 한다. 따라서 대한민국임시정부의 법통을 계승한다는 것은 대한민국임시정부의 정부성 나아가

지만, 위 피해자들의 일본에 대한 배상청구권의 실현 및 인간으로서의 존엄과 가치의 회복을 하는 데 있어서 현재의 장애상태가 초래된 것은 우리 정부가 청구권의 내용을 명확히 하지 않고 '모든 청구권'이라는 포괄적 개념을 사용하여 이 사건 협정을 체결한 것에도 책임이 있다는 점에 주목한다면, 피청구인에게 그 장애상태를 제거하는 행위로 나아가야 할 구체적 작위의무가 있음을 부인하기 어렵다."라고 결정하였다.; 헌재 2011. 8. 30. 2006헌마788, 판례집 23-2상, 366.

97 대법원도 이와 동일하게 판시한 바 있다.; 대법원 2013. 3. 28. 선고 2009두11454 판결.

98 자세한 내용은 김광재, 앞의 책, 10-219면 참조.

99 대한민국임시정부의 국내외적 지위에 대해서는, 김광재, 앞의 책, 114-124면.; 김광재, 앞의 논문, 105-109면 참조.

국가성을 인정한 것이며, 이를 잇겠다는 정신이 깃들어 있는 것이다.[100] 1948년 제헌헌법 전문의 "우리 대한국민은 기미 <u>삼일운동으로 대한민국을 건립하여</u> 세계에 선포한 위대한 독립정신을 계승하여 이제 민주독립국가를 재건함에 있어서"라는 규정에서도 이를 확인할 수 있다.[101] 여기서 삼일운동으로 건립된 '대한민국'은 "대한민국임시정부에 의해 통치되었던 대한민국"이기 때문이다. 대한민국의 건립과 대한민국임시정부의 건립은 동전의 양면과도 같으므로, 제헌헌법의 '대한민국'과 현행헌법의 '대한민국임시정부'는 "대한민국임시정부에 의해 통치되었던 대한민국" 또는 "대한민국을 통치하였던 대한민국임시정부"로 해석할 수 있다. 그렇다면 대한민국은 8·15광복 후 탄생된 신생국이 아니라 1919년 4월에 이미 존재한 국가라고 할 것이다.[102]

또한 1948년 8월 15일 대한민국정부수립 국민축하식에서 이승만 대

---

100 국가와 정부는 서로 구별되는 개념으로, 정부에 권위를 부여하는 포괄적인 공권력이 곧 국가라고 할 수 있다. 기능적 의미에서 국가와 정부를 명확히 구별하기는 쉽지 않지만, 적어도 국가와 정부는 그 의미상 국가가 정부보다 광범한 뜻을 가지고 있고, 정부는 국가를 구성하고 있는 요소의 하나로서 그 국가를 관리하고 운영해가는 집단이라고 할 수 있다.; 김명, 『국가학』, 박영사, 1997, 77–78면. 이런 관점에서 보면 '대한민국'과 '대한민국임시정부'는 구별되어야 한다. 그런데 망명정부라는 특수성으로 인하여 대한민국임시정부는 행정권은 물론 입법권, 나아가 사법권까지 포괄하였다. 그리고 대한민국임시정부는 임시정부를 통하여 대한민국이라는 국가를 표방하기도 하였다. 따라서 양자를 불가분의 관계로 볼 수 있을 것이다.

101 이는 동시에 임시정부의 정통성 승인의 의미도 가진다. 박배근은 "임시정부가 국민의 진정한 대표기관으로서의 성격을 가지는지의 문제는, 당시의 상황에서는 불가능하였던 절차를 밟았는지의 여부를 기준으로 판단될 수는 없는 것이다. 이 문제는 오히려, 한국민이 임시정부에 대한 스스로의 태도를 표명할 수 있는 상황을 맞이하였을 때 어떠한 태도를 취하였는가에 따라 판단되지 않으면 안 될 것이다. 그런 의미에서, 제헌헌법과 현행헌법의 전문은 임시정부를 현재의 대한민국의 정통정부였던 것으로 인정하는 한국 국민의 의사표시로 볼 수 있다"고 한다.; 박배근, "대한민국임시정부의 국제법적 지위와 대한민국의 국가적 동일성(하)", 「연세법학연구」 제14권 제1호, 2004, 63면.

102 같은 취지로, 표명환, 앞의 논문, 507면.; 이헌환, 앞의 논문, 21면.

통령은 대한민국 30년이라는 연호를 사용함으로써 대한민국임시정부
가 세워진 1919년을 대한민국을 원년으로 하여 기산하였음을 분명히
표방하였다.[103]

2. 대한제국과 대한민국임시정부의 연속성 승인

1910년 한일병합은 무효[104]이므로 대한제국이 규범적으로 소멸된 것
은 아니지만,[105] 일제의 강점에 의해 사실상으로는 소멸하였다고 볼 수
있다. 일제의 강점 후 9년 만에 (3·1혁명이라는 헌법제정권력의 발현으
로) 대한민국을 표방하는 대한민국임시정부가 등장하였다. 이는 사실상
소멸한 대한제국을 잇는 대한민국의 탄생임과 동시에 대한제국의 규범
적 국가성이 대한민국임시정부로 이전되었음을 의미한다.[106] 앞서 본 바

---

103 外國(외국)貴賓(귀빈)諸氏(제씨)와 나의 사랑하는 동포여러분.
   8월 15일 오늘에 거행하는 式(식)은 우리의 해방을 기념하는 동시에 우리 民國(민국)이 새
   로 誕生(탄생)한 것을 兼(겸)하여 慶祝(경축)하는 것입니다 … 이정부가 대한민국에 처음
   으로 서서 끝까지 변함이 없이 民主主義(민주주의)에 模範的(모범적) 정부임을 세계에 표
   명되도록 매진할 것을 우리는 이에 宣言(선언)합니다.
   대한민국 30년 8월 15일
   대한민국대통령 이승만

104 일제는 1910년 8월 29일 '한일병합에 관한 조약'을 반포함으로써 한국의 식민지 전략을
   명문화하였다. 한일병합은 국내법상으로는 물론 국제법상으로도 무효로 보지 않을 수 없
   다. 이에 대하여는 이태진, 『일본의 대한제국 강점』, 까치, 1995.; 이용중, "대한민국임시정
   부의 지위와 대일항전에 대한 국제법적 고찰", 「국제법학회논총」 제54권 제1호(통권 제113
   호), 2009, 115-117면.

105 대법원은 헌법 전문의 '대한민국임시정부의 법통 계승'을 근거로 "일제강점기 일본의 한반
   도 지배는 규범적인 관점에서 불법적인 강점에 지나지 않고, 일본의 불법적인 지배로 인
   한 법률관계 중 대한민국의 헌법정신과 양립할 수 없는 것은 그 효력이 배제된다고 보아
   야 한다"고 판시하였다(대법원 2012. 5. 24. 선고 2009다68620 판결).

106 이헌환, 앞의 논문, 14면.

와 같이 분쟁과정에서 일정 기간 정부의 공백으로 볼 수 있는 시기가 있더라도, 연속성 있는 국가를 부정할만한 표지가 되는 것은 아니라고 할 것이다. 따라서 「대한제국-(3·1혁명)-대한민국임시정부(=대한민국)」의 국가적 동일성 및 연속성에 대하여 제헌헌법과 현행헌법 전문에서는 이를 인정한 것으로 해석할 수 있다.[107]

3. 대한민국임시정부의 독립정신 계승

제헌헌법 전문은 '위대한 독립정신을 계승하여'라고 규정하였다. 이러한 '독립정신 계승'은 현행헌법 개정과정에서도 논의되었는데, 당시 신한민주당 총재 이민우는 "헌법에 상해임정이 법통임을 명시, 광복이 미소에 의해 부여됐다는 잘못된 역사인식을 고쳐야 한다"라고 강조하였다.[108] 즉, '대한민국임시정부의 법통 계승'의 명시는 3·1혁명의 독립정신 위에 건립된 대한민국임시정부의 일제에 대한 불굴의 독립정신 계승과 직결된다고 본 것이다.

또한 '독립정신 계승'에서 다음과 같은 내용이 파생된다고 할 것이다. 첫째, 오늘날의 대한민국이 일제에 항거한 독립운동가의 공헌과 희생을 바탕으로 이룩된 것이라는 점이다. 따라서 국가는 일제로부터 조국의 자주독립을 위하여 공헌한 독립유공자와 그 유족에 대하여는 응분의

---

107 대한제국과 대한민국 사이의 국가적 동일성을 긍정하는 견해로는 김명기, "국제법상 일본으로부터 한국의 분리에 관한 연구", 「국제법학회논총」 제33권 1호, 1988, 23-52면; 대한제국과 대한민국 사이의 법적 동일성과 관련한 국제사회의 인정에 대해서는 박배근, 앞의 논문, 63-65면. 이를 부정하는 견해로는 나인균, "대한민국과 대한제국은 법적으로 동일한가?", 「국제법학회논총」 제44권 1호, 1999, 135-139면.

108 "상해임정 국가법통 삼아야", 경향신문, 1986. 6. 9.

예우를 하여야 할 헌법적 의무를 지닌다고 보아야 할 것이다.[109] 둘째, 일제침략기에 국가가 국민의 안전과 생명을 보호하여야 할 가장 기본적인 의무를 수행하지 아니하여 훼손된 피해자들의 인간의 존엄과 가치를 회복시켜야 할 의무가 있다는 점이다. 헌법재판소도 "일본군위안부로 강제 동원된 피해자들의 훼손된 인간의 존엄과 가치를 회복시켜야 할 의무는 대한민국임시정부의 법통을 계승한 지금의 정부가 국민에 대하여 부담하는 가장 근본적인 보호의무에 속한다고 할 것이다."라고 결정하였다.[110] 셋째, 일제의 식민지로서 겪었던 잘못된 과거사를 청산함으로써 민족의 정기를 바로세우고 사회정의를 실현하며 진정한 사회통합을 추구해야 하는 것은 헌법적으로 부여된 의무라는 점이다.[111] 이에 근거하여 헌법재판소는 친일재산을 그 취득·증여 등 원인행위 시에 국가의 소유로 하도록 규정한 친일재산귀속법 제3조 제1항 본문이 진정소급입법임에도 불구하고 헌법 제13조 제2항에 위반되지 않는다고 결정하였다.[112]

4. 대한민국임시정부의 헌법정신 계승

1944년 대한민국임시헌장(제5차 개정헌법)은 전문에서 "삼일대혁명에 이르러 전민족의 요구와 시대의 추향에 순응하여 정치, 경제, 문화

---

109 헌재 2005. 6. 30. 2004헌마859, 판례집 17-1, 1016.

110 헌재 2011. 8. 30. 2006헌마788, 판례집 23-2상, 366.

111 아울러 잘못된 과거사 청산은 법치국가로서 성숙케 하는 기능도 할 것이다. 김선택은 과거청산의 과제로서, 사건의 성격 규명과 그에 상응하는 평가, 국정운영의 주체세력 변경, 책임있는 자들에 대한 처벌, 피해자들의 명예회복과 손해배상 등을 제시한다.; 김선택, "과거청산과 법치국가", 「법학논집」 제31집, 1995, 88-89면.

112 헌재 2011. 3. 31. 2008헌바141 등, 판례집 23-1상, 276

기타 일체 제도에 자유 평등 및 진보를 기본정신으로 한 새로운 대한민국과 임시의정원과 임시정부가 건립되었고"라고 하였다. 이렇듯 3·1혁명은 독립운동일 뿐만 아니라 민주공화국으로의 전환을 시도한 헌법제정권력의 발현이라고 할 수 있다. 따라서 3·1혁명으로 건립된 대한민국임시정부의 각 헌법들이 공통적으로, 3·1혁명정신, 국민주권주의, 민주공화국(제), 자유보장, 법치주의, 권력분립주의 등 근대입헌주의적 헌법의 면모를 갖춘 것은 당연한 귀결이었다. 제헌헌법 논의과정에서 국회의장 이승만 역시 "삼일혁명의 사실을 발포하여 역사상에 남기도록 하면 민주주의라는 오날(늘)에 있어서 우리가 자발적으로 일본에 대하여 싸워 가지고 입때 진력해 오던 것이라 하는 것은 우리와 이후의 우리 동포들이 알도록 잊어버리지 않도록 했으면 좋겠다 하는 것을 무슨 말에든지 좋으니 그 벽두에 민주국이다 하는 것 삼십 오년 전의 정신을 쓰는 것이 잘 표시되어서 좋으리라고"[113] 하는 등 민주주의에 입각하여 건립된 임시정부(민주국)의 계승을 강조하였다. 이는 광복 후 민주독립국가를 재건하는 것은 미·소 등 연합국의 승리로 자연히 이루어진 것이 아니라, 3·1혁명정신으로 건립된 대한민국임시정부의 민주공화국을 계승한 것이라는 인식으로 볼 수 있다.[114]

그러므로 '대한민국임시정부의 법통 계승'은 독립정신의 계승 외 국민주권주의, 민주공화제 등을 비롯한 임시정부의 헌법정신을 계승함을

---

113 이승만은 국회 본회의에서 "역사적으로 면할 수 없는 그 사정은 기미년에 우리가 나서 군주정부를 세우지 아니하고 독재정부도 세우지 아니하고 민주정부라는 것을 우리가 세워 가지고 세계에 광고하는 그 사실만은 우리가 또렷하게 내놓는 것이 우리의 긴 역사상으로나 우리의 민주사업을 진행하는 데 대단한 복리가 될 줄 믿음으로 그것만을 여러분께 기억해 주실 것을 바란다는 말씀입니다"라는 취지의 발언도 하였다.; 대한민국국회(편), 앞의 책, 348면. 504면.

114 같은 취지로 이영록, 앞의 논문. 9면.

표방한 것이다. 나아가 대한민국헌법사의 출발점이 어디인지에 대한 물음에 대하여, (3·1혁명이라는 헌법제정권력의 발현으로 제정된) 대한민국임시정부헌법을 그 출발점으로 삼아야 한다는 대답의 강력한 근거라고 할 수 있다.[115]

5. 통일의 주체성 및 방향성 제시

북한은 1948년 9월 독자적으로 헌법을 제정한 이후 현재까지 헌법 문언상 대한민국임시정부에 대해 언급한 적이 전혀 없다. 다만 주체 연호를 1912년을 기준으로 표기하고 있는데, 이는 대한제국이 1910년 한일병합으로 소멸하고 1912년 새로운 사회주의 국가가 성립된 것으로 보는 듯하다.[116] 그런데 1910년 한일병합은 무효이므로 1910년 대한제국이 규범적으로 소멸된 것이 아니라, 1919년 대한제국의 규범적 국가성이 대한민국임시정부로 이전되었다고 할 것이다. 따라서 한반도에서 국가적 정통성을 계승한 것은 대한민국이 유일하다고 할 수 있다.

한편, 북한은 광복 후 1948년 9월 대한민국과는 별개로 '조선민주주의인민공화국'이라는 국가의 수립을 선언하였고, 현재까지 남북은 분단된 상태이다. 한반도의 분단현실을 극복하고 '조국의 통일'을 달성하는 것은 우리의 당면한 역사적 과제이다. 여기서 통일의 주체는 누구이고,

---

115 같은 취지로 표명환, 앞의 논문, 511면. 헌법재판소도 '대한민국임시정부의 법통 계승'의 의미와 관련하여, "현행 헌법은 일본제국주의의 식민통치를 배격하고 우리 민족의 자주독립을 추구한 대한민국임시정부의 정신을 헌법의 근간으로 하고 있다는 점을 뜻한다고 볼 수 있다."고 결정하였다.; 헌재 2011. 3. 31. 2008헌바141 등, 판례집 23–1상, 276

116 이헌환, 앞의 논문, 22면. 북한헌법에 해당하는 '조선민주주의인민공화국 사회주의헌법'에서는 2012년을 주체 101년으로 표시하고 있다.

통일의 방법은 무엇인가? 통일의 주체는 당연히 '대한민국임시정부를 계승'한 대한민국이며, 통일의 방법은 '대한민국임시정부의 헌법정신'인 국민주권주의, 민주공화제, 기본권보장, 법치주의, 권력분립주의, 국제평화주의 등에 입각한 통일이어야 한다. 즉, '대한민국임시정부의 법통계승'의 취지를 고려할 때, 남북한의 통일은 대한민국이 주체가 된 평화적 통일이어야 하며, 통일이 평화적인 방법으로 이룩되더라도 그것이 국민주권주의, 민주공화제, 기본권보장 등을 부인하는 전체주의 내지 공산주의에 입각한 통일이어서는 아니 될 것이다.[117]

V. 소 결

이상의 내용을 종합해 보면, 「대한민국임시정부의 '법통'을 계승」한다는 것은 우선, '대한민국임시정부가 통치했던 대한민국'에 대한 정부성 및 국가성 승인, 또한 '대한제국–대한민국임시정부'의 연속성 승인을 의미한다. 다음으로, 광복 후 대한민국이 3·1혁명의 결과 성립된 대한민

---

117 현행헌법은 前文과 본문에서 '평화적 통일', '자유민주적 기본질서에 입각한 평화적 통일' 등을 규정함으로써 이를 명확히 하였다
　前文 "조국의 … 평화적 통일의 사명에 입각하여"
　제4조 대한민국은 통일을 지향하며, 자유민주적 기본질서에 입각한 평화적 통일 정책을 수립하고 이를 추진한다.
　제66조 ③ 대통령은 조국의 평화적 통일을 위한 성실한 의무를 진다.
　제69조 대통령은 취임에 즈음하여 다음의 선서를 한다.
　"나는 헌법을 준수하고 국가를 보위하며 조국의 평화적 통일과 국민의 자유와 복리의 증진 및 민족문화의 창달에 노력하여 대통령으로서의 직책을 성실히 수행할 것을 국민 앞에 엄숙히 선서합니다."
　제92조 ① 평화통일정책의 수립에 관한 대통령의 자문에 응하기 위하여 민주평화통일자문회의를 둘 수 있다.

국임시정부의 '독립정신'은 물론 국민주권주의, 민주공화제 등을 비롯한 '대한민국임시정부의 헌법정신'을 계승함을 의미한다. 나아가 한반도에서 국가적 정통성을 계승한 것은 대한민국이므로, 대한민국이 주체가 되어 민주주의에 입각한 평화적 통일을 이뤄야한다는 '통일의 주체성 및 방향성'을 제시한 것으로 볼 수 있다.

제헌헌법 전문에서는 비록 '독립정신'의 계승이라고 하였지만, 앞서 본 바와 같이 제헌의원들은 제헌헌법 논의과정에서 '대한민국임시정부'를 계승하려는 의지를 분명히 피력하였고, '독립정신'은 '법통'의 중요한 내용 중 하나이다. 그렇다면 제헌헌법 전문의 '독립정신'은 현행헌법 전문의 (독립정신을 포함하는) '법통'과 일맥상통하는 것으로 볼 수 있으며, 현행헌법은 '대한민국임시정부'의 어떠한 점을 계승할 것인지에 대하여 제헌헌법에 이어서 다시 한 번, 더 포괄적으로 선언하였다고 해석할 수 있다.

참고문헌

〈단행본〉

권영성, 『헌법학원론』, 박영사, 2010

김광재, 『대한민국헌법의 탄생과 기원』, 월비스, 2018

_____, 『대한민국임시정부의 법통 계승』, 월비스, 2019

김 명, 『국가학』, 박영사, 1997

김범주 외, 『한국헌법사(상)』, 한국정신문화원, 1988

김유향, 『기본강의 헌법』, 월비스, 2019

김철수 외, 『주석헌법』, 법원사, 1994

김희곤, 『임시정부 시기의 대한민국 연구』, 지식산업사, 2015

서희경, 『대한민국 헌법의 탄생』, 창비, 2012

성낙인, 『대한민국헌법사』, 법문사, 2012

신용하, 『3·1운동과 독립운동의 사회사』, 서울대학교출판부, 2001

신우철, 『비교헌법사: 대한민국 입헌주의의 연원』, 법문사, 2008

유진오, 『헌법기초회고록』, 일조각, 1980

이영록, 『우리 헌법의 탄생』, 서해문집, 2006

_____, 『유진오 헌법사상의 형성과 전개』, 한국학술정보, 2006

이준일, 『헌법학강의』, 홍문사, 2015

이태진, 『일본의 대한제국 강점』, 까치, 1995

이현희, 『대한민국임시정부사연구』, 혜안, 2001

조소앙, 『素昻集』, 상해, 1932

한인섭 외, 『"3·1운동인가? 3·1혁명인가?" 혁명과 민주주의』, 경인문화사, 2018

〈기관 간행물〉

고려대학교민족문화연구원, 『고려대 한국어대사전』, 2009

국사편찬위원회, 『대한민국임시정부자료집1-6』, 2005

_____, 『신편한국사41 : 열강의 이권침탈과 독립협회』, 2002

_____, 『신편한국사47 : 일제의 무단통치와 3·1운동』, 2002

_____, 『신편한국사48 : 임시정부의 수립과 독립전쟁』, 2002

국학자료원, 『우남 이승만문서4』, 1998

국회도서관입법조사국, 『헌법제정회의록 : 제헌국회』, 국회도서관, 1967

대한민국국회, 『헌법개정특별위원회 회의록』, 제136회(8차), 1987

대한민국국회, 『제헌국회속기록1』, 선인문화사, 1999

〈논문〉

김광재, "3·1운동의 3·1혁명으로서 헌법사적 재해석 - 건국절 논란과 연관하여
        - ", 『법학논총』 제39권 제1호, 2019

김명기, "국제법상 일본으로부터 한국의 분리에 관한 연구", 『국제법학회논총』
        제33권 1호, 1988

김선택, "공화국원리와 한국헌법의 해석", 『헌법학연구』 제15권 제3호, 2009

_____, "과거청산과 법치국가", 『법학논집』 제31집, 1995

_____, "입헌주의에 대한 충성심 없는 헌법화", 『헌법연구』 제2권 제1호, 2015

김영수, "대한민국임시정부헌법과 그 정통성", 『헌법학연구』 제1권, 1995

김효전, "한국헌법과 바이마르 헌법", 『공법연구』 제14집, 1986

나인균, "대한민국과 대한제국은 법적으로 동일한가?", 『국제법학회논총』 제
        44권 제1호, 1999

박배근, "대한민국임시정부의 국제법적 지위와 대한민국의 국가적 동일성 (하)", 「연세법학연구」 제14권 제1호, 2004

박찬승, "대한민국 헌법의 임시정부 계승성", 「한국독립운동사연구」 제43집, 2012

손세일, "대한민국 임시정부의 정치지도체계: 임시헌법 개정과정을 중심으로", 동아일보사 「3·1운동 50주년 기념논집」, 1969

서희경, "헌법적 쟁점과 대한민국의 국가정체성(1945-1950)", 「한국정치학회」 제48집 제2호, 2014

서희경 · 박명림 "민주공화주의와 대한민국 헌법 이념의 형성", 「정신문화연구」 제30권 제1호, 2007

신용옥, "대한민국 제헌헌법과 '건국절' 논란", 「한국사학보」 제65호, 2016

신용하, "조소앙의 사회사상과 삼균주의", 「한국학보」 제27권 제3호, 2001

신우철, "건국강령(1941.10.28.) 연구", 「중앙법학」 제10집 제1호, 2008

_____, "대한민국헌법(1948)의 "민주주의 제 제도수립"", 「중앙법학」 제11권 제1호, 2009

_____, 우리 헌법사에서 '기본권의 의미'—그 이상과 현실의 교직, 「역사비평」, 2011

_____, "중국의 제헌운동이 상해 임시정부 헌법제정에 미친 영향", 「법사학연구」 제29호, 2004

오향미, "대한민국임시정부의 입헌주의", 「국제정치논총」 제49집 제1호, 2009

이영록, "제헌헌법상 경제조항의 이념과 그 역사적 기능", 「헌법학연구」 제19권 제2호, 2013

_____, "제헌헌법의 유진오 창안론과 역사적 연속성설 사이에서 : 권력구조

와 경제조항을 중심으로", 「아주법학」 제8권 제2호, 2014

_____, "한국에서의 '민주공화국'의 개념사", 「법사학연구」 제42호, 2009

_____, "헌법에서 본 3·1운동과 임시정부 법통", 「법학논총」 제24호, 2017

이용중, "대한민국임시정부의 지위와 대일항전에 대한 국제법적 고찰", 「국제법
학회논총」 제54권 제1호(통권 제113호), 2009

이헌환, "대한민국의 법적 기초", 「법학연구」 제31집, 2010

정상우, "1987년 헌법개정안 형성과정 연구", 「세계헌법연구」 제22권 1호, 2016

정희상, "이종찬 인터뷰: 건국절 수용하면 민족사 정통성 잃어버린다", 「시사 In」
제470호, 2016

조동걸, "대한민국임시정부의 헌법과 이념", 국가보훈처 「대한민국 임시정부수립
80주년 기념논문집(상)」, 1999

표명환, "'대한민국임시정부의 법통 계승'의 헌법이념에 관한 고찰", 「토지공법연
구」 제37집 제1호, 2007

한시준, "대한민국 임시정부와 삼균주의", 「사학지」 제49집, 2014

한인섭, "대한민국은 민주공화제로 함: 대한민국 임시헌장(1919.4.11.) 제정의 역
사적 의의", 「서울대학교 법학」 제50권 제3호, 2009

허완중, "헌법의 일부인 국호 '대한민국'", 「인권과정의」 제467권, 2017

황도수, "헌법재판의 심사기준으로서의 평등", 서울대학교 박사학위논문, 1996

〈전자정보〉(최종검색일 2019. 2. 25.)

국립국어원 표준국어대사전 〈http://stdweb2.korean.go.kr〉.

국사편찬위원회 한국사데이터베이스 〈http://db.history.go.kr〉

국회도서관 〈https://www.nanet.go.kr〉

제3장

민주공화국 100년의 과제와
현행헌법

방승주 교수 (한양대 법전원)

I. 서 론

올해 2019년은 3·1대혁명[1]과 대한민국임시정부 설립 100주년을 맞이하는 해이다. 그동안 과거 보수주의 정권 하에서는 1948년 8월 15일을 건국절로 제정하려 하는 등 3·1운동과 대한민국임시정부 및 그의 항일 독립투쟁의 헌법사적 의미와 중요성을 소홀히 취급하는 경향이 없지 않았다. 그런데 2016년 10월말부터 이어진 시민들의 촛불항쟁을 통해

---

* 이 논문은 2019년 4월 5일 대한민국임시정부기념사업회·헌법이론실무학회 주최로 개최된 『3·1대혁명과 대한민국임시정부헌법·민주공화국 100년의 평가와 과제』 학술대회에서 필자가 발표한 "민주공화국 100년의 과제와 현행헌법"이라고 하는 제목의 원고를 수정·보완하여 헌법학연구 제25권 제2호(2019년 6월), 137–192쪽에 게재한 것을, 이 학술대회 발표논문을 하나의 단행본으로 엮어 출판하자고 하는 김선택 헌법이론실무학회 회장의 제안에 따라, 이 단행본에 그대로 실은 것임을 밝힘.

1 현행헌법은 전문에서 3·1운동으로 칭하고 있으나, 대한민국임시헌법과 제헌헌법초안 등에서는 3·1(대)혁명이라는 용어가 많이 쓰였었다. 칼 슈미트(Carl Schmitt, Verfassungslehre, Berlin 1954, S. 99)에 의한다 하더라도, 헌법제정권력이 바뀌고 새로운 헌법이 창설되는 경우 헌법파괴(Verfassungsvernichtung 혁명)에 해당한다. 당시 남녀노소, 빈부귀천을 막론하고 인구 2,000만 중 10분의 1에 달하는 200만 이상의 각계각층의 인민들이 군주제와 일본 제국주의로부터 독립된 자주독립국가를 쟁취하기 위하여 만세시위에 참여하였으며, 일제에 항거하여 최후의 1인까지 최후의 1각까지 목숨을 바쳐 싸울 것을 엄숙히 선포하면서, 적어도 7,509명에 달하는 수많은 희생자가 나왔음에도 불구하고 수 개월간 지속되어 중국 5·4운동과 인도, 이집트 등 세계 각지 식민지 국가들의 독립운동에 다대한 영향을 미친 이 위대한 독립선언은 식민지 해방사에서도 보기 드문 대혁명이었다고 평가되고 있다. 자세한 것은 김삼웅, 3·1혁명과 임시정부·대한민국의 뿌리, 두레, 2019 참조. 그 밖에도 3·1운동을 혁명으로 보는 견해로 한인섭, "대한민국은 민주공화제로 함", 서울대학교 법학 제50권 제3호(2009), 167–201쪽; 이헌환, "대한민국의 법적 기초", 법학연구 제31권(2010), 3–30쪽; 김선택, "헌법과 혁명·시민입헌주의(Civic Constitutionalism)", 동아법학 제58호(2013), 1–35쪽; 김광재, "3·1운동의 3·1혁명으로서 헌법사적 재해석", 법학논총 제39권 제1호(2019), 1–38쪽; 정상우, "3·1운동과 민주공화국의 탄생", 헌법학연구 제25권 제1호(2019), 1–33쪽; 김수용, "민주헌정의 관점에서 본 대한민국임시정부헌법과 제헌헌법의 관계", 헌법학연구 제25권 제1호(2019), 67–95쪽.

서 새로이 탄생한 문재인 정부 하에서 3·1대혁명과 대한민국임시정부 설립 100주년을 맞이하는 근자에 들어와서 3·1운동과 민주공화국으로서 대한민국의 탄생 문제에 대한 헌법적 의미를 규명하고 이를 재정립하려는 연구가 활발하게 이루어지고 있는 것은 매우 고무적인 일이다.

이러한 모든 연구는 결국 현행헌법상 민주공화국의 의미를 헌법사적으로 짚어보고, 이제 민주공화국이 건국된 지 100년을 맞이하는 오늘날의 시점에서 현행 헌법상 민주공화국의 원리를 어떻게 새겨야 할 것인지를 점검하고 새로이 규명하는 차원에서 이루어질 때 그 의미가 있다고 할 것이다.

따라서 본 연구에서는 지금까지 이루어진 선행의 헌법사적 연구들을 기초로 하여 우선 대한민국임시헌법의 제정과 개정 당시에 민주공화국의 의미가 무엇이었는지를 확인하고(II), 다음으로 현행헌법상 민주공화국의 원리에 대한 해석을 어떻게 해야 할 것인지(III)를 검토해 본 후, 민주공화국 100년의 과제와 헌법현실(IV)을 짚어본 다음, 민주공화국 원리에 대한 헌법적 해석의 결론(V)을 맺어볼까 한다.

II. 3·1독립선언서의 자유·독립정신과 대한민국 임시헌법상 민주공화국의 의미

1. 3·1 독립선언서에서 나타난 민주주의와 공화국원리의 요소

대한민국임시정부 헌법의 대부분의 문서, 1919. 4. 11. 대한민국임시헌장을 비롯해서 제2차 개정인 1925. 4. 7. 대한민국임시헌법과 제3차 개정인 1927. 4. 11. 대한민국임시약헌, 제5차 개정인 1944. 4. 22. 대한민국임시헌장 제1조에는 "대한민국은 민주공화국임"이 선언되어 있었고, 이것을 이어 받아 1948. 7. 17. 제헌헌법 제1조부터 1987년 현행 헌법 제1조에 이르기까지 계속해서 "민주공화국"과 "국민주권원리"가 천명되었다. 그리고 현행 헌법의 전문은 "3·1운동으로 건립된 대한민국 임시정부의 법통을 계승"한다고 규정하고 있다. 그러므로 현행 헌법 제1조의 의미를 해석하기 위해서는 대한민국 임시정부 헌법까지 거슬러 올라가야 한다.

1919. 4. 11. 대한민국 임시의정원이 제정한 임시헌장은 조소앙 선생이 주도한 것으로 알려지고 있는데, 이 임시헌장상의 민주공화제의 의미를 파악하기 위해서는 임시정부탄생의 계기가 된 3·1운동을 전후로 한 여러 독립선언서에 나타난 민주공화제와 관련된 사상을 한번 확인해 볼 필요가 있다.

우선 3·1독립선언서의 내용이 가장 중요하다고 할 것인데, 이 독립선언서에서는 "민주공화국"이나 "민주공화제"에 대한 명시적 언급은 나오지 않는 것으로 보인다.

그러나 "오등은 자에 아조선의 독립국임과 조선인의 자주민임을 선언하노라"라는 말은 명백히 조선이 독립국이며 조선의 주권은 국민에게 있다고 하는 것을 의미한다. 대한제국이 무너진 당시의 시점에서, "황권소멸의 때가 즉 민권발행의 때"이며, 韓國의 주권은 비한인에게가 아니라 한인에게 양여된다는 취지의 대동단결선언[2]에서의 주권양여이

---

2 대동단결선언(1917. 7): "융희 황제가 三寶(삼보)를 포기한 8월 29일은 즉 우리 동지가 삼보를 계승한 8월 29일이니, 한순간도 정지됨이 없이 지속되고 있다. 우리 동지는 완전한 상속

론이 밝히고 있는 바와 같이, 3·1독립선언서에서 조선의 독립국임과 조선인의 자주민임을 선언한 것은 조선이 주권국가이며 민주국가임을 확인하고 선포한다는 말에 다름 아니다.

특히 민주정체 내지 민주공화정체 수립 구상은 민족대표 33인을 이끈 손병희와 인종익의 신문조서에서 분명하게 드러난다.[3] 따라서 당시에 국호를 "대한민국"으로 할지 "조선공화국"으로 할지 아니면 "고려공화국"으로 할지가 아직 확실히 정해지지 않은 상태에서 앞으로 창설될 새로운 국가 조선은 민주국으로서 국민 스스로 나라의 주인이 되는 국민주권국가임을 선포한 것이라 볼 수 있고, 1919. 4. 11. 대한민국 임시헌장에서 임시의정원은 "대한민국은 민주공화제로 함"이라고 하는 말로 이러한 선언을 보다 명백하게 구체적으로 실행하였다고 할 수 있을 것이다.

다음으로 3·1독립선언서에는 여러 군데에서 공화국원리의 이념적 요소들[4]이 나타나고 있다. 즉 "금일 오인의 차거는 정의, 인도, 생존, 존영을 위하는 민족적 요구니 오즉 자유적 정신을 발휘할 것이오 결코 배

자니 황권 소멸의 때가 즉 민권발행의 때이다. 舊韓(구한) 최종의 날은 新韓(신한) 최초의 날이다. 우리 韓國(한국)은 韓人(한인)의 韓(한)이요, 非韓人(비한인)의 韓(한)이 아니다. 韓人(한인)간의 主權授受(주권수수)는 역사상의 불문법이요, 비한인에게 主權讓與(주권양여)는 근본적으로 무효이다. 경술년 융희 황제의 주권 포기는 우리 국민동지에 대한 묵시적 禪位(선위)이니, 우리 동지는 당연히 삼보를 계승하여 통치할 특권이 있고, 대통을 상속할 의무가 있도다. (중략) 우리는 국가 상속의 대의를 선포하여 해외 동포의 단결을 주장하며 국가적 행동의 進級的(진급적) 활동을 표방한다. (이하 생략)". 국사편찬위원회, 한국사데이터베이스, 국외항일운동자료 일본 외무성 기록; 김광재, 대한민국 헌법의 탄생과 기원, 월비스, 2018, 21쪽.

3 국사편찬위원회, 손병희 신문조서(제3회), 한민족독립운동사자료집 제11권 – 3·1운동 I, 정상우, 앞의 글(주 1), 17쪽에서 간접인용.

4 민주공화국원리의 요소에 해당한다고 볼 수 있는 것으로는 무엇보다도 "자유", "평등", "정의", "질서", "책임", "공공복리", "공직윤리", "책임있는 시민의 덕성" 등을 들 수 있다. 무엇이 민주공화국원리의 실질적 요소인가에 대하여는 아래 III, 2, (3) 참조.

타적 감정으로 일주하지 말라"는 공약3장의 첫 번째 문장인데, 여기에서 "정의"에 대한 민족적 요구 그리고 "자유"의 정신 등은 공화국원리의 내용적 요소라 할 것이다. 또한 "부자연 우 불합리한 착오상태를 개선 광정하야 자연 우 합리한 정경대원으로 귀환케 함이로다"(낡은 생각과 낡은 세력에 사로잡힌 일본 정치인들이 공명심으로 희생시킨 불합리한 현실을 바로잡아 자연스럽고 올바른 세상으로 되돌리려는 것이다)에서 강조되고 있는 "정의의 회복"의 요소도 공화국원리의 중요한 요소라고 볼 수 있을 것이다.

"아의 고유한 자유권을 호전하야 생왕의 낙을 포향할 것이며"(우리는 원래부터 지닌 자유권을 지켜서 풍요로운 삶의 즐거움을 마음껏 누릴 것이다)라는 문장에서 천부인권적 자유권 사상이 나타나고 있다. 천부인권적 자유권은 결코 군주가 존재하는 군주국 신민은 누리지 못하는 것이기 때문에, 이러한 천부인권적 자유의 천명은 조선이 더 이상 군주국이 아니라 민주국이자 공화국임을 간접적으로 나타내 주고 있다고 보인다.

"결코 배타적 감정으로 일주하지 말라"(결코 배타적 감정으로 함부로 행동하지 말라)와 "일체의 행동은 가장 질서를 존중하야"라는 문장에서는 공화국원리의 실질적 요소로 칭해지고 있는 "질서"의 존중사상과 맞닿아 있다고 보인다.

"차로써 세계만방에 고하야 인류평등의 대의를 극명하며"(우리는 이를 세계 모든 나라에 알려 인류가 모두 평등하다는 큰 뜻을 분명히 하고)와 "남녀노소업시 음울한 古巢(고소)로서 활발히 기래하야"(남녀노소 구별없이 어둡고 낡은 옛집에서 뛰쳐나와)의 문장에서는 남녀 "평등"이념이 나오고 있는데, 이는 민주주의 원리의 내용적 요소라 할 수 있다.

"세계개조의 대기운"은 군주제와 제국주의의 종언과 민족자결주의 등을 의식한 것으로서 민주공화국 이념과 간접적으로 연결된다고 할 수 있을 것이다.[5]

그 밖에 그 보다 먼저 일본 동경에서 유학생들에 의하여 이루어진 2.8독립선언서의 경우에는 아예 "민주주의"가 명시적으로 선언되고 있다.

2. 대한민국임시헌장에서의 민주공화제의 의미

결국 이러한 3·1독립선언서는 독립국을 세운다는 것을 의미하고, 독립국을 세우기 위해서는 정부가 필요한데, 만민공동회부터 헌의6조, 대동단결선언, 대한독립선언서 등에서 나타나는 향후 설립할 국가형태는 결코 왕정이 아니라 공화정이라고 할 것이기 때문에,[6] 대한민국임시헌장 제1조는 바로 이러한 3·1혁명의 정신을 그대로 반영하였다고 할 수 있을 것이다.

대한민국임시헌장은 선포문과 10개 조문으로 구성되어 있는데, 제1조에서 대한민국은 민주공화제로 함을 선언하고, 제2조는 임시의정원의 결의에 의한 통치, 제3조는 평등권, 제4조는 각종 자유권, 제5조는 선거권과 피선거권, 제6조는 교육, 납세, 병역의무, 제7조는 인류문화와 평화에의 공헌을 위하여 국제연맹에 가입함(국제평화주의), 제8조는 구황실의 우대, 제9조는 생명형, 신체형, 공창제의 폐지, 제10조는 임시정부는 국토회복 후 1년 내 국회소집을 천명하였다.

---

5 정상우, 앞의 글(주 1), 16쪽: "민주주의와 공화주의의 성공, 민족자결주의에 의한 독립국 등을 의미".

6 김광재, 앞의 책(주 2), 30쪽.

그리고 정강에는 1. 민족평등 · 국가평등 내지 인류평등의 대의를 선전함, 2. 외국인의 생명재산을 보호함, 3. 일체 정치범인을 특사함, 4. 외국에 대한 권리 의무는 민국정부와 체결하는 조약에 일의함, 5. 절대독립을 서도함, 6. 임시정부의 법령을 위월하는 자는 적으로 인함을 선언하고 있다.

제1조가 민주공화제의 원칙을 천명하고 제2조부터 제10조가 그 내용을 구체적으로 밝히고 있는데, 중요한 것은 이러한 임시헌장에서의 헌법적 정신과 기본권규정들은 1919. 9. 11. 제(개)정된 임시헌법에 계승되었을 뿐만 아니라, 현행헌법에까지 그대로 유지되어 이어져 오고 있다는 것이다.[7]

특히 주목할 만한 것은 정강에서 "1. 민족평등 · 국가평등 급 인류평등의 대의를 선전함"이라고 선언하고 있는 점인데, 단순이 개인의 평등뿐만 아니라, 민족, 국가, 인류의 평등을 선포하고 있는 점이다. 이는 제국주의의 식민지배와 침탈을 허용하지 않겠다는 것이므로 제7조의 국제평화주의와 연결된다고 할 수 있을 것이다.[8] 뿐만 아니라 이러한 원칙의 선언은 강대국들이 자국우선원칙과 패권주의에 따라 약소국들의 주권까지 좌지우지하고 있는 오늘날의 국제사회 현실에 비추어 볼 때, 여전히 계속해서 요청되는 규범이라고 할 것이다.

아무튼 대한민국 임시헌장 제1조에서 천명하고 있는 민주공화제의 의미에 대해서 선행 연구들의 해석을 살펴보면 다음과 같다.

우선 김광재는 신우철 등 선행연구들을 인용하면서 "중국 역시 신해혁명 당시 공화정과 민주정을 주장하였으나, 쑨원의 중화민국 임시약

---

7 김광재, 앞의 책(주 2), 44쪽.
8 이는 조소앙 선생의 삼균주의 이념이 반영된 것으로 보인다. 김광재, 앞의 책(주 2), 45쪽.

법에서 주권은 국민 전체에 속한다는 규정만 두었을 뿐, 민주공화국이라는 용어가 직접적으로 사용되지는 않았다. 이후 위안스카이의 황제제도로의 회귀 등으로 인하여 민주공화국이라는 용어는 1920년대 중반에나 등장하는 만큼, 민주공화정이라는 문구는 대한민국이 독창적으로 사용한 용어라고 볼 수 있다. 한성정부의 약법에서도 민주제와 대의제가 언급되는 것으로 볼 때, 1898년 만민공동회에서부터 발아한 공화국으로의 전환이라는 국가체제 변혁의 의지가 3·1운동이라는 헌법제정권력의 발현으로 이어지고, 이러한 과정에서 민주공화정은 외부로부터의 이식이 아닌 우리 국민의 자체 의지에 의해 형성된 것으로 볼 수 있다."고 밝히고 있다. 언급한 대로 신우철은 "임시헌장 제1조의 민주공화제 규정은 일본뿐만 아니라 중국의 수많은 헌법문서들 가운데에서도 유례를 찾아볼 수 없는 독창적인 형식과 내용"[9]이라고 평가하고 있다. 그리고 이영록은 "유럽에서도 민주공화국(demokratische Republik)이라는 용어가 헌법전에 명기되기 시작한 것은 1920년 2월의 체코슬로바키아 헌법과 그 해 10월의 오스트리아연방헌법에서였던 것으로 알려지고 있다. 이런 점을 감안하면, 임시헌장 제1조에서 '민주공화제'를 명기한 그 선구성은 확실히 부각해 둘 필요가 있다"[10]고 하고 있다.

그러나 우선 1901년 헤른릿트(Rudolf Hermann von Herrnritt)가 저술한 책[11]에는 이미 "demokratische Republik", 즉 민주공화국이라고 하는 개념이 출현하고 있다. 그는 이 책에서 1875. 2. 25. 프랑스공화국

---

9 신우철, 비교헌법사 – 대한민국 입헌주의의 연원, 법문사 2008, 300쪽.

10 이영록, "한국에서의 '민주공화국'의 개념사 – 특히 '공화' 개념을 중심으로", 법사학연구 제42호 (2010), 49~83(58)쪽; 김광재, 앞의 책 (주2), 42쪽 등.

11 Rudolf Hermann von Herrnritt, Die Staatsform als Gegenstand der Verfassungsgesetzgebung und Vefassungsänderung, Wien 1901, S. 2.

헌법 제8조 제4항에서 "공화제적 정부형태는 헌법개정안의 대상이 될 수 없다"고 규정된 바 있었음을[12], 그리고 이미 스위스 칸톤들은 "민주 공화국(demokratische Republik)", "대의제 민주주의(repräsentative Demokratie)" 등등의 명칭을 가졌고, 미합중국들의 경우도 "자유로운 독립국"이라고 하는 명칭들을 가졌음을 설명한 바 있다.[13] 그리고 스위스와 미합중국의 연방헌법은 각 주들이 "공화제적 정부형태"를 가질 것을 요구하였다고 설명하고 있는데, 이러한 설명들에 의할 때 이미 선진 민주국가들의 초기 헌법문서는 일찍이 우리 헌법문서보다 앞서서 "(민주)공화국" 개념을 사용하였음을 알 수 있다.[14] 그러므로 우리 헌법문서에서 출현하는 "민주공화국"개념은 서구 헌법문서나 문헌의 개념에 영향을 받았을 것으로 추정되기 때문에, 그 독창성을 너무 강조하는 것은 지나친 과장일 수 있으므로 주의를 요한다.

그리고 김광재는 민주공화제의 구체적 의미에 대해서는 별다른 언급을 하지 않고 있으나, 전체적인 서술로 볼 때 임시헌장 전체에서 보장하고 있는 군주제의 부인, 대의제, 기본권보장, 국제평화주의 등 임시헌장 전반의 헌법질서를 일컫는 것으로 보인다.

최근 "3·1운동과 민주공화국의 탄생"이라는 주제발표를 한 바 있는 정상우 역시 민주공화제는 군주의 배제와 민주주의, 의회주의와 법치주

---

12 Rudolf Hermann von Herrnritt, 앞의 책(주 11), S. 5.

13 Rudolf Hermann von Herrnritt, 앞의 책(주 11), S. 2.

14 그 밖에도 옐리네크(Georg Jellinek)는 그의 저서 일반국가학(Allgemeine Staatslehre)에서 이미 민주공화국(demokratische Republik)개념을 사용한 바 있다. Georg Jellinek, Allgemeine Staatslehre, Dritte Auflage, Sechster Neudruck, 1959, S. 719, 722, 723, 724, 725, 728. 그 밖에 민주공화국 개념은 물론 민주공화국과 사회공화국, 민주주의와 공화주의 관계에 관한 자세한 설명으로 Rudolf Hübner, Die Staatsform der Republik, 1919, S. 15-20.

의, 대의제의 개념들을 복합적으로 수용한 결과이며 특히 자유와 병존하는 균등의 의미를 강조하고 있다고 보면서, 이 민주공화국 사상은 시대의 변화에 따라 강조점의 변화가 있어 왔고, 현재의 헌법 해석에서도 일정한 시사를 주고 있으며, 3·1대혁명의 정신은 우리 헌정사에서 민주공화국 정신으로 반복적으로 드러났다고 하고 있다.[15]

이와 같이 대한민국 임시헌장 이래로 채택되어 온 민주공화국 이념과 원리의 구체적 내용이 군주제의 부인, 민주주의와 법치주의, 대의제, 기본권보장 등 일반적인 입헌주의적 요소 전반을 가리키는 것으로 파악하고 공화제가 가지는 실질적 내용은 별반 없는 것으로 파악하는 것은 다른 연구자들의 경우도 마찬가지일 것으로 생각된다.

즉 민주주의와 공화국 개념은 서양의 사상사로부터 계수된 이념이자 국가형태임에도 불구하고 특히 이 공화국의 실질적인 내용이 무엇인지를 밝히고 공화국원리에 실질적 내용을 부여하려 한 시도들은 일부 예외[16]를 제외하고는 별로 보이지 않는 것 같다.

---

15 정상우, 앞의 글(주 1), 24–25쪽.

16 가령 김선택, "공화국원리와 한국헌법의 해석", 헌법학연구 제15권 제3호(2009. 9), 213–250쪽. 또한 독일 헌법학계에서 공화국원리에 대한 논의가 헌법해석론 차원에서 활발하게 전개되고 있는 것을 비교적 자세히 소개하며 우리 헌법해석론 하에서 – 우선 공공선(복리) 지향, 공무원제도의 요소와 관련해서이긴 하지만 – 공화국개념의 실질화 가능성을 탐색하고 있는 연구로서 이계일, "헌법상 공화국 원리의 도그마틱적 함의에 관한 연구 – 공공선, 공직제를 둘러싼 독일 헌법학계의 논의를 중심으로", 헌법학연구 제17권 제1호(2011), 39–102쪽.

III. 민주공화국 원리에 대한 해석

민주공화제에 대하여 단순히 군주제의 부정을 넘어서 그 실질적 내용을 파악하고자 하는 연구가 독일에서는 여러 학자들에 의하여 이루어졌는데, 이에 대하여는 독일에서도 찬반의견이 맞서고 있는 상태이다. 이러한 내용은 비교헌법적으로 볼 때 우리에게도 상당한 시사점을 준다고 생각되므로, 공화국원리의 실질적 내용의 주창자들이 주장하는 바가 무엇인지를 우선 독일 학자들의 연구를 참고하여 검토해 보고 이와 같은 학설들을 우리 헌법 하에서도 받아들일 수 있을 것인지 여부를 살펴보기로 한다.

특히 공화국개념은 그 출발이 서양 사상사로부터 시작되고 있고, 우리 1948년 광복헌법이 모태로 삼았다고 할 수 있는 독일 바이마르공화국 헌법 역시 제1조에서 "독일제국은 공화국이다"라고 선언하고 있었기 때문에, 독일 헌법상 공화국개념의 도입역사와 그에 대한 해석을 살펴보는 것은 우리 헌법사를 보다 정확하게 이해하는 데에도 도움이 될 것이라고 생각된다.[17]

---

17 민주공화국 개념은 공화국 개념과 다를 수 있으나, "민주"라고 하는 서술어는 민주주의를 내포한다는 데에는 이견이 있을 수 없으며, 민주주의 원리는 일반적으로 널리 다루어진 데 반하여, 공화국과 공화국원리의 구체적 내용이 무엇인지에 대해서는 헌법학계에서 상대적으로 덜 다루어진 것이 사실이다. 그러므로 이하에서는 독일에서의 공화국 원리에 대한 논의를 우선 비교법적으로 살펴보고, 우리 헌법 하에서 공화국 원리의 구체적 내용을 파악해 봄으로써, (민주)공화국의 실질적 의미를 도출해 내 보기로 한다.

1. 독일에서의 공화국개념의 수용과 그에 대한 해석

(1) 공화국개념의 역사

공화국개념의 역사[18]는 매우 복잡하며, 이러한 공화국 개념사는 아리스토텔레스의 국가(Politeia)와 키케로의 공화국으로까지 거슬러 올라간다. 공화국개념의 이념사에 대하여 주로 독일의 클라인(Klein)의 논문을 참고하여 간략하게 살펴보면 다음과 같다.

공화국(Republik)을 국가 공동체(Gemeinwesen) 자체로 이해한다거나, 공화국을 단순히 군주제를 부정하는 일정한 정부형태(정체)로 이해한다거나, 또는 군주제적 요소의 존재와 상관없이 시민들의 자유를 보장하고 이를 통하여 정당화될 수 있는 국가를 지칭하는 지배형태로 보는 경우도 있다.[19]

공화국의 개념은 다양할 수 있고 일반적으로 타당한 정의는 없기 때문에, 국가실무에 있어서도 이 공화국개념이 다양하게 사용되는 것을 막을수는 없다. 가령 한편으로는 프랑스와 독일의 경우 프랑스 공화국과 독일 연방공화국으로 지칭하고 있듯이 다른 한편 구 소련의 경우 사회주의 소비에트 공화국이라고 하거나 중국의 경우 중화인민공화국이라고 칭하는 것과 같다.[20] 북한 역시 조선민주주의인민공화국이라고 쓰고 있다.

---

18 이에 관한 한국문헌으로는 김선택, "공화국원리와 한국헌법의 해석", 법제 통권 609호 (2009), 44–76쪽. 또한 이계일, "공화국 원리의 함의에 대한 이념사적 고찰 – 고전적 공화주의 이론의 유형화와 그 법적 구체화의 상관관계를 중심으로", 법학연구 제21권 제2호 (2011), 67–112쪽.

19 Eckart Klein, Der republikanische Gedanke in Deutschland – Einige historische und aktuelle Überlegungen -, DÖV 2009, S. 741 ff.(742).

20 Eckart Klein, 앞의 글(주 19), S. 742.

만일 우리가 국가법상의 차이에도 불구하고 공통분모를 찾는다면 국가원수가 세습으로 결정되지 않는다는 것인데, 이러한 공통점이 있다해서 공화국 여부를 최고 국가원수의 지위에 대한 특별한 내용만을 기준으로 하여 판단할 수 있을 것인가 하는 문제에 대하여 클라인(Klein)은 그렇지 않다고 보고 있다. 오히려 모든 국가는 공화국 개념과 공화국 이념에 대한 자기 자신의 입장을 가질 수 있다는 것이다. 그러한 한에서 일반적으로 단순한 문구상의 의미를 통해서도 훨씬 더 명확한 윤곽을 얻어 왔던 민주주의와 법치국가개념과는 다를 수 있다는 것이다. 가령 어떠한 개인(가령 총통)이나 유일 정당이 지배하거나 명시적으로 프롤레타리아 계급 독재가 선언된 나라에서는 실질적인 국민의 지배가 있을 수 없으며 또한 자신의 국민을 독립된 법원을 통하여 보호하지 않는 그러한 국가는 결코 법치국가가 될 수 없다. 이러한 경우에 있어서 우리는 이 법치국가개념의 찬탈이나 침해를 확인할 수 있다는 것이다. 이에 반하여 공화국은 그 역사가 보여주듯이 그에 대한 정의가 훨씬 덜 명확하게 이루어진 개념이기 때문에, 그것을 이해하려면 그것이 계수된 바대로 그 자체의 헌법적 역사와 사상적 기초로 들어가지 않을 수 없다는 것이다.[21]

"Res publica res populi"(공적인 것은 국민의 것이다)라는 말로 유명한 로마의 철학자이자 정치가 키케로(Cicero)는 공화국(Republik)을 "단체 이익의 총괄개념"으로 이해하며, 따라서 인민의 여하간의 어떠한 상태(Zustand)를 의미하는 것이 아니라, "단체의 대내외적으로 좋은 헌법(Verfassung)을 강조하고, 또한 아리스토텔레스에게로 거슬러 올라가

---

21 Eckart Klein, 앞의 글(주 19), S. 742.

는 "최선의 헌법(beste Verfassung)"[22]에 대한 논의까지 포함시키고 있다. 로마의 Res-publica개념과 관련하여 결정적인 것은 그 공화국 개념과 연관되어 있는 공공복리(salus publica)를 반드시 실현해야 한다는 것인데, 이러한 공공복리의 실현은 제도적으로 공무원으로서 사익추구를 도모하지 않을 사람에게 맡긴다고 하는 것이다.[23]

이러한 공화국 개념이 수백 년간 끊임없이 지속된 것은 아니었다. 마키아벨리(Machiavelli)는 군주가 국가권력의 유일한 소지자였던 군주주의 시대에 이러한 군주상으로부터 출발해서 공화국개념을 반군주제적인 것으로 이해하였다. 이러한 해석 가운데 당연히 불분명하게 나타나는 자유의 관점은 나중에 군주제에 대한 대립에 의하여 다시 해결되었으며 공화국의 고유한 기준으로 간주되었다.[24]

루소(Rousseau)도 마찬가지로 이와 같은 관점으로 이해된다. 루소에게는 - 객관적인 원리로서 자유를 보장하는 - 통치체제의 정당성이 문제가 되는데, 이는 만일 법률로 표현되는 시민의 의지가 정부를 구속하는 경우에 이러한 정당성은 인정된다.[25]

특히 Kant는 이러한 방향으로 더욱 나아갔는데, 그는 이 공화국을 어떠한 국가형태에서이든 항상 출현하는 專制(Despotie)에 대립시킴으로써 공화국에 실질적 내용을 부여하였다. 즉 공화국만이 모든 사람의 평등한 자유를 보장한다는 것이다. 이성적 원리가 관건이 되기 때문에 정당성을 창설하기 위해서는, 이러한 관점 하에서 이루어질 수 있는 정당

---

22 R. Gröschner, Die Republik, in: HStR II, 3. Aufl., 2004, § 23, Rn. 13.

23 Eckart Klein, 앞의 글(주 19), S. 742.

24 Eckart Klein, 앞의 글(주 19), S. 742

25 Eckart Klein, 앞의 글(주 19), S. 742

화가능성으로 충분하다는 것이다. 그는 군주제도 역시 이러한 원리를 실현할 수 있다고 보았는데, "국가의 봉사자"라고 자기 스스로를 이해하는 계몽군주와 그와 더불어서 군주제를 공직윤리(Amtsethos)에 명시적으로 구속시키는 것, "Salus publica suprema lex esto(공공복리가 최고의 법이다)"라고 하는 키케로의 명언을 스스로 의무로 삼을 것을 계몽된 절대국가에게 요구하였다고 한다.[26]

19세기의 이러한 방향의 공화제 이론이 독일에서는 어느 정도 단절이 되고 있다는 것은 논란의 여지가 없다고 한다. 이것은 1793/1794년 이래로 군주제 하에서의 자유는 불가능하다고 하는 프랑스혁명 당시의 급진적인 공화국개념이 독일에 계수된 것과 관련이 있는데, 아무튼 1848/1849년 당시 이러한 급진적 사상이 독일 시민계급에 미치는 위하적 효과(Abschreckungseffekt)가 너무 컸으며, 그로 인하여 독일에서는 시민의 입헌주의 운동 자체가 실패하는 계기가 되었다고 이해되고 있다. 어쨌든 이때부터 독일 헌법사상에서의 공화국 개념은 국왕의 세습이라고 하는 의미에서 군주제와 결코 조화될 수 없다고 하는 것이 더 이상 논란의 여지가 없게 되었다고 한다. 이것은 그 이후인 1870/1871년 독일 제국이 심지어 공화제적 성격을 띠고 있다는 견해[27]가 주장되었으며, 또한 영국의 헌법은 사실은 공화국이라고 하는 존 애덤스(John Adams)의 글이 즐겨서 인용되었다고 하는 사실과 상관없이 그러하였다는 것이다. 영국, 스페인 또는 스웨덴과 같은 나라의 입헌군주제에 대하여 공화

---

26 Immanuel Kant, Zum ewigen Frieden, 1795, Erster Definitivartikel, Eckart Klein, 앞의 글(주 19), S. 742에서 재인용.

27 Georg Jellinek, 앞의 책(주 14), S. 712. f. Eckart Klein, 앞의 글(주 19), S. 743에서 재인용.

국이라고 칭하는 것은 독일적 시각에서는 가능하지 않았다는 것이다.[28]

(2) 바이마르 공화국 헌법

바이마르 헌법은 독일 제국에게 첫 번째로 공화국이라고 하는 국가형태를 부여하였지만, 이전의 입헌군주제 국가에서 이미 공화제적 요소들이 존재하고 있었다. 국가는 군주와 국민대표를 가진 법인이라고 하는 19세기의 국가론은 – 봉건주의 및 절대주의와 대립하여 – 이미 공화제적 정신에 의하여 결정되었다고 한다. 국왕은 연방의 원수로서의 지위만을 가진 반면에 주권적인 제국권력은 회의체로서의 연방참사원에 통합된 제국구성원들에게 속하였기 때문에, 제국은 공화국이나 또는 비군주제로서 이해되었다. 이것이 독일인 대부분의 군주제적 성향과 거의 모든 제국구성원들의 군주제적 특성에 비추어 볼 때 정치적으로는 타당하지 않을지 몰라도, 국가법상으로 보면 변화된 국왕제도, 집단적인 제국운영과 의사형성 그리고 헌법국가에서 복수의 최고 국가기관의 존재를 고려해 볼 때, 잘못이 아니라는 것이다.[29]

이와 같이 이미 공화제가 준비된 상태에서 1918년 10월 28일 헌법개정에 의해서 최고정상까지 이미 공화국화되어, 1918년에는 제국과 그리고 동시에 각 주들 역시 자신들의 왕조를 포기하고 공화국들이 되었다. 샤이데만(Scheidemann)은 11월 9일 국민에게 단숨에 두 가지 공화국을 선포하였다. 새 헌법의 심의에서 공화제냐 군주제냐 하는 문제는 제기되지 않았다. 바이마르 헌법 제1조 제1항에서 개념적으로 뿐만 아

---

28 Eckart Klein, 앞의 글(주 19), S. 743.

29 W. Henke, Die Republik, HStR 1. Aufl., 1987, § 21, Rn. 4.

니라 규범으로서 제국을 공화국으로 선포하였는데, "제국"이라고 하는
이름은 전통을 이유로 해서만 유지되었을 뿐이다. 그리고 국가형태가
문제된 경우 1922년과 1930년 "공화국의 수호를 위한" 법률에서와 같이
국가를 "공화국"으로 칭하였다. 그리하여 독일인의 국가형태로서 공화
국에 대한 결정이 이루어졌다는 것이다. 왕정복고운동이 없지는 않았으
나 독일 공화국을 위협하거나 파괴할 정도까지는 아니었다는 것이다.[30]

1) 형식적 개념설

바이마르 공화국 헌법은 마치 우리 대한민국임시헌장으로부터 시작
해서 현행헌법이 그러하듯이, 헌법의 최고 우선의 위치인 제1조 제1문
에서 "독일 제국은 공화국이다"라고 선언하고 군주제에 대한 혁명적 폐
지(Abschaffung)를 확인하였다. 그리고 제2문에서 "국가권력은 국민으
로부터 나온다"고 선포함으로써 가령 인민공화국(Räterepublik)과 같은
일정한 자유위해적 공화국형태에 대해서는 명백하게 거부하는 형식으
로 헌법적 정당성이 교환되었다고 평가되고 있다.[31] 그리하여 안쉬츠
(Anschütz)나 후버(Ernst Rudolf Huber)와 같은 헌법학자들은 "독일
제국은 민주공화국(demokratische Republik)"이라고 보았다는 것이다.[32]
후버의 경우 바이마르 공화국 헌법 제1조는 내용적으로 일정한 새로운
국가이념과 통일, 평등 그리고 자유를 기반으로 하는 민족의 자결권에

---

30 W. Henke, 앞의 글(주 29), Rn. 5.

31 Eckart Klein, 앞의 글(주 19), 743.

32 Gerhard Anschütz, Die Verfassung des deutschen Reichs vom 11. August
   1919, Kommentar 14. Auf., 1933, Art. 1. Ziff. 1을 인용하며, Eckart Klein, 앞의 글
   (주 19), S. 743.

대한 신봉을 의미한다고 보기도 하였다.[33]

어쨌든 클라인(Klein)은 바이마르 공화국 당시 이러한 군주국으로부터 공화국으로의 정치적 변혁은 공화국의 관점에서 보다는 민주주의적 관점에서 논의되었던 것이 사실이라고 하고 있다.[34]

2) 실질적 개념설

그에 반하여 토마(Richard Thoma)는 일찍이 바이마르 공화국 시대부터 실질적 개념설을 취하였다. 그는 res publica라고 하는 공화국의 적극적인 원래의 의미를 명시적으로 가리키면서 공화국으로의 결단의 의미를 (군주제의 폐지의 의미보다는) "긍정과 건설(Bejahung und Aufbau)"의 의미로 새겼고, 또한 "자유에 대한 자부심"과 그리고 "책임이라고 하는 덕목"을 내포하는 것으로 풀이하였다.[35] 이렇게 이미 과거에 계속해서 강조되었고 바이마르 헌법 하에서도 다시금 포착된, 공화제 사상에서의 자유와 책임의 요소는 바이마르 공화국 헌법 제17조에서도 표현되는데, 그에 따르면 제국의 모든 주는 "자유국가적 헌법(freistaatliche Verfassung)"을 가져야 한다고 규정하였다. "자유국가(Freistaat)는 일반적으로 받아들여진 공화국의 독일적 번역인데 이것은 공화제 사상의 핵

---

33 W. Henke, 앞의 글(주 29), S. 868.

34 Gerhard Anschütz, Die Verfassung des deutschen Reichs vom 11. August 1919, Kommentar 14. Auf., 1933, Art. 1. Ziff. 1을 인용하며, Eckart Klein, 앞의 글(주 19), S. 743.

35 Richard Thoma, Das Reich als Demokratie, in: Gerhard Anschütz/Richard Thoma (Hrsg), Handbuch des deutschen Staatsrechts, Bd. I, 1930, S. 186 f.를 인용하며, Eckart Klein, 앞의 글(주 19), S. 743.

심을 환기시켜 준다는 것이다.[36]

　만일 공화국이 자유국가와 같은 의미라고 한다면, 민주공화국은 민주
자유국가라고 할 수 있으며, 결국 이것은 자유민주국가의 다름이 아니
므로 자유민주적 기본질서로 그대로 연결될 수 있지 않을까 생각된다.
우리 헌법의 가장 핵심적이고도 근본적인 결단에 해당하는 가치이다.

(3) 동독 헌법

　우리와 마찬가지로 전후 국가가 양분되었던 독일에서 동독 헌법은 이
러한 공화국문제에 대하여 어떠한 태도를 보였는지를 파악하는 것도 시
사점을 준다고 생각된다.

　독일의 경우 2차 세계대전 후 이 공화국개념은 기본법 제정에 있어서
나 동독 헌법의 제정에 있어서도 그다지 주목을 받지 못하였다. 동독의
경우에는 공화국개념이 가진 반봉건적 정서로써 충분하였다. 동독의 경
우는 오히려 "사회주의 국가"라고 하는 명칭이 더 중요한 것으로 보였는
데, 처음에는 "독일 민족(deutscher Nation 1949)"국가라고 하였다가 나
중에는 "노동자와 농민(der Arbeiter und Bauern)"(1968/1974)국가로 지
칭하였다. 1968년에 논의되었으나 결국 실패로 끝난 개명논의는 공화국
과 관련된 것이 아니라, "독일 사회주의 공화국(Deutsche Sozialistische
Republik: Sozialistische Republik Deutschland)"과 같이 이러한 사회주
의 국가로서의 정치적 특징을 강조하기 위한 것이었고, 공화제적 자유
사상이 발생한 것은 통일되기 직전인 1989년에 들어와서였다.[37]

36 Eckart Klein, 앞의 글(주 19), S. 743.
37 Eckart Klein, 앞의 글(주 19), S. 744.

(4) 독일 본(Bonn) 기본법

1) 독일 본(Bonn) 기본법 하에서의 공화국개념에 대한 논의상황

전후 독일 국가의 재건 과정과 기본법의 제정과정에서는 더 이상 이렇다 할 만 한 군주제 운동도 없었고, 공화국 국가형태를 둘러싼 논의도 없었다. 바이마르공화국 헌법 제1조에 의존하여 공화국이 우선 별도로 규정되어야 되었던 이후 "공화국"이라고 하는 단어는 단지 언어상의 이유로만 국호에 삽입되었다. 그러나 그 의미는 다른 4개의 헌법원칙보다 더 불확실하였다.[38]

독일 연방공화국이 공화국이라고 하는 것은 그러한 국호의 선택에 의해서 뿐만 아니라, 기본법 제20조 제1항에 의해서와 그리고 각 주에 대하여 기본법의 의미에서의 공화적, 민주적 및 사회적 법치국가의 근본원칙에 부합하는 헌법적 질서를 갖출 것을 명령하고 있는 기본법 제28조 제1항 제1문의 소위 동질성 조항에 분명하게 규정되어 있다.[39]

기본법 하에서 공화국 사상이 바이마르공화국 헌법에서보다 홀대되고 있다는 평가도 있으나, 이에 대해서는 공화제적 국가형태도 1958년 프랑스 헌법 제89조와 마찬가지로 기본법 제79조 제3항을 근거로 헌법개정의 대상에서 제외되고 있다고 하는 점을 고려해 볼 때 공화국개념의 중요성은 여전히 중요하게 취급되고 있다고 할 수 있다.[40]

공화국을 주제로 하는 판례나 교과서 그리고 주석서 등을 검토해 보

---

38 W. Henke, 앞의 글(주 29), Rn. 6.
39 Eckart Klein, 앞의 글(주 19), S. 744.
40 Eckart Klein, 앞의 글(주 19), S. 744.

면 그 양과 질이 상대적으로 부족하다고 평가되고 있는데, 그 이유는 이 공화국의 표지가 실제에 있어서 아무런 문제를 던지지 않기 때문이라고 한다. 독일 연방헌법재판소의 공화국원칙과 관련된 결정으로는 호엔쫄레른 가에서의 세습분쟁과 관련된 것이 있다.[41] 그리고 연방헌법재판소는 연방선거의 공개성에 관한 한 결정에서 공화국관련성에 대해서 판시한 바 있는데, 그러한 한에서 연방헌법재판소는 단순히 군주제의 거부를 넘어서 공화국을 실질적으로 이해하고 있다는 것이다. 즉 "공화국에서 복리는 전체 국민의 것이고 모든 시민의 공동체적 관심사이다"라고 하는 판시가 그것이다.[42]

그리고 학설상으로 좀 더 집중적으로 다루어지는 주제로는 州에서의 군주제 재도입이 기본법 제79조 제3항의 헌법개정의 한계에 해당되는지에 관해서인데 원칙적으로 긍정되고 있으며 사실상 이는 실제적 의미는 없는 것이라고 한다.[43]

하지만 다른 한편 보다 심도 있게 이 주제에 대하여 다루고 있는 단행본이나 편람서(Handbuch)들을 보면 공화국개념을 독일이 수용한 것을 근거로 하여 단순히 군주제에 대한 거부 외에, 더 넓은 실질적 의미를 부여하고자 하는 견해들이 점점 더 늘어나고 있다. 하지만 무엇이 법규범적 언명인지 그리고 무엇이 단지 칸트의 의미에서 이성적 질서의 형성을 위한 방향제시로서 규제적 이념에 불과한 것인지가 항상 분

---

41 BVerfG (Kammer), Beschl. v. 22. 3. 2004 – 1 BvR 2248/01 – NJW 2004, 2008; BVerfGE, Urt. v. 3. 3. 2009 – 2 BvC 3/07, 2 BvC 4/07: "선거와 선거의 통제는 모든 국민의 것이다."

42 BVerfGE 123, 39 (169). H. Dreier, in: H. Dreier (Hrsg), GG-Kommentar, Bd. II, 3. Aufl., 2015, Art. 20 (Republik), Rn. 20.

43 Eckart Klein, 앞의 글(주 19), S. 744.

명하지는 않다고 한다.[44]

2) 형식적 개념설

헨케(Henke)에 의하면 독일의 통설은 공화국의 헌법원리는 단지 국가원수의 문제를 규율할 뿐인데, 다시 말해서 군주는 존재해서는 안 된다는 것 "그 이상도 그 이하도 아니다"[45]라고 한다. 그리고 대부분 이 개념은 그 전통으로 인하여 그 밖의 의미를 동반하기는 하지만, 그것들은 이미 민주주의와 법치국가원리로 들어가 있으며, 따라서 더 이상 공화국 원리로 간주되지 않는다는 것이다.[46] 그러므로 '공화국(Republik)'이라고 하는 단어는 헌법원리에 속하지도 않으며, 따라서 기본법 제79조 제3항에도 포함되지 않고, 자유민주적 기본질서에도 속하지 않는다고 하는 견해도 주장되고 있다.[47]

3) 실질적 개념설

이에 반하여 이 공화국의 헌법원리는 기본법 초기부터 군주제 외에도 모든 다른 형태의 개인의 지배뿐만 아니라 인민민주주의(Rätedemokratie), 관헌국가와 독재를 배제하며 또한 독일어로 공화국은 "자유로운", "국민

---

44 Eckart Klein, 앞의 글(주 19), S. 744.

45 Roman Herzog, in: Maunz/Dürig, Kommentar zum GG, Absschn. III zu Art. 20, Rn. 5를 인용하며 W. Henke, 앞의 글(주 29), Rn. 7.

46 Klaus Stern, Das Staatsrecht der Bundesrepublik Deutschland I, 1984. § 17, I 1, I 5, II 2 등을 인용하며 W. Henke, 앞의 글(주 29), Rn. 7.

47 W. Henke, 앞의 글(주 29), Rn. 7.

국가적인", "반독재적인", "자유국가" 등을 의미한다고 주장되어 왔다.[48]

헷세(Hesse) 역시 "옛날 공화국개념과 그 밖의 공화국개념"을 나누어서 후자는 국가를 res publica, 즉 공동체로 구성하며, 또한 집권자에게 공공복리(salus publica)와 공통의 최선을 지향할 의무를 부과하고, 그러한 한에서 민주주의와 법치국가원리와 더불어서 나름대로의 의미를 유지해 왔다고 주장하였다. 헷세는 또한 따라서 국가권력이 "고유한 권리로부터" 원칙적으로 무제한하고 전헌법적으로 주어졌다고 이해하는 군주제적 원리에 뿌리를 두고 있는 모든 국가관도 금지된다고 보고 있다.[49]

뢰브(Konrad Löw) 역시 이러한 견해를 지지하고 있다. 그는 그것이 이데올로기이든 정당이든 또는 사람이든 간에, 모든 형태의 유일지배(Alleinherschaft)에 대한 거부로 공화국을 이해하고 있는데, 그는 모든 지배는 구성원에 대한 봉사로 연결되어 있고, 또한 시민의 종이 되는 그러한 공동체를 공화국으로 이해한 토마(Thoma)의 견해를 쫓고 있다. 나아가 이젠제(Isensee) 역시 공화국의 풍부한 역사로부터 공화국은 국가와 사회, 제도와 윤리를 포괄하는 자유로운 질서의 전체를 위한 이름으로서 오늘날에도 여전히 의미가 있다고 하는 결론을 끌어내고 있다. 그리고 직무윤리와 공공의식, 덕목과 책임은 공화국과 맞닿아 있다고 보는 것이다. 그런데 헨케(Henke)에 의하면 이 두 사람은 공화국원리를 헌법원리와 현행법으로서가 아니라, 단지 정치적인 것으로 설명하고 있을 뿐이다. 이에 반하여 헨케(Henke)의 경우 같은 방향을 지향하기는

---

48 Wernicke, in: BK (Erstb.), Anm. A II 1 a zu Art. 20 (단순히 이름만은 아니다)를 인용하며 W. Henke, 앞의 글(주 29), Rn. 8.

49 콘라드 헷세 저/계희열 역, 통일 독일헌법원론[제20판], 박영사, 2001, 79-80쪽.

하지만 헌법과 헌법사의 한계로 넘어가고자 하고 있다.[50]

그러므로 이하에서는 공화국의 헌법적 효력과 그 한계를 찾으려 시도하고 있는 헨케(Henke)와 그뢰쉬너(Gröschner), 클라인(Klein)의 공화국원리에 대해서 좀 더 자세히 살펴보고 대체로 독일에서의 실질적 개념 논의의 대략적 윤곽 내지 공통분모를 추출해 보고자 한다.

① 헨케(Henke)

헨케(Henke)는 공화국개념이 통설이 주장하는 바와 같이 공허한 개념이라면 헌법규범적 효력을 발휘할 수 없을 것이며, 국가원수의 문제는 기본법 제54조 이하에 규정되어 있기 때문에 기본법 제20조에서 공화국개념은 도대체 무의미하게 될 것이라고 하면서, 공화국개념이 가지는 "철학적 또는 윤리적"(Stern)일 뿐만 아니라 정치적인 특수성에 비추어 볼 때, 자유로운 헌법을 둘러싼 그렇게 중요한 역사적 투쟁의 계기를 헌법으로 전환시키는 것을 배제하고, 그 보완적 효력을 포기하며, 또한 그것을 무의미한 내용으로 치부해 버리고 마는 것은 경솔한 것으로 보인다고 주장하고 있다. 물론 그 존속의 전제조건은 그 내용이 군주제금지에서 끝나지 않는다는 점이라는 것이다.[51]

헨케(Henke)에 따르면 이 공화국원리는 독일 기본법상 자유민주적 기본질서의 일부이기도 하다. 이 자유민주적 기본질서의 개념은 기본법제정자가 자유민주적 기본질서에 대한 공격을 감행하는 정당(기본법 제21조 제2항), 단체(기본법 제9조 제2항), 그리고 개인(기본법 제18조)에 대하여 정치적 의사형성에의 참여를 배제하고 법관에게는 그 직을

---

50 W. Henke, 앞의 글(주 29), Rn. 9.

51 W. Henke, 앞의 글(주 29), Rn. 7.

상실하게(기본법 제98조 제2항) 할 수 있으며, 또한 그러한 공격에 대하여 특별한 자유제한을 허용(기본법 제10조 제2항 제11조 제2항)하고, 특수한 공무원을 규정하며(기본법 제73조 제10호b), 모든 무력동원(기본법 제87a조 제4항)과 저항(기본법 제20조 제4항)을 허용함으로써, 모든 공격을 배제하는 그러한 국가질서의 기초를 지칭하는 것이다. 다시 말해서 공화국의 원리는 자유로운 질서를 보장하기 위해서는 공화국의 보호도 불가결할 정도로 매우 중요하고 다른 헌법원칙들과 밀접한 관계에 있다고 하는 것이다.[52]

② 그뢰쉬너(R. Gröschner)의 입장

그뢰쉬너(Gröschner)는 실질적 개념설에 입각하여 공화국에 대하여 대표적으로 가장 자세한 연구를 수행하였는데, 일단 기본법의 헌법제정회의 회의록들로부터 얻을 수 있는 기본적 합의는 - 당시에는 당연하고 오늘날에는 의미가 없는 - 군주제에 대한 거부를 포함할 뿐만 아니라, 군주제적 국가형태에 대한 단순한 부정 그 이상을 의미한다고 하는 것이 일반적으로 받아들여졌다고 파악하고 있다.[53]

그에 의하면 기본법상 공화국개념은 "자유국가(Freistaat)"와 "자유로운 질서(freiheitliche Ordnung)"와 마찬가지로 그 자유질서(Freiheitsordnung)의 정당성(Legitimation)과 형성(Gestaltung)에 관한 풍부한 원리를 포함한다고 한다.

---

52 W. Henke, 앞의 글(주 29), S. 865.

53 R. Gröschner, 앞의 글(주 22), § 23, Rn. 2. S. 370, S. 378 f. Klein은 공화제가 군주제에 대한 거부를 의미한다고 하는 것은 규범적으로 논란의 여지가 없이 인정될 수 있는 것이기도 하지만 그렇다고 하여 그것이 무의미한(obsolet)것만은 아니라고 보고 있다. Eckart Klein, 앞의 글(주 19), S. 744.

우선 공화주의 원리는 정당성원리로서 反專制(반전제), 反全體主義(반전체주의) 그리고 反無政府主義(반무정부주의)로 기능한다는 것이다. 반전제라는 것은 종교, 형이상학 등 고차원적 법으로부터 나오는 모든 지배의 정당화를 부인하는 의미이다. 그리고 반전체주의라는 것은 자유를 부정하는 모든 질서에 대한 반대를 의미한다. 반무정부주의는 질서를 부정하는 모든 자유에 대한 반대를 의미한다. 이러한 자유질서의 개념적 구성요소들의 보완관계는, 객관적인 최적화명령(Optimierungsgebot)으로서 공무원법관계에 있어서 공공복리를 구체화함에 있어서 자유와 질서간의 최선의 조정을 요구하는 형성원리의 내용을 이루기도 한다는 것이다. 국민을 위한 지배의 공화제적 정당성원리는 - 이는 국민에 의한 민주주의적 지배와 엄격하게 구별될 수 있다고 하는데 - 어떠한 법초월적 권한(metarechtliche Befugnisse)을 원용하는 것을 배제하는 한에서, 이러한 형성원리 가운데서 계속적으로 기능을 발휘하게 된다는 것이다. 국회의원과 공무원이 개별적 결정들을 통과시키는 체계라고 할 수 있는 공무원법 관계 차원에서, 공공복리를 어떻게 구체화시킬 것인가는 기본권과 일반적인 절차법에 의해서가 아니라, 특별한 국회법과 공무원법에 의해 규율되어 있기 때문에, 공화국의 공직원리(Amtsprinzip)는 법치국가원리하고도 잘 구별될 수 있다고 한다.[54]

그뢰쉬너는 나아가 민주주의 원리와 법치국가원리에 대하여 공화주의원리를 다음과 같이 구별하고 있다. 즉 민주주의는 주권의 소지자에 의하여 국가행위를 정당화하고 특히 선거와 투표절차를 통하여 절차적으로 기능하는 데 반하여, 공화주의는 정당성과 관련해서는 공공복리

54 R. Gröschner, 앞의 글(주 22), Rn. 73.

(Gemeinwohl)를 지향하며, 구체적 형성과 관련해서는 전적으로 공직이라고 하는 제도에 의존한다는 것이다.[55]

법치국가는 모든 국가권력을 법률에 구속시킬 것을 요구하는 데 반하여, 공화국은 법률에 의해서나 법률을 근거로 하는 공공복리이념의 구체화를 요구한다는 것이다. 공화국의 공무원질서 가운데서 이루어지는 공공복리이념의 구체화작업은 추상적인 가설로부터 구체적인 결론을 도출하는 연역적 방법으로는 완전히 잘못될 수 있기 때문에, 공무원의 결정을 어떠한 이유에서 어떻게 내려야 하는지 그 방법이 제시된다고 한다.[56]

공화국의 필수불가결의 요건으로서 이 공직제도는 기본법 제79조 제3항의 헌법개정의 한계에도 포함된다고 한다. 일반적 공직윤리를 특별한 직무의무로 압축시키는 과정을 밝히 드러내고, 이러한 배경 하에서 공공복리구체화의 방법(Modus)이 공직에 적정한 것으로 보이게 할 수 있거나, 또는 그렇지 않게 함으로써 토마(Richard Thoma)가 말하는 소위 "전체에 대한 봉사"라고 하는 공화주의적 덕목도 이러한 공직을 통해서만 헌법적인 중요성을 얻게 된다는 것이다. 이에 반하여 소위 시민사회는 부르주아(Bourgeois)가 스스로의 정치적 통찰을 통하여 책임 있는 시민(Citoyen)으로 거듭날 것을 기대하지 않으면 안 된다는 것이다.[57]

③ 클라인(Klein)의 입장

클라인은 비교적 최근인 2009년도에 앞에서 인용한 "독일에서의 공

---

55 R. Gröschner, 앞의 글(주 22), Rn. 74.

56 R. Gröschner, 앞의 글(주 22), Rn. 74.

57 R. Gröschner, 앞의 글(주 22), Rn. 74.

화주의적 사상 – 몇 가지 역사적 및 현재적 고찰"이라고 하는 논문[58]에서 그간 논의된 독일에서의 공화국원리에 관하여 나름대로 헌법적 내용과 정치적 또는 윤리적 내용의 한계를 그으려 노력한 것으로 보이는데, 좀 더 자세하게 살펴보면 다음과 같다.

ⅰ) 모든 형태의 專制(Despotie)에 대한 거부

중요한 것은 공화국은 모든 형태의 전제나 독재(Despotie oder Tyrannei)는 그것이 어떠한 이유로 어떻게 정당화되든지 간에 그에 대하여 반대한다는 것이다. 왜냐하면 이러한 전제나 독재는 원칙적으로 자유에 적대적이기 때문이다. 1933년 히틀러가 보여주었듯이 민주주의 원칙들만 가지고서는 그러한 독재를 막아내기에 충분하지 않았다는 것이다. 민주적 다수결에 대비한 법치국가적 보장장치가 중요하기는 하지만 그러한 위험상황에서는 예상컨대 너무 늦다는 것이다. 따라서 공화국의 본질이라고 할 수 있는 자유로운 질서(freiheitliche Ordnung)가 논의될 수 있다면, 이것이 더 낫다고 하는 것이다. 가령 연방대통령이 수상선거를 위해서 필요한 다수결로 선출된 히틀러를 수상으로 임명하지 않을 수 있을 것이라는 것이다. 연방대통령이 이와 같이 수상임명의 거부를 통해서 통제를 하는 경우 이는 기본법상의 공화제적 법치국가 하에서는 기관쟁송의 대상이 될 수 있기는 하지만 연방헌법재판소도 연방대통령과 같이 헌법상 공화제원리에 구속된다고 하는 것이다.

다음으로 시민의 평등에 기반하고 있는 공화국은 신분제국가와 인민위원회국가(Rätestaat)를 배제한다고 한다. 즉 공화국은 인적 지배와 모

---

58 Eckart Klein, 앞의 글(주 19), S. 742.

든 형태의 종교적, 형이상학적, 이데올로기적 지배권의 창설에 대한 거부를 포함한다는 것이다.[59] 공화국에서의 지배권행사는 단지 시민이 평등할 때에만 민주적으로 정당화될 수 있겠지만, 민주적인 방법이라고 해서 지배권의 행사가 임의적으로 이루어지는 경우 시민의 자유가 해쳐질 수 있다. 민주주의가 소수의 독재(Tyrannei)에 대한 한계원리인 것과 같이, 공화주의는 다수의 독재에 대한 한계원리라는 것이다.[60]

기본법상 공화국원리의 중점적인 것은 규범적으로 존재하는 국가가 공공복리(salus publica; bonum commune)를 지향해야 한다는 점이다. 물론 공화국을 천명한다고 해서 이로부터 공공복리의 정의를 연역해 낼 수 있다고 보는 것은 오해라고 한다. 오히려 이 공공복리의 정의는 법치국가적으로 통제된 민주주의적 입법과정에서 찾아질 수 있는데, 이러한 입법과정에서 공공복리를 다원적 사회 내에서 심지어 상호 충돌하기도 하는 사익과 형량하는 과정에서 이러한 공공복리의 정의가 결정되지 않으면 안 된다는 것이다.[61]

이와 관련하여 국회의원은 자유위임에 근거하여 전체 국민의 대표자이기 때문에 사익에는 구속되지 않는다. 그러한 한에서 국회의원은 공공복리에 구속되는 "공직"을 수행하는 것인데, 마치 이는 국가의 공무원조직이 진정으로 공화주의로부터 얻어진 일종의 전리품으로 간주될 수 있으며, 또한 이러한 공공복리구속의 원칙 하에서 공무원조직은 그 어떠한 처분 하에 놓여서도 안 된다고 한다.[62]

---

59 R. Gröschner, 앞의 글(주 22), S. 402 f; W. Henke, 앞의 글(주 29), S. 873 - Eckart Klein, 앞의 글(주 19), S. 744.

60 Eckart Klein, 앞의 글(주 19), S. 745.

61 Eckart Klein, 앞의 글(주 19), S. 745.

62 Eckart Klein, 앞의 글(주 19), S. 745.

이러한 관점에서 오늘날 광범위하게 이루어지고 있는 국가조직의 민영화 문제를 바라볼 수 있다고 한다. 왜냐하면 민영화가 공직이라고 하는 제도 자체를 건드리는 것은 아니라 하더라도 공직의 공공복리에 대한 구속을 사실상 유명무실하게 할 수 있기 때문이라는 것이다.[63]

이에 반하여 그는 규범적으로 이해한 기본법상의 공화국원리와 그리고 평등한 사람들의 공동체라고 할 수 있는 공화국에 있어서의 시민의 자유로부터 무정부사상이나 동일성 민주주의의 관념은 끌어낼 수 없다고 본다. 오히려 국가와 사회, 공적인 영역과 사적인 영역의 구별이 자유의 보장을 위하여 불가결하다는 것이다. 그러한 구분을 해체하는 경우 그와 결부되어 있는 명백한 잠재적 위험성과 함께 공화국원리를 해치게 될 것이라는 것이다.[64]

그리고 사회적 영역에 귀속될 수 있는 정당을 공화국원리로 구속시키는 경우 이는 규범적으로 자유를 해칠 수 있으며, 따라서 정당해산제도의 범위를 넘어서는 경우 이는 공화제원리에 반할 수 있다고 한다.[65]

ii) 실질적 내용의 규범적 도출의 한계

그러나 그는 이 말이 개인이나 정당 등 사회적 단체에 대하여 공화제적 요구와 기대를 전혀 할 수 없다는 것을 의미하는 것은 아니라고 한다. 다만 이러한 기대가 있다 하더라도 그것이 규범화될 수 있는 것은 아니고, 계속적인 발전과정에서 지향해야 할 "규제적 이념(regulative

---

63 Eckart Klein, 앞의 글(주 19), S. 745.
64 Eckart Klein, 앞의 글(주 19), S. 745.
65 Eckart Klein, 앞의 글(주 19), S. 745.

Idee)"이 될 수 있을 뿐이라는 것이다.[66]

여기에 속하는 것으로는 가령 국가 전체에 대한 시민의 책임의식, 즉 국가는 모든 사람들과 관계된다는 인식이다. 가령 국가나 사회적 영역에서의 명예직의 수락과 같이 공동체를 위한 참여에서 드러나는 그러한 시민정신(Bürgerethos)이 포함된다. 다만 공화국에 대한 신봉이나 선언으로부터 시민의 직접적인 법적 의무가 도출되지는 않는다는 것이다. 그리고 일반적인 병역의무나 여러 가지 형태로 시민사회에 적극적으로 참여할 의무가 도출되는 것은 아니다. 왜냐하면 이러한 의무들과 또한 그 의무의 사실상의 강제는 다시금 공화제이념에 반한다는 것이다. 왜냐하면 공화국은 공화국 시민의 자유로운 동의에 기반하고 있기 때문이다. 공공복리를 위한 생명의 희생의 경우도 마찬가지인데, 이것은 개인에게 일반적인 시민의 의무로서가 아니라, 헌법과 합치하는 다른 특별한 의무를 근거로 해서만 부과될 수 있기 때문이라는 것이다.[67]

한편 공화국원리에 내재되어 있는 국민의 평등으로부터 공동체질서로부터의 국민추방금지가 도출된다고 한다. 그리고 이러한 추방금지는 법치국가 및 기본권적 근거에 의하여 무국적자에게도 적용된다고 한다. 한 가지 예외는 – 전적으로 공화국이념의 논리에 따라 – 기본법 제18조에 규정된 기본권실효(基本權失效)의 경우인데, 기본권실효에 대한 종국적 선언은 정당해산과 마찬가지로 연방헌법재판소에 유보되어 있다. 즉 자유민주적 기본질서에 대한 투쟁을 위하여 일정한 기본권을 남용하는 자에게는 그 기본권이 실효된다. 이 기본법 제18조는 공화국원리와 논리적으로 합치되기는 하지만, 그로부터 직접 연역될 수 있는 결

---

66 Eckart Klein, 앞의 글(주 19), S. 745.
67 Eckart Klein, 앞의 글(주 19), S. 745.

론인 것은 아니라고 한다.[68]

iii) 민주주의와 법치주의의 공화주의적 보완

그리고 공화국은 민주주의, 법치국가원리와 사회국가원리와 마찬가지의 계속된 헌법적 논의에 있어서 그다지 문제해결을 위한 논점(Topos)으로 사용되지 않고 있다는 것도 타당하다. 그렇지만 자세히 검토해 보면 공화국의 논거는 그 특수한 의미를 잃지 않고 있다고 한다. 즉 공화국은 다른 개념들 배후에서 이러한 개념들에 대하여 일정한 의미에서 "질서"를 환기시킴으로써, 일종의 규제적 요소로 기능한다고 한다. 민주주의가 국민이 어떻게 자기 스스로에 대한 지배에 참여할 수 있으며, 자유로부터 지배가 어떻게 정당화될 수 있는지를 말해 주고 있고, 또한 선거와 투표 등과 같이 적절한 절차를 정해주기도 하지만, 동시에 다수결원리를 통하여 어떠한 결정이 내용적 자의에 빠질 수 있는 가능성도 열어두고 있기도 하는데, 공공복리에 대한 지향, 그리고 국민에 대한 책임 하에 공공복리에 대한 형성과 실행을 규율하는 것은 민주주의원리에 내재되어 있지는 않다는 것이다. 즉 "책임"과 "질서"는 공화국적 사고의 산물이라는 것이다. 민주주의와 공화국은 마치 자유와 자유로운 질서(freiheitliche Ordnung)와 같은 상호 작용을 한다는 것이다.[69]

또한 독일 헌법상 공화국 이념은 법치국가사상과도 밀접하게 연결되어 있기는 하지만 동일한 것은 아니라고 한다. 또한 양자의 서로 다른 근거와 한계설정을 발견할 수 있다고 한다. 즉 모든 국가권력을 법률과 법에 법치국가적으로 구속시키는 것과 그리고 그에 대한 법관의 통제

---

68 Eckart Klein, 앞의 글(주 19), S. 745.
69 Eckart Klein, 앞의 글(주 19), S. 746.

는 공화국에 의해서 요청되는 법률의 공공복리관련성에 대해서는 미결인 채로 두고 있으며, 또한 법률적인 가치전체주의로부터도 보호하고 있지 못하다. 그리고 그로부터 나오는 일반적인 자유에 대한 위험을 사람들은 개인적 기본권침해로 파악하고 법치국가적 구제를 도모할 수 있을 것이지만, 그 배후에는 공화국 이념이 존재한다는 것이다. 또한 사회국가와 관련해서도 이 공화국 이념이 사회국가가 자유주의적으로 정돈된 길을 따르도록 유도하는 기능을 한다는 것이다.[70]

④ 드라이어(Horst Dreier)의 실질적 개념설에 대한 비판론

이러한 실질적 개념설에 대하여 비판적인 대표적인 학자 중 하나가 드라이어(Dreier)이므로, 그의 입장에 따라서 실질적 개념설을 취할 경우에 어떠한 헌법적 문제점들이 있는지를 살펴보기로 한다.

우선 만일에 공화국을 이와 같이 확대해석하게 되면 법학적인 엄밀성(juristische Trennschärfe)이 훼손될 수 있다는 것이다. 왜냐하면 자유주의, 민주주의, 법치국가 그리고 그 밖의 기타 "적극적"으로 자리잡고 있는 관점들이 서로 뒤엉켜 있는 하나의 융합개념으로부터, 어떠한 정밀한 헌법이론적 결론들이 나오기는 힘들기 때문이라는 것이다. 오히려 이와 같은 헌법이론적 결론들은 이미 기본권이나 민주주의원리와 법치국가원리에 법이론적으로 더 엄밀하게, 따라서 법학적으로 더 만족할 만하게 자리를 잡고 있다는 것이다. 그리하여 공화국개념으로부터 무엇인가를 얻고자 하는 경우에 개념들의 상대화, 불필요한 중복과 회피가능한 충돌을 초래하게 되며, 이것은 오히려 전술한 기본권, 민주주의, 법치

---

70 Eckart Klein, 앞의 글(주 19), S. 746.

국가원리 등의 요소들 가운데 더 정밀하게 규정되어 있고 또한 더 신뢰할 만 하게 보장되어 있다는 것이다.[71] 결국 "좋은 질서"의 총괄개념으로서 공화국개념으로 회귀하는 것은 법적 명확성의 관점은 물론, 자유의 관점에서도 아무런 득을 가져다주지 않는다는 것이다. 오히려 정반대로 그것은 공화국개념에다가 임의적으로 주장하고 싶은 내용을 과잉하게 실어 넣는 과적(voluntaristischer inhaltlicher Aufladung)의 위험성과, 그로 인하여 개념적으로 선명한 윤곽을 상실할(Konturenlosigkeit) 위험성만을 초래한다는 것이다.[72]

"공공복리지향"(Gemeinwohlorientierung) 역시 법적으로 운용가능한 아무런 추가적인 관점을 가져다주지 못한다는 것이다. 공공복리는 민주적 헌법국가에서는 고정되어 있고 선존하는 어떠한 크기가 아니라, 이익과 무관하지는 않지만 다원적인 정치의사형성과정의 산물이라는 것이다. 국회의원, 공무원과 판사들이 국가적 결정행위를 구체화함에 있어서 특정한 "그" 공공복리를 세워놓는 것은, 정당국가적 민주주의의 기능과 또한 수많은 법영역의 복잡성은 물론, 고려해야 할 다른 수많은 원리들을 오해하는 것이며, 나아가 그 공공복리개념을 채우는 일이란 결정권자가 그때그때 공공복리와 관련하여 요청된다거나 공공복리에 부합한다고 생각하는 바가 무엇인지를 직접적으로 파악하는 일로 전

---

71 H. Dreier, 앞의 주석(주 42), Rn. 21.

72 가령 중요한 모든 헌법적 원칙들을 이 공화국개념에 전부 융합하고 있는 사람으로 G. Robbers, Republik, in: FS Herzog zum 75. Geburtstag, 2009, S. 379 ff. 그에 따르면 공화국원리는 군주제와 독재의 금지를 보장할 뿐만 아니라, 국민주권, 사회국가원리, 연방국가적 요소, 기본권과 인권 그리고 공직윤리가 포함된다는 것이고, 그리하여 공화국을 총괄원칙, 상위원칙으로 칭하고 있다(S. 389). H. Dreier, 앞의 주석(주 42), Rn. 21, Fn. 80에서 재인용.

환하게 만든다는 것이다.[73]

다만 드라이어는 한편으로 자유주의와 공화주의 사이의 제3의 길을 찾고 또한 이러한 방법으로 자유와 지배의 균형을 보다 잘 잡기 위한 목적으로, 법치국가적이고 민주주의적인 헌법요소들을 하나의 새로운 논거로 설명하고자 하는 경향들이 나타나고 있는데, 이러한 소위 공화주의는 헌법적으로가 아니라 사회철학적−정치이론적으로 구상된 것이라고 하면서, 우리가 만일 공화국을 이러한 의미에서, 공무원의 윤리와 마찬가지로 시민의 공공의식(Gemeinsinn)을 똑같이 요구하는 윤리적 촉구개념으로 이해하는 경우, 법적인 손실을 두려워할 필요가 없이, 전현대적인 "공화제적" 전통들이 실제로 활성화될지도 모른다고 덧붙이고 있다.[74]

그리고 드라이어는 이 공화국원리를 기본법상 헌법질서의 만능열쇠개념으로서 구상하고자 하는 시도들은 헌법이론적인 시각에서 제기되는 강력한 문제에 봉착하게 될 것이라고 경고하고 있다. 그리고 또한 자신의 헌법정책적 목적과 선호를 공화적인 것으로서 그리고 이와 함께 기본법적으로 요청되는 시민사회의 핵심에 속하는 것으로 보이게 하기 위해서, 가령 칸트이론을 재구성하여 공화국개념을 도구화하는 경우에도 결국 어떠한 결론에 이를 전망은 보이지 않는다는 것이다.[75]

드라이어는 공화국을 자유로운 질서의 "내용적으로 풍성한 정당화와 형성의 원리"로서 수립하고 그러한 한에서 법치국가원리와 민주주의원리 보다 더 우위의 원리라고까지는 아니더라도 동등한 원리로 취급하고자 하는 시도들에 대해서도 마찬가지로 회의적 시각을 드러내고 있다.

---

73 H. Dreier, 앞의 주석(주 42), Rn. 22.
74 H. Dreier, 앞의 주석(주 42), Rn. 23.
75 H. Dreier, 앞의 주석(주 42), Rn. 24.

가장 전면에 내세워지고 있는 국가의 공무원법질서가 비역사적으로 과도하게 격상되고 있으며, 공화제적 공공복리 사상도 민주주의적 정당화요소 및 법치국가적 정당화요소와 거의 해결할 수 없을 정도로 긴장관계에 빠지고 있다는 것이다.[76]

다음과 같은 여러 가지 시도들은 모든 종류의 헌법적 분쟁들을 해결할 수 있는 만능열쇠로 공화국개념을 확대시키는 경우의 가능한 결론들을 잘 보여주고 있다고 한다. 즉 가령 일정한 형태의 법관임명을 공화적인 것으로 보면서 다른 경우를 헌법적으로 배제되는 것으로 간주하거나, 일정한 유형의 직접민주주의를 기본법상 공화국원리에 대한 위반으로서 낙인을 찍거나[77], 정치적으로 선호하는 국적모델을 공화제적 국가관의 산물로 정립하고자 하는 시도 등이 그것이라는 것이다.[78] 이러한 시도들은 공화국원리의 높은 규범적 서열을 고려할 때, 공화국원리를 이러한 방식으로 읽게 되면, 결국 다른 법적 지위들에 대한 광범위하고도 심대한 제한들을 정당화할 수도 있을 것이기 때문에 특히 문제가 있다는 것이다. 즉 이 공화국원리는 기본법의 세분화된 한계체계 대신에 단지 자주 인용되고 있는 "공공복리"를 원용하는 형태만으로도 통일적이고 자의적으로 변경할 수 있는 제한유보(Eingriffsvorbehalt)를 정립하고 있다고 하면서, 이는 유보 없이 보장되는 기본권들을 기본법 제2조 제1항의 제한체계에 따라서 단순한 법률유보 하에 놓게 하는 결과를 야기할 것이라고 한다.[79]

---

76 H. Dreier, 앞의 주석(주 42), Rn. 25.

77 R. Gröschner, 앞의 글(주 22), Rn. 58, 60, 62 ff.를 가리키며, H. Dreier, 앞의 주석(주 42), Rn. 26.

78 H. Dreier, 앞의 주석(주 42), Rn. 26. 각주 96의 문헌을 가리키며.

79 H. Dreier, 앞의 주석(주 42), Rn. 26.

⑤ 드라이어(Dreier)에 대한 그뢰쉬너(Gröschner)의 반론

이러한 드라이어의 비판에 대하여 그뢰쉬너는 다음과 같이 반론을 펴고 있다. 즉 만일 우리가 공화국원리로부터 기본권과 민주주의원리 그리고 법치국가원리에 정착되어 있는 바를 끌어내고자 할 경우에는 법학적으로 개념구분의 모호성에 이르게 될 것이며 또한 불필요한 중복과 회피할 수 있는 충돌에 이르게 될 것이라고 하는 드라이어의 우려는 원칙적으로 정당하고, 다양한 공무원법 관계의 논의에서도 고려가 되고 있기는 하나, 교차되지 않는 순수한 공화제적 근거(Ansatz)와 관련해서는 이러한 우려가 타당하지 않다는 것이다. 즉 여기에서 문제되는 것은 정무직과 행정직을 통한 통치권의 행사와 국회의원에 의한 대의권한의 행사를 기본권합치적이며 민주적이고 또한 법치국가적으로 형성하는 것이 아니라, - 이것은 결코 공직원리의 문제가 아니라고 하면서 - 공화주의적 공직수행의 지침(Leitstern)으로서 전체에 대한 지향을 재수립하는 것이 문제된다는 것이다.[80]

(5) 독일논의에서 얻는 시사점

공화국원리에 관한 바이마르 공화국 헌법과 기본법 제정 과정과 그리고 그 이후의 논의로부터 나오는 시사점 몇 가지를 정리하면 다음과 같다.

바이마로 공화국 헌법 제1조는 우리와 마찬가지로 제1항 독일제국은 공화국이다. 제2항 국가권력은 국민으로부터 나온다고 규정하고 있는

---

80 R. Gröschner, 앞의 글(주 22), Rn. 44.

데, 이러한 바이마르 공화국 제정 단계에서의 헌법초안에서는 이미 독일제국은 민주적, 사회적 공화국이라고 하는 안이 제안된 바도 있었다. 그리고 토마와 같은 학자들은 이미 이때부터 공화국으로부터 실질적인 의미를 부여하려 하였음을 알 수 있고, 안쉬츠와 같은 다른 헌법학자도 제2항의 국민주권선언과 더불어서 이 공화국조항을 민주공화국으로 새겼음을 알 수 있다.[81]

독일의 공화국 개념이 그리스나 로마 정치철학과 근대 철학자들의 사상에 뿌리를 둔 개념이었음을 고려해 볼 때, "공공복리지향", "자유", "평등", "책임", "질서", "공직윤리", "시민의 덕목" 등의 개념요소가 공화국 개념에 내포되어 있다고 보는 데에는 큰 무리가 없다고 여겨진다.

독일 기본법 하에서는 "공화국"이 기본법 제20조와 제28조에서 헌법원리로 강조되고 있으며, 또한 기본법 제79조 제3항에서 헌법개정의 한계로 규정되어 있기 때문에, 이 공화국의 원리는 헌법의 구성원리 중 하나라고 보는 것이 타당하다.

기본법상 공화국원리는 단순히 군주제의 거부를 넘어서, 모든 전제에 대한 거부, 종교적, 형이상학적, 초월적인 지배에 대한 정당화의 거부, 다수의 독재에 대한 한계원리로서의 공공복리지향성, 국회의원과 공무원의 공직윤리와 책임의 헌법적 소재지로 해석하는 것이 타당해 보인다.

이러한 독일논의에서의 시사점을 참고삼아 우리 헌법에 대한 해석을 도모해 보기로 한다.

---

81 이 점을 고려해 볼 때 우리 학계에서 대한민국임시헌장 제1조의 "민주공화국" 개념의 독창성을 지나치게 강조하는 것은 재고할 필요가 있음은 전술한 바와 같다. 다만 시기적으로 볼 때 바이마르 공화국 헌법보다 우리 대한민국임시헌장이 몇 개월 앞섰던 것은 사실이다.

2. 대한민국 헌법 제1조 민주공화국에 대한 해석

헌법의 해석방법 역시 전통적인 법해석방법을 완전히 떠나서 존재할 수는 없고, 문법적, 논리적, 역사적, 체계적 해석과 목적론적 해석 등을 동원하되, 헌법의 개방성과 광의성이라고 하는 특성을 감안하여 새로운 헌법해석의 관점들을 다양하게 고려하지 않으면 안 된다. 그러므로 헌법의 구조원리와 관계된 해석의 경우에도 전통적인 방법 가운데 어느 한 해석방법에만 치우칠 수는 없으나, 민주공화제와 같은 경우 특히 그것이 서구의 민주제와 공화제사상 그리고 민족자결주의 등의 사조에 영향을 받아 3·1독립선언서를 기초로 하여 대한민국임시헌장을 거쳐 대한민국 헌법 제1조가 탄생하게 되었고, 또한 현행헌법은 대한민국임시정부의 법통계승을 전문에서 선언하고 있는 점 등을 중요한 논점으로 감안하지 않으면 안 될 것이다. 우선 이하에서 (민주)공화국에 대한 해석론들을 먼저 살펴 본 후, 우리 헌법 제1조를 어떻게 해석해야 할 것인지에 대하여 결론을 내려 보고자 한다.

(1) 형식적 개념설

우리 학계의 지배적인 학설 역시 민주공화국과 관련하여 공화국의 의미를 군주제의 부정 내지 거부로 해석하고 오늘날 이미 군주제가 극복된 이상 이 공화국의 의미는 더 이상 커다란 의미가 없는 것으로 대체로 이해하고 있는 것으로 보이는데, 이것 역시 독일 통설의 영향을 받은 것 아닌가 생각된다.

유진오 박사는 그의 헌법해의에서 헌법 제1조에 대하여 다음과 같이 설명을 하고 있다. "본조는 대한민국의 국가의 국체와 정체를 제정하였는데 보통 공화국이라 하면 세습군주를 가지고 있지 않은 국가를 말하고 또 20세기 초기에 이르기까지에는 공화국과 민주국은 동의어로 사용하였으며 각 민주국가는 「공화국」(republic)의 명칭만을 사용하는 것이 보통이었다(예, 와이말독일헌법, 구파란헌법, 기타 각 민주국가헌법). 그러나 근시에 이르러서는 공화국중에도 권력분립을 기본으로 하는 민주정체를 채택하는 국가도 있고(예, 영미불일 등), 의회제도와 사법권의 독립을 폐지 혹은 유명무실하게 하는 독재정체를 채택하는 국가도 있고(예, 나치스독일, 파시스트이태리), 또 소련과 같이 3권귀일을 기본으로 한 쏘베트제도를 채택하고 있는 국가도 있어 공화국의 정부형태가 동일하지 않음으로 본조에 있어서 우리 나라는 공화국이라는 명칭만을 사용하지 않고 권력분립을 기본으로 하는 공화국임을 명시하기 위하여 특히 「민주공화국」이라는 명칭을 사용한 것이다. 제2차 세계대전 이후에 제정한 불란서신헌법과 이태리신헌법도 「공화국」이라는 명칭만을 사용하지 않고 「민주공화국」이라는 명칭을 사용하고 있다(불헌 제1조, 이헌 제1조). 이상을 요언하면 대한민국의 국체는 「공화국」이며 정체는 「민주국」인데 그를 합하여 「민주공화국」이라 한 것이다"[82]

그리고 그는 각주에서 군주국가를 전제군주국가와 입헌군주국가의 2유형으로, 공화국가를 귀족정치국가, 과두정치국가(독재정국가), 민주정치국가, 쏘베트정치국가의 4유형으로 나누고 있다.[83]

---

82 유진오, 헌법해의, 명세당, 1949, 19-20쪽.
83 유진오, 앞의 책(주 82), 20쪽.

유진오의 이러한 국체·정체 구별론[84]은 공화국을 군주제의 거부를 넘어서 종교적, 형이상학적, 이데올로기적인 지배의 정당화에 대한 거부와 모든 종류의 전제에 대한 거부를 포함하는 공화국의 실질적 이해에 따를 경우 단순히 세습군주의 거부를 기준으로 하는 매우 형식적 개념으로 출발한 것 아닌가 생각되는데[85], 그 이후 우리 헌법학계의 통설[86]은 대체로 유진오 박사의 이러한 설명과 분류를 따른 것 아닌가 생각된다.[87]

(2) 실질적 개념설

최근에 이 (민주)공화국 개념을 실질적으로 이해하려고 시도하는 학설들이 나타나고 있다.

김선택의 경우 전술한 독일의 그뢰쉬너(Gröschner)의 이론을 주로 참고하여, 국민주권이 확립된 오늘날 공화국개념에 대한 종래의 이해는 더 이상 실익을 갖지 못하는 바, 동 개념이 실질적인 내용을 가지는 원리로 이해될 수 있는지, 만약 그것이 가능하다면 헌법해석에 어떠한 구

---

84 오늘날 이러한 국체·정체 구별론은 이미 극복되었고, 민주공화국 자체를 한국의 국가형태로 설명하는 것이 일반화되었다고 하는 지적으로 김선택, 앞의 글(주 16), 230쪽과 우리 학계의 국체·정체구별 무용론들에 대해서는 같은 곳, 각주 40)의 문헌들 참조. 그 밖에 계희열, 헌법학(상), 박영사, 2002, 199쪽.

85 동지, 김선택, 앞의 글, 229쪽과 각주 41)의 문헌들. 그 밖에 내용상 드라이어(Dreier)의 실질적 개념설 비판론에 입각한 것으로 보이는 한수웅, 헌법학 제8판, 법문사, 2018, 104쪽.

86 김선택, 앞의 글(주 16), 231쪽과 각주 41)의 문헌들 참조. 그 밖에 input, output모델로 국가형태를 분류하면서 대한민국 국가형태를 권위주의적 모델에 가까운 제도적 모델로 파악하면서도 민주공화국에 대해서는 형식적 개념으로 이해하고 있는 견해로 허영, 한국헌법론, 박영사, 2015, 206~207쪽; 군주제의 부정과 국민주권주의원리에 따라 권위주의 및 전체주의를 배격함을 의미한다고 하는 성낙인, 헌법학 2018, 법문사, 121쪽 등 다수 학설.

87 김선택, 앞의 글(주 16), 231쪽과 각주 41)의 문헌들 참조.

체적인 결과를 가져올 수 있는지 모색하는 것이 헌법학의 과제라고 전제하면서, (민주)공화국은 헌법원리규정으로서 대한민국이라는 국가를 구성하는 구조적인 원리로서 비군주국이라는 형식원리를 넘어서 "국가 및 공직제도의 본질과 국가와 국민의 관계를 이해하는 패러다임의 전환을 요청하는 실질원리로 이해되어야 한다고 하고 있다. 그는 이러한 실질적 이해를 기초로 한국헌법의 재해석을 시도해 본다면 ① 국가의 정당화원리로서의 민주공화국, ② 헌법적 관계로서의 국가—국민관계, ③ 공화국적 국가상과 인간상, ④ 기본권의 공화국적 이해, ⑤ 국가조직—공직질서의 공화국적 이해, ⑥ 시민의 덕성과 공화국시민교육을 들 수 있다고 하고 있다. 그러면서도 이러한 해석이 개인보다 공동체를 우선시하는 논거로, 즉 국가에게 유리한 추정의 근거로 확장될 경우 그러한 해석이 한국의 후진적인 정치·사회문화와 결합하여 '민주'공화국이 그 역으로 타락할 우려가 있음을 경고하고 있다.[88]

장영수는 좁은 의미의 공화국은 고유의 권리로부터 – 즉 공동체 구성원의 합의와는 상관없이 – 나오는 모든 통치권력, 특히 세습에 의한 권력을 주장하는 군주적 통치권력을 부정하는 국가를 지칭하는 것이며, 넓은 의미의 공화제(res publica: 공동—체)의 요청에 따라 모든 공권력이 공동체에 귀속되며, 공공복리에 봉사하는 국가를 의미한다고 한다. 이러한 공화국을 요구하는 것은 공화국에서만 모든 시민이 자유롭고 평등한 인간으로 살아갈 수 있기 때문이라는 것이다.[89]

이국운은 대한민국은 민주공화국이라고 하는 헌법 제1조를 발화자의 관점에서 읽어보자고 제안을 하면서, 결국 이 민주공화국의 개념에서

---

88 김선택, 앞의 글(주 16), 243-244쪽.
89 장영수, 헌법 제1조, 한국헌법학회(편), 헌법주석[1], 2013, 53-84(64).

자유·평등의 요소를 실질적으로 찾아내려는 시도를 하고 있으며[90], 한상희는 미국에서의 공화주의 논쟁을 소개하면서 우리 공화주의와 대의제 주권론을 연계하여 이해하고자 하는 것으로 보이나 그의 공화국개념의 구체적인 실질 내용이 무엇인지는 파악하기 쉽지 않아 보이고[91], 김종철은 필립 페팃의 신공화주의 이론을 받아들여 우리 헌법 제1조의 민주공화국 원리로부터 반독재이념, 비지배적 자유[92], 시민의 평등을 도출해내고 있다.[93] 한편 이계일은 대부분의 공화주의 연구들이 영미학자들의 이론에 의존하고 있는 것과 달리 독일 헌법학자들의 공화주의에 관한 논의를 상세히 소개하면서 우리 헌법상 공화주의에 대한 헌법해석론 정립을 진지하게 시도하고 있으며[94], 장용근은 실질적 공화국 개념의 입장에서 공화주의로부터 공공선이나 시민적 덕목 등의 의미를 찾고, 법치주의와 민주주의 등 다른 헌법원리와의 개념 구분을 시도한 바 있다.[95]

정치학자들 가운데서 서희경·박명림은 조소앙 선생의 3균주의에 영

---

90 이국운, "대한민국 헌법 제1조의 한 해석", 법과사회 제45호(2013), 233–256쪽.

91 한상희, "민주공화국의 의미 – 그 공화주의적 실천규범의 형성을 위하여", 헌법학연구 제9권 제2집(2009), 27–91쪽.

92 이 '비지배(적) 자유' 개념은 미국 프린스턴 대학교의 정치학 교수 필립 페팃(Philip Pettit) 등이 역설해 온 신공화주의의 핵심적 개념으로서, 우리 정치학계에 상당한 영향을 미치고 있는 것으로 보인다. 이에 관해서는 필립 페팃 지음/곽준혁 옮김, 신공화주의 – 비지배 자유와 공화주의 정부, 나남, 2012.

93 가령 김종철, "헌법전문과 6월항쟁의 헌법적 의미 – 민주공화국 원리를 중심으로", 헌법학연구 제24권 제2호(2018), 211–234(221–225)쪽; 김종철, "공화적 공존의 전제로서의 평등", 헌법학연구 제19권 제3호(2013), 1–38쪽; 비지배적 자유를 강조하는 그 밖의 (정치학적) 문헌들에 대해서는 정태호, 민주공화국 완성을 위한 헌법개정 및 법률차원의 제도개혁, 대한민국임시정부기념사업회·헌법이론실무학회 주최, 3·1대혁명과 대한민국임시정부헌법 – 민주공화국 100년의 평가와 과제, 2019. 4. 6. 발제집 165–200(168)쪽, 각주 8) 참조.

94 이계일, 앞의 글(주 16, 주 18).

95 장용근, "공화주의의 헌법적 재검토", 세계헌법연구 제16권 제1호(2010), 303–330쪽.

향을 가장 강력하게 받은 대한민국 임시헌장의 민주공화제는 결국 균평·균등, 달리 말해서 평등이념을 지향하는 원리라고 주장하면서 공화주의의 실질적 내용을 균평·균등에서 찾고 있다. 우선적으로 3·1운동의 자유·평등·민주주의는 대한민국 임시정부 및 대한민국 국가수립을 위한 헌법적 기본정신이 되었으며 이는 단순한 정신의 계승을 넘어 헌법원칙으로 조문화, 구체화되었음을 의미하며, 이러한 정신은 대한민국임시헌장과 1948년 헌법에 그대로 계승되고 있고, 조소앙 선생의 3균주의 정신이 정치의 민주화는 물론 경제, 사회의 민주화와 균형이념에서 구체화되고 있다고 보고 있다.[96]

(3) 사견

우리 헌법상 민주공화국의 개념을 어떻게 이해할 것인가와 관련해서는 대한민국 임시헌장에 최초로 그 개념이 도입된 역사적 배경으로서 3·1독립혁명과 그 정신, 그리고 그 개념을 구상한 것으로 알려지고 있는 조소앙 선생의 서구 민주주의로부터의 영향가능성, 현행 헌법상 자유민주적 기본질서를 보장하고 있는 민주주의원리, 법치국가원리, 사회국가원리, 직업공무원제도의 보장과 기본권보장 등 헌법 전체적인 체계를 고려하여 결론을 내려야 할 것이다.

민주공화국 개념이 정당화(Legitimation)의 소재라고 하는 것은 우선적으로 인정할 수 있다고 보인다. 즉 공화제원리의 핵심 개념은 무엇보다도 지배에 대한 정당화 문제라고 할 수 있는데, 이데올로기에 의한 정

---

96 서희경/박명림, "민주공화주의와 대한민국 헌법 이념의 형성", 정신문화연구 제30권 제1호 (2007), 77–111(88)쪽.

당화는 여전히 과거와 같이 전제와 독재를 유발할 수 있다. 그 이유는 자신이 추구하는 이데올로기를 폭력으로 강제하는 데까지 이를 수 있기 때문이다.[97] 특히 우리 대한민국의 경우 독재와 전제가 사이비 이데올로기에 의하여 정당화된 경우가 많았는데, 공화국원리는 바로 그 어떠한 형태의 이데올로기에 의하여 정당화되는 폭력과 전제, 그리고 독재에 대한 거부를 의미하는 것이다.

민주공화국의 헌법적 기능은 우선 민주제와 공화제의 결합개념이며, 공화제가 군주제에 대한 거부인 것은 부인할 수 없다.[98]

군주제의 특성을 살펴 보건대, 1901년 "헌법제정과 헌법개정의 대상으로서 국가형태"라고 하는 전술한 단행본을 쓴 오스트리아의 헤른리트(Rudolf Hernnmann von Herrnritt)는 군주제의 결정적 특징으로 종신제(Lebenslänglichkeit), 세습제(Erblichkeit), 파면불가(Unabsetzbarkeit), 군주무책임(Unverantwortlichkeit)의 4가지 요소를 든 바 있는데[99], 중요한 군주제적 요소를 적절하고도 핵심적으로 잘 드러내고 있다고 생각된다. 결국 공화제라고 하는 것은 이러한 군주제를 거부한다고 하는 것이므로, 일단 그것이 선거를 통한 것이라 하더라도 최고 통치권자가 무단으로 집권연장이나 종신집권을 도모한다면, 이는 공화제원리에 반하는 것이다. 둘째 만일 어떠한 국가가 공화국이라고 하는 명칭을 사용하고 있다 하더라도, 최고통치권을 세습한다면 이는 실질적으로 (민주)공화국이라 할 수 없다. 셋째, 최고통치권자가 불법을 행하는 경우에는

---

97 W. Henke, 앞의 글(주 29), Rn. 15.

98 이에 반하여 공화주의 이념사적으로 보면 공화국개념이 반드시 군주제의 거부였던 것은 아니라는 점에 대하여는 이계일, 앞의 글(주 18), 71–89쪽.

99 Rudolf Hermann von Herrnritt, 앞의 책(주 11), S. 26.

최고통치권자의 지위를 박탈시킬 수 있는 파면가능성이 있을 때에 공화국이라 할 수 있다.[100] 넷째, 최고통치권자가 전제와 폭정을 통하여 사실상 군주로 행하는 경우, 그리고 수많은 국민들을 집단적으로 학살하는 등, 국민의 생명권 및 자유에 대한 광범위한 침해를 야기하고도 아무런 책임을 지지 않는다면, 그러한 통치자가 지배하고 있는 동안에는 결코 민주공화국이라고 할 수 없다. 즉 모든 형태의 전제와 독재에 대한 거부를 포함하여야 할 뿐만 아니라, 통치권자가 저지른 불법행위에 대하여 법적인 책임을 묻고 추궁할 수 있어야 한다.

다음으로 조선인이 3·1독립혁명을 목숨 걸고 결행한 이유 중의 하나는 사람이 날 때부터 천부적으로 부여받은 인간의 존엄과 자유를 일제의 압제와 폭정(Despotie, Tyrannei)에 의하여 짓밟혔기 때문에 이러한 폭정에 항거하면서, 이러한 압제와 폭정으로부터 자유롭고, 남녀노소·빈부귀천이 없이 일체 평등한, 개개인이 황제와 같이 평등하게 자유롭고, 평화롭게 공영할 수 있는 공동체인 자주독립국을 창설하기 위함이었고, 1919년 4월 11일 대한민국임시헌장에서의 제1조 대한민국은 민주공화제로 한다는 선언은 바로 그러한 헌법제정권력의 근본결단을 한마디로 압축시킨 뜻이 부여되어 있다고 할 수 있다. 즉 민주공화국은 모든 국민이 "자유"로운 국가요, 정치적으로 뿐만 아니라, 사회·경제적 "평등"을 지향한 국가라고 할 수 있을 것인데, 우리 헌법은 이러한 조소앙 선생의 균평·균등사상을 구체화하고 있는 헌법조항이 여러 군데서 발견(가령 헌법 제119조 "경제의 민주화", "균형있는 국민경제의 성장")

---

100 2016년 12월 박근혜 전 대통령의 국정농단과 불법으로 인한 탄핵소추와 2017년 헌법재판소의 탄핵결정(헌재 2017. 3. 10. 2016헌나1, 판례집 29-1, 1)은 3·1대혁명정신을 이어받은 촛불시민들의 비폭력적 저항을 통하여 헌법 제1조의 민주공화국의 원리가 제대로 작동하게 만든 역사적인 명예혁명에 해당한다고 할 것이다.

되고 있는 바, 민주공화국은 바로 이러한 자유와 평등을 실현하고자 하는 국가라 할 수 있다. 이에 대하여는 그러한 이념이 이미 민주주의와 법치국가원리 그리고 사회국가원리에 내재되어 있으므로 따로 공화국에서 찾을 필요는 없다고 하는 반론이 있을 수도 있으나[101], 헌법원리의 내용과 이념의 중첩현상은 다른 원리들(민주주의, 법치주의, 사회국가원리 등) 상호간에서도 얼마든지 일어나는 현상이며, 서로 보완관계 가운데서 각자의 고유한 내용이 존재하는 한, 어느 정도의 중첩적 기능 가운데 상호 제어하고 보완하는 실질적 기능까지 부인할 필요는 없다고 생각된다. 가령 지배적 다수가 다수결의 원리로 승리했다고 해서 그러한 승리를 토대로 개인이나 단체 또는 특정 지역의 사익만을 추구하는 사례의 경우, 공화국에 내재되어 있다고 할 수 있는 공공복리지향 원리로 이러한 '다수의 독재'를 제어할 수 있다고 봐야 할 것이기 때문이다.

나아가 민주공화국은 애초에 서구 정치사상과 선진 민주국가형태로부터 계수된 것임을 부인할 수 없으므로, 서구 정치이념사로부터 나오는 공화국의 개념적 징표들을 받아들일 필요가 있다고 생각된다. 그 가운데서 중요한 것으로는, 국회의원과 공무원 등 공직자의 "공공복리"를 지향하는 공직윤리, 공무원의 국민에 대한 책임(헌법 제7조 제1항: "공무원은 국민전체에 대한 봉사자이며, 국민에 대하여 책임을 진다"), 민주시민(Citoyen)[102]으로서의 윤리의식과 덕목이 그것이다.

이 가운데 전술한 우리 헌법 제7조의 공무원은 국민에 대한 봉사자

---

101 가령 한수웅, 앞의 책(주 85), 같은 곳.

102 R. Gröschner, 앞의 글(주 22), Rn. 74; 한편 국가와 사회의 대립의 극복을 전제로 한 시민국가에서의 책임있는 시민(Citoyen)에 대하여 한스 페터 슈나이더(Hans-Peter Schneider) 저/방승주 譯, "시민사회의 국가, 「시민국가」의 헌법이론에 관한 고찰", 동아법학 제26호(1999), 339–355(341)쪽.

이며 국민에 대하여 책임을 진다고 하는 조항은 이미 로마의 정치철학자 키케로나 독일 칸트의 철학이나 토마(Thoma)의 공화국사상과도 일맥상통하는 직업공무원제 규정으로서 이는 공화국원리의 기본적 요소에 해당하므로, 헌법개정의 한계에 해당한다고 해석할 수 있을 것이다.

그리고 공무원의 국민에 대한 봉사자로서의 책임과 공공복리지향 책임을 보다 강력하게 실현하기 위해서는, 국가공무원법과 국회법에 공공복리구체화 절차를 보다 투명하게 규정해야 할 것이며, 국회의원과 공무원의 권력사유화와 사익추구를 방지하기 위한 제재규정과 처벌규정을 보다 강화해야 할 필요성이 있다고 생각된다.

다음으로 공공복리를 지향할 책임은 주로 국회의원과 공무원에게 요구할 수 있음은 자명하지만, 과연 소위 사회적 영역에 있는 공적 기구들과 그 책임자들에 대해서까지 공화국 원리를 확대 적용하여 공적 책임을 지울 수 있겠는가 하는 헌법이론적 문제가 제기된다. 그것은 특히 우리나라와 같이 각종 경제적, 사회적 권력을 사유화하고 그 권력을 남용하는 사례들이 빈발하는 정치공동체에서 특히 시민적 덕목과 책임이 요구되기 때문이다. 더불어서 기본권의 대사인적 효력의 적용과 같이 이러한 공화국원리로부터 나오는 일정한 사회적 책임을 법적 의무화할 수 있을 것인지의 문제가 제기될 수 있다. 전술한 독일의 클라인(Klein)은 국가와 사회의 이원론에 입각한 것으로 보이는 근거로 이에 대하여 반대하는 입장인 것으로 보이며, 일응 이러한 법적 의무화의 경우 또다시 시민의 자유를 지나치게 제한할 가능성이 발생할 수 있는 것도 엄연한 사실이다. 그러나 오늘날 여러 분야에서 사실상 국가와 사회의 역할이 실질적으로 구별하기 힘든 것이 사실이고 양자가 상호 협력

관계 속에서 지속적인 상호작용을 주고받고 있는 점을 고려한다면, 국가와 사회를 대립적으로 보는 엄격한 이원론은 상대화되거나 극복되어야 할 것이므로[103], 국가적 영향에 버금갈 정도의 사회적 영향력을 행사하는 사기업이나 단체의 경우에도 이러한 공공복리지향을 위한 법적 의무를 좀 더 강하게 도입할 헌법적 근거로 바로 이 공화국원리를 원용할 수 있지 않을까 생각되는 바, 이에 관한 논의와 검토를 앞으로도 더 계속 해야 할 것이라고 생각한다.

IV. 민주공화국 100년의 과제와 헌법현실

이와 같은 민주공화국 원리의 개념요소들을 민주공화국의 과제라고 한다면 그러한 과제와 관련하여 우리 헌정사를 뒤돌아 볼 때 문제로 여겨지는 몇 가지 헌법현실들을 진단해 보면 다음과 같다.

1. 공화국원리의 국가적 영역에 대한 적용

과거 군주는 '짐이 곧 국가'임을 자처하였고, 국가는 아무런 책임을 지지 않는 국가무책임이 원칙이었으므로, 무엇이든 군주가 하는 일은 정당화되었고 그 책임을 물을 수 없었다.

그러나 오늘날 민주공화제를 표방하고 있는 민주국가에서도 그것이

---

103 이에 관하여 "국가와 사회는 더 이상 대립적인 것으로서 다루어져서는 안되고, 국가가 사회로부터 나오고 사회에 의하여 조건지워지며, 또한 사회에 의하여 구성된다고 하는 관점에서 상호 관련적으로 이해해야 한다."고 하는 한스 페터 슈나이더 저/방승주 역, 앞의 글 (주 102), 341쪽.

대통령이든 대법원장이든 아니면 법무부장관이나 차관이든 그 어떠한 공무원이나 정치권력자가 불법행위를 행하고도 그에 대한 어떠한 법적 책임추궁이나 처벌가능성이 없이 계속해서 부와 권력을 유지해 올 수 있었다고 한다면, 그러한 현상이 과연 민주공화제 헌법 하에서 이해가 능한 것인지, 그러한 나라가 과연 진정한 의미의 민주공화국이라고 할 수 있을 것인지 의문을 제기해 보아야 할 것이다.

그리고 반대로 빼앗긴 국권을 회복하고 독립된 민주공화국을 건설하기 위해서 목숨을 걸고 일제에 항거한 독립투사들과 그 유족들에게 그들의 공에 걸 맞는 예우를 하고, 일제강점시 친일반민족행위자들의 행위와 또한 해방 후 독립투사들에 대하여 조직적 체계적으로 탄압한 자들의 책임을 묻고 일제의 희생자들에 대하여 국가가 필요한 지원과 보호조치를 취함으로써 오욕의 과거를 청산하는 것은 3·1운동으로 건립된 대한민국임시정부의 법통을 계승하는 현행 헌법전문과 헌법 제32조 제6항과 연계하여 헌법 제1조의 민주공화국의 정신을 살리는 일이 아닐까 생각된다.

(1) 일제강점과 친일반민족행위자들에 대한 청산과제

친일반민족행위자들에 대하여 제대로 청산을 하지 못한 상태는 일본제국주의의 잔재를 그냥 온존시키고 친일 반민족행위자들과 일제부역자들이 다시 역사의 전면에 등장하게 만든 것이니, 이러한 상태가 과연 민주공화국의 이념에 부합되는 것이었는지를 반문해야 한다. 이러한 의미에서 일제강점기에 대한 청산작업은 가장 시급했던 민주공화국의 과제였다고 보아야 할 것[104]이고, 그러한 과제가 여전히 지금까지 해결되지 않고 있었다면, 지금이라도 국가와 사회가 나서서 이러한 청산작업을 지속해 나가야 할 것이라고 생각된다.

(2) 국정 최고책임자로서 대통령의 "책임"과 독재에 대한 청산과제

대통령의 헌법준수의무와 국민의 자유와 복리의 증진의무는 대통령 취임을 위한 선서에 나타난 의무이다(헌법 제69조). 이러한 의무는 크게 국가(공화국)의 최고책임자로서, 자유롭고 평등한 국민의 공공복리를 책임져야 할 국민의 봉사자로서 당연한 책무이기도 한 것이다. 그러므로 민주공화국 원리의 측면에서 무엇보다 대통령은 국민의 공공복리를 위한 봉사자로서의 의무와 책임이 크다고 할 것이다.

그러나 우리의 과거 헌정사를 뒤돌아 볼 때, 가령 제주도 4·3사태를 비롯하여 6.25를 전후로 하여 전국적으로 자행된 자국민에 대한 불행한 학살사건을 떠올리지 않을 수 없다. 이러한 사태가 이루어진 곳이 바로 대한민국인데, 최고통치권자인 이승만이 초법적 계엄 선포 하에 무고한 양민의 학살을 자행한 것은 자칭 군주가 아니면 상상할 수 없는 일이었고, 그러한 일이 국가에 의하여 조직적·체계적으로 이루어졌다고 하는 것은 대한민국이 헌법 제1조에서 민주공화국과 국민주권을 선언

---

104 독립 후 새로이 재건된 민주공화국 대한민국이 가장 우선적으로 수행했어야 할 과제로서 일본군 성노예나 강제징용 등 피해를 당한 국민들에 대한 진상조사와 그들에 대한 소위 '국가부재책임'에 입각한 (외교적) 보호와 배상 등 지원이었다는 지적으로는 방승주, "일제식민지배청산 관련 헌법재판소판례에 대한 헌법적 분석과 평가 – 일제강점하 일본군위안부피해자와 강제동원피해자들의 헌법소원사건들을 중심으로", 헌법학연구 제22권 제4호(2016), 39–83쪽.

하고 있었지만, 이와 전혀 다른 군주국에 가까운 폭정이 이루어졌다고 하는 것을 의미한다. 이러한 독재는 이어 등장한 박정희와 전두환 군사독재로 이어지면서 전혀 바뀌지 않았다고 보아야 할 것이다. 긴급조치, 각종 간첩조작사건, 5·18학살, 삼청교육대 사건, 부산형제복지원 사건 등등, 아직 규명되어야 할 집단학살과 의문사 등 수많은 슬픈 역사를 앉고 있는 우리 대한민국은 "군주제의 거부"라고 하는 형식적 개념으로서의 민주공화국 개념마저도 제대로 실현되지 못한 시대가 상당히 오랜 기간 지속되었다고 평가해야 하지 않을까 생각된다. 이러한 시대를 과연 우리가 제1공화국, 제3공화국, 제4공화국, 제5공화국 등으로 칭할 수 있을 것인지 의문이다. 과거 불법이 자행되던 독재국가시절은 민주공화제의 이름을 건 사이비 이데올로기 독재에 지나지 않았던 것이다. 이러한 독재국가에 대한 제대로 된 과거청산의 과제, 그것은 민주공화국원리를 실현하기 위한 또 다른 우선적 과제라고 봐야 할 것 아닌가 하는 것이다. 왜냐하면 이러한 과거의 국가불법에 대하여 그대로 모른 채 방관한다면, 그러한 지배를 묵인하고 정당화하는 것 밖에 안 되고, 자유의 침해상태에도 불구하고 국가가 국민에 대한 기본권보호의무와 기본권침해의 결과제거의무를 다하지 않은 것이기 때문이다.[105] 그리고 그것은 헌법 제1조 대한민국은 민주공화국이며 모든 권력은 국민으로부터 나온다고 하는 민주공화제와 국민주권원리에 반하는 것이라고 보지 않을 수 없기 때문이다.

---

105 국가의 부작위에 대한 구제수단으로서 공권력의 불행사에 대한 헌법소원에 관해서는 방승주 외 3인, 공권력의 불행사에 대한 헌법소원심판 구조 연구(헌법재판연구 제29권), 헌법재판소, 2018. 특히 국군과 경찰이 자행한 집단학살에 대한 진상규명과 지원에 관한 입법부작위에 대한 헌법소원과 관련하여 특히 55쪽 각주 107) 참조.

(3) 최근 양승태 전 대법원장의 사법거래 의혹과 관련하여

양승태 전 대법원장의 경우 법원행정처의 자체 진상조사 발표와 관련 언론보도에 따르면 각종 사법농단과 사법거래를 하였다는 혐의로 인하여 헌정 사상 처음으로 전 대법원장이 구속 · 기소되었고, 뿐만 아니라 전현직 대법관들에 대한 재판도 현재 진행 중임은 주지의 사실이다. 이것은 최고 사법기관의 수장이 위헌과 위법행위를 자행하여도 아무런 제재가능성이 없었던 제왕적 대법원장으로서의 지위를 과거 독재정권시절부터 계속해서 상당 기간 누려 왔었기 때문에 벌어질 수 있었던 현상이 아닌가 생각된다. 그것은 과거 군주가 그 어떠한 일을 하여도 군주는 잘못이 없다고 하는 전술한 군주면책 또는 무책임사상을 떠 올리게 한다.

오늘날 대한민국이 민주국가와 법치국가가 되었다고 하지만, 그 어떠한 개인이나 집단이 권력을 사유화한 상태에서 온갖 불법을 저지르더라도 그에 대한 통제가능성이 상당한 기간 동안 배제되어 왔었다면, 그러한 대한민국을 진정한 의미의 민주공화국이었다고 평가하기는 어려울 것이다.

2. 공화국원리의 그 밖의 공적 영역에 대한 적용

(1) 사회적 영역에 속하지만 공적 기능을 가진 기업이나 기관

키케로의 정치철학에 의하면 공화국은 공적인 것(res publica)이라는 의미인데, 이러한 공적인 것은 오늘날 단순히 국가적 생활영역에만 국

한된 것은 아니고, 적어도 사회영역에 속하지만 공공적 기능을 하는 모든 단체나 기업 등에도 확대 적용될 수 있는 것이라고 봐야 할 필요가 있다. 즉 기본권의 대사인적 효력이론을 통해서 기본권의 효력을 사적 영역에도 확대 적용할 수 있는 가능성이 있듯이, 공공의 기관 내지 공공성이 강조되어야 하는 모든 영역에는 이러한 공공의 책임과 의무가 주어지는 것으로 이해해야 할 것인데, 특히 교육을 담당하는 교육기관의 경우 그것이 사립이라 하더라도 민주공화국의 원리로부터 나오는 공공적 책임을 진다고 봐야 할 것이다. 이는 오늘날 유치원을 비롯하여 중등 및 대학교육을 담당하는 사교육기관의 재정운영의 투명화와 그 공적 책임을 생각해 볼 때 더욱 그러하다.

물론 이러한 공적 책임을 지나치게 광범위하게 법적으로 부여하게 되는 경우 다시금 시민의 자유가 지나치게 제한될 수 있는 측면이 있으므로, 이러한 논의 역시 반드시 국회에서 제정된 법률에 의하여 사적 기관들의 공적 책임을 지워야 할 것이며, 이러한 의미에서 법치국가원리에서 나오는 의회유보의 원칙과 또한 기본권제한에 있어서 과잉금지의 원칙이라고 하는 한계가 여기에 적용되어야 할 것이라고 생각된다.

(2) 시민으로서의 책임

공동체의 일원으로서 책임을 지는 덕망 있는 민주시민(Citoyen)으로서의 책임이 공화국원리로부터 요청됨은 전술한 바와 같으며, 이러한 책임을 법적으로 강제하는 것 역시 시민에 대한 자유 영역을 다시금 제한하는 일이 되므로, 역시 법치국가적 한계를 준수해야 하는 것은 당연하다. 이러한 의미에서 이 책임과 덕망은 전술한 칸트적 의미의 '규제적 이념'으로서 윤리적 영역에 머무를 뿐이라고 보는 것이 타당할 것이다.

다만 여기에서는 전술한 국가의 불법행위와 관련한 것으로 또 다른 시민적 책임문제를 생각해 볼 필요가 있지 않을까 한다. 가령 적어도 과거에 불행한 역사에 가담했던 가해자 입장에 섰던 사람들이 양심선언을 하면서 사죄하고, 관련 사건의 진상에 대하여 밝힌 사례가 있었다는 소식을 아직 잘 듣지 못하였다. 그러나 가령 태평양 전쟁당시 일본군 성노예의 강제동원과 그들이 이 성노예피해자들에 대하여 인간 이하의 만행을 저질렀음을 뒤늦게라도 고백한 일본 노병의 사례[106]를 생각해 본다면, 우리나라의 경우 일제강점기의 친일부역자들과, 해방 후 독재정권 하에서 국가적으로 행해진 불행한 역사에 가담했던 사람들에 대하여, 진상규명과 피해자들의 명예회복을 위해서 잘못을 고백하고 진실을 밝힐 수 있는 용기 있는 시민적 덕망을 기대하는 것은 지나치게 이상적인 기대일까를 생각하게 된다.[107] 만일 그러한 용기 있는 시민이 나온다면, 그러한 시민에 대해서는 국민적 통합을 위해서 그들의 과거의 잘못에 대하여 국가적, 사회적으로 모두 용서하고 그들의 사죄

---

106 한 일본군(카네코 야수지, 87세)의 고백, "우리는 온갖 악행을 저질렀다" https://www. ytn.co.kr/_ln/0104_200703100404357601 (최종방문일 2019. 5. 31).

107 최근 김용장 전 미군 정보부대 정보관과 허장환 전 보안사 특명부장에 의하여 5·18 당시 전두환 보안사령관의 광주방문과 사살명령, 소위 편의대(선무공작대)의 투입, 수많은 희생자의 가매장과 소각, 5·18사건에 대한 소위 5·11연구단의 대대적인 역사변조 시도 등, 아직까지 제대로 밝혀지지 않은 수많은 역사적 사실에 대하여 자세한 증언이 이루어 졌는데, 이는 앞으로 5·18의 진상규명을 위한 결정적인 증언이 될 것이라는 점에서 매우 고무적이다. 김용장·허장환 "5·18은 계획된 시나리오였다" 특별기자회견 https://www. youtube.com/watch?v=sfKmgkN_C78 (최종방문일 2019. 5. 31.). JTBC 김용장·허장환, 광주서 증언…5·18 단체 "조사위 시급" https://news.naver.com/main/read.nhn?-mode=LPOD&mid=tvh&oid=437&aid=0000209993 (최종방문일 2019. 5. 31.)

와 반성을 더욱 종용할 수 있도록 해야 할 것이며, 이를 통하여 진상규명에 한 걸음 더 가까이 가는 동시에, 국민적 치유와 화합을 도모할 수 있도록 해야 할 것이다.

(3) 내부고발자와 미투운동의 피해자의 보호필요성

공공기관 내에서의 불법에 대한 내부고발자의 경우, 우리 사회가 이들의 용기를 더욱 철저히 보호해야 할 필요가 있을 것이다. 뿐만 아니라 최근 이루어지고 있는 미투운동의 경우 피해자에 대한 보호가 더욱 체계적으로 이루어져야 할 필요가 있다고 생각된다. 왜냐하면 이들의 고발과 진술이 불법사회에 정의의 불을 밝힐 수 있는 계기를 마련할 뿐만 아니라, 이들은 민주공화국 시민으로서 필요한 덕망과 책임을 지닌 사람들이기 때문이다. 그리고 더불어 살아가는 자유롭고 평등한 민주공화국 시민의 한 축으로서 여성들은 100년 전에도 일제의 폭정과 탄압에 용기 있게 맞서 일어섰으며, 그러한 정신을 헌법에 담아 남녀평등 조항을 1919년 대한민국임시헌장에서부터 실정화한 것임을 상기할 때, 동등한 시민으로서 여성의 자유와 평등을 더욱 세심히 고려하는 국가가 되어야 더불어 살아가는 참다운 민주공화국이 될 수 있을 것이다.

V. 결론

3·1독립혁명은 조선의 남쪽만 하거나 북쪽만 따로 한 것이 아니고, 조선 민족 모두가 같이 하나의 독립된 자주국가를 꿈꾸며 전 겨레가 궐기한 것이다. 그러므로 이 3·1대혁명의 독립정신으로 탄생한 '대한민국'이라는 민주공화국의 국민은 결코 남한 지역만의 국민만이 아니라, 북한 지역 겨레까지 포함하는 전체 국민이다. 이 전체 국민이 하나가 되어 새로이 헌법제정권력을 행사[108]하는 날, 그 날이 민주공화국을 위한 3·1독립혁명을 완수하는 날이다. 대한민국 임시정부 주석인 김구는 바로 이것을 꿈꾸면서 남·북의 각자 단독정부구성에 반대했던 것이었다.

아무튼 그로 인하여 1948년 헌법제정과정에는 임시정부 요인들이 정부의 연속성을 가지고서 인적·조직적으로 헌법제정에 참여할 수는 없었지만, 내용적으로는 임시정부 요인으로서 대한민국 임시헌장 제정 초기부터 임시헌법 제(개)정 때마다 가장 중대한 영향을 미쳤던 조소앙 선생의 3균주의 이념이 곳곳에서 반영되고 있으며, 이것이 현행헌법에까지 이르고 있는데, 특히 현행헌법 제1조 제1항의 "대한민국은 민주공화국"이라고 하는 민주공화국원리의 천명은 대한민국 헌법의 변할 수 없는 핵심적 요소라고 하겠다.

그리고 민족평등, 국가평등, 인류평등의 이념과 균평·균등의 이념은 바로 대한민국 민주공화국원리의 독특한 특성을 이루었음을 부인할 수 없을 것이다. 그리고 정치평등 뿐만 아니라, 경제평등, 그리고 교육

---

108 이에 관하여 김선택, "분단과 통일, 헌법의 정당성", 통일법연구 제1권(2015), 1–50쪽; 방승주, "통일과 체제불법 청산", 통일법연구 제1권(2015), 187–226(198)쪽.

(사회)평등의 이념이 1948년 광복헌법으로까지 이어져 오늘날까지도 그 영향을 미치고 있다.

　공화국을 정치사상사적으로 볼 때 '공적인 것은 국민의 것'이라고 하는 의미였다는 점을 고려해 본다면, 단지 국가적인 것만이 아니라, 사회에 속하는 것이라 하더라도 공적 의미가 큰 기업이나 회사, 방송국, 교육기관 등은 이것이 공공적인 것에 해당하며 공적 책임과 의무를 지기 때문에 마치 사사로운 것과 같이 최고책임자가 자신의 물건인 것처럼 사유화해서는 안 된다고 새겨야 할 것이다. 이것은 마치 기본권의 경우도 대사인적 효력이 적용되는 것과 마찬가지로, 공화국의 이념은 공공성이 큰 기업이나 단체는 그것이 비록 사회적 영역에 속한 것이라 하더라도 적어도 국민의 자유와 평등, 그리고 공공복리를 지향하는 민주공화국 원리가 확대 적용된다고 봐야 할 것이다.[109] 물론 이것을 어느 정도까지 법적 의무로 강제할 수 있을 것인가 하는 것은 또 다른 문제이다. 왜냐하면 (민주)공화국은 개인의 자유를 전제로 하는데, 사회적 영역에 속하는 개인과 단체들에게까지 공공복리지향을 무리하게 법적으로 강제하게 되면 결국 자유가 제한 또는 위협받을 수도 있기 때문이다. 이 경우에는 법치국가원리가 등장할 수밖에 없을 것이고, 또한 그러한 기본권제한은 민주적으로 정당화된 입법자인 국회가 스스로 정하는 법률에 따라서 이루어져야 한다고 하는 의회유보의 원리가 적용되어야 하는 것도 당연하다.

　군주제의 거부는 물론 모든 종교적, 형이상학적, 초월적, 이데올로기적인 지배의 정당화에 대한 거부, 전제와 독재에 대한 거부를 포함할

---

109 따라서 헌법 제23조 제2항의 재산권의 행사의 공공복리적합의무는 공화국원리의 관점으로도 이해될 수 있다고 생각된다.

뿐만 아니라, 정치적 영역은 물론, 경제적 및 사회적 영역에 이르는 균평·균등(평등)원리의 적용, 그리고 공공복리지향성과 공직윤리의 적용, 책임 있는 시민의 덕성 등을 요소로 하는 이러한 실질적인 공화국원리는 국회의원과 공무원 등 공직자들을 비롯해서 재벌과 소수 경제적 권력들의 정경유착과 권리남용, 부도덕과 부패가 아직까지 횡행하고 있는 대한민국의 후진적 사회현실 가운데서는, 향후 통일된 민주공화국 100년을 바라보면서 풀어야 할 헌법적 과제라고 봐야 하지 않을까 생각된다.

그리고 이 과제를 완성하기 위해서는 전술한 바와 같이 7,000만 전겨레가 한 마음으로 헌법제정권력을 행사하여 완전한 민주공화국 헌법을 제정하는 그날 이러한 과제들을 보다 제대로 해결하기 위한 헌법적 기초를 비로소 다지게 될 것이다.

1919년 4월 11일 대한민국임시정부가 대한민국임시헌장 제1조에서 "대한민국은 민주공화제로 함"이라고 선언할 때에 이 '대한민국'은 대한제국의 후신[110]으로서 구 대한제국의 전 영토와 국민을 포괄하는 것이었다. 그러므로 남한이든 북한이든 각자 양분된 국민만으로 부분적 국가를 구성하는 것은 3·1독립혁명으로 태어났으며 대한제국 신민으로부터 국민으로 거듭나서 대한국민 전체로 구성되었던 헌법제정권력의 불가분성(Unteilbarkeit)[111]에도 반한다고 봐야 할 것이다. 그러한 의미에서 1948년 헌법은 불완전했다고 평가할 수밖에 없으며, 3·1독립혁명 정신을 완수하기 위해서는 통일된 민주공화국을 건설하는 것이므로, 자유민주적 기본질서에 입각한 평화적 통일의 당위성은 바로 이 3·1독립혁명정신과

---

110 조선과 대한제국 그리고 대한민국임시정부의 헌정사적 연속성에 관해서는 이헌환, 앞의 글, 11쪽.

111 Carl Schmitt, 앞의 책(주 1), S. 77.

그 정신을 이은 민주공화국의 이념으로부터도 나온다고 봐야 할 것이다.

참고문헌

1. 국내문헌

계희열, 헌법학(상), 박영사, 2002.

국사편찬위원회, 손병희 신문조서(제3회), 한민족독립운동사자료집 제11권 – 3·1
운동 I

김광재, "3·1운동의 3·1혁명으로서 헌법사적 재해석", 법학논총 제39권 제1호
(2019. 2), 1-38쪽.

김광재, 대한민국 헌법의 탄생과 기원, 월비스 2018.

김삼웅, 3·1 혁명과 임시정부 – 대한민국의 뿌리, 두레, 2019.

김선택, "분단과 통일, 헌법의 정당성", 통일법연구 제1권(2015), 1-50쪽.

김선택, "헌법과 혁명 – 시민입헌주의(Civic Constitutionalism)", 동아법학 제58
호(2013), 1-35쪽.

김선택, "공화국원리와 한국헌법의 해석", 법제 통권 609호(2009), 44-76쪽.

김선택, "공화국원리와 한국헌법의 해석", 헌법학연구 제15권 제3호(2009), 213-
250쪽.

김수용, "민주헌정의 관점에서 본 대한민국임시정부헌법과 제헌헌법의 관계",
헌법학연구 제25권 제1호(2019), 67-95쪽.

김종철, "공화적 공존의 전제로서의 평등", 헌법학연구 제19권 제3호(2013),
1-38쪽.

김종철, "헌법전문과 6월항쟁의 헌법적 의미 – 민주공화국 원리를 중심으로",
헌법학연구 제24권 제2호(2018), 211-234쪽.

방승주 외 3인, 공권력의 불행사에 대한 헌법소원심판 구조 연구(헌법재판연구

제29권), 헌법재판소 2018.

방승주, "일제식민지배청산 관련 헌법재판소판례에 대한 헌법적 분석과 평가 – 일제강점하 일본군위안부피해자와 강제동원피해자들의 헌법소원사건들을 중심으로", 헌법학연구 제22권 제4호(2016), 39-83쪽.

방승주, "통일과 체제불법 청산", 통일법연구 제1권(2015), 187-226쪽.

서희경/박명림, "민주공화주의와 대한민국 헌법 이념의 형성", 정신문화연구 제30권 제1호(2007), 77-111쪽.

성낙인, 헌법학, 법문사, 2018.

신우철, 비교헌법사 – 대한민국 입헌주의의 연원, 법문사, 2008.

유진오, 헌법해의, 명세당, 1949.

이계일, "헌법상 공화국 원리의 도그마틱적 함의에 관한 연구 – 공공선, 공직제를 둘러싼 독일 헌법학계의 논의를 중심으로", 헌법학연구 제17권 제1호(2011), 39-102쪽.

이계일, "공화국 원리의 함의에 대한 이념사적 고찰 – 고전적 공화주의 이론의 유형화와 그 법적 구체화의 상관관계를 중심으로", 법학연구 제21권 제2호(2011), 67-112쪽.

이국운, "대한민국 헌법 제1조의 한 해석", 법과사회 제45호(2013), 233-256쪽.

이영록, "한국에서의 '민주공화국'의 개념사 – 특히 '공화' 개념을 중심으로", 법사학연구 제42호(2010), 49-83쪽.

이헌환, "대한민국의 법적 기초", 법학연구 제31권(2010), 3-30쪽.

장용근, "공화주의의 헌법적 재검토", 세계헌법연구 제16권 제1호(2010), 303-330쪽.

장영수, 헌법 제1조, 한국헌법학회(편), 헌법주석[1], 2013, 53-84쪽.

정상우, "3·1운동과 민주공화국의 탄생", 헌법학연구 제25권 제1호(2019), 1-33쪽.

정태호, 민주공화국 완성을 위한 헌법개정 및 법률차원의 제도개혁, 대한민국임시정부기념사업회 · 헌법이론실무학회 주최, 3·1대혁명과 대한민국임시정부헌법 – 민주공화국 100년의 평가와 과제, 2019. 4. 6. 발제집 165-200쪽.

콘라드 헷세 저/계희열 역, 통일 독일헌법원론[제20판], 박영사, 2001.

필립 페팃 지음/곽준혁 옮김, 신공화주의 – 비지배 자유와 공화주의 정부, 나남, 2012.

한상희, "민주공화국의 의미 – 그 공화주의적 실천규범의 형성을 위하여", 헌법학연구 제9권 제2집(2009), 27-91쪽.

한수웅, 헌법학 제8판, 법문사, 2018.

한스 페터 슈나이더(Hans-Peter Schneider)/방승주 역, "시민사회의 국가,「시민국가」의 헌법이론에 관한 고찰", 동아법학 제26호(1999), 339-355쪽.

한인섭, "대한민국은 민주공화제로 함", 서울대학교 법학 제50권 제3호(2009), 167-201쪽.

허 영, 한국헌법론, 박영사, 2015.

2. 기타

"우리는 온갖 악행을 저질렀다" (https://www.ytn.co.kr/_ln/0104_2007031004 04357601)

김용장 · 허장환 "5·18은 계획된 시나리오였다" 특별기자회견 (https://www.youtube.com/watch?v=sfKmgkN_C78)

JTBC 김용장 · 허장환, 광주서 증언⋯5·18 단체 "조사위 시급" (https://news.

naver.com/main/read.nhn?mode=LPOD&mid=tvh&oid=437&a
id=0000209993)

3. 외국문헌

Dreier, H., in: H. Dreier (Hrsg), GG-Kommentar, Bd. II, 3. Auf., 2015, Art. 20.

Gröschner, R., Die Republik, in: HStR II, 3. Aufl., 2004, § 23.

Henke, W., Die Republik, HStR 1. Aufl., 1987, § 21.

Herrnritt, Rudolf Hermann von, Die Staatsform als Gegenstand der Verfassungsgesetzgebung und Vefassungsänderung, Wien 1901.

Hübner, Rudolf, Die Staatsform der Republik, 1919.

Jellinek, Georg, Allgemeine Staatslehre, 3 Aufl. 6 Neudr., 1959.

Klein, Eckart, Der republikanische Gedanke in Deutschland – Einige historische und aktuelle Überlegungen -, DÖV 2009, S. 741 ff.

Robbers, G., Republik, in: FS Herzog zum 75. Geburtstag, 2009, S. 379 ff.

Schmitt, Carl, Verfassungslehre, Berlin 1954.

제4장

민주공화국 완성을 위한 헌정질서의 개혁

정태호 교수 (경희대 법전원)

I. 민주공화국 100년

　우리 헌법은 제1조 제1항에서 "대한민국은 민주공화국이다"라는 조문을 통해서 대한민국이라는 정치공동체의 규범적 정체성을 비문(碑文)처럼 간명하게 정의하고 있다. 마치 대한민국의 항상적 상태가 민주공화국인 것처럼 표현하고 있으나 대한민국이라는 정치공동체가 민주공화국으로 조직되고 또 그 지향하는 가치가 실현됨으로써 그 의미에 맞게 작동되어야 한다고 선언하고 있는 것이다.

　'민주공화국' 내지 '민주공화제'라는 용어는 1919년 4월 상해임시정부가 선포한 「대한민국임시헌장」 제1조에서 처음으로 대한민국의 헌법문서에 사용되었다.[1] 1919년 3월 1일을 기해 일제의 강압 하에 숨죽이고 있던 한민족이 전국 방방곡곡, 해외 각지에서 동시다발적으로 비폭력 평화시위를 펼치면서 조선이 자주 독립국임을 전 세계를 향해 천명한 지 40여일 만이었다. 임시정부헌법 개정과정에서 한때 민주공화국 규정이 삭제되기도 했지만[2] 다시 복원되었다. 마침내 민주공화국 규정은 1948년 제헌헌법에 수용된 이후 8차례의 개헌 과정에서 수정되거나 삭제됨이 없이 현재에 이르고 있다. 민주공화국의 개념에는 벌써 한 세기의 역사가 켜켜이 쌓여 있는 것이다.

1 　우리 헌법사에서 민주공화국의 개념의 기원에 대해서는 김광재, 『대한민국 헌법의 탄생과 원』, 2017, 10 이하; 서희경, 『대한민국 헌법의 탄생-한국 헌정사, 만민공동회에서 제헌까지』, 2012, 39 이하; 이영록, "한국에서의 '민주공화국'의 개념사", 「법사학연구」 42호 (2010), 49 이하; 신우철, "해방기 헌법초안의 헌법사적 기원: 임시정부 헌법문서의 영향력 분석을 통한 '유진오 결정론' 비판", 「공법연구」 36집 4호 (2008), 389 이하 등 참조.

2 　1919년 11월 임시헌법, 1940년 10월 임시약헌은 민주공화국 조항을 삭제하였다.

그런데 이명박 정권과 박근혜 정권을 거치면서 국가가 사익을 실현하는 도구로 오용되고, 정파적 법집행으로 법치가 심히 일그러지고, 국정원, 사이버사령부 등을 동원하여 대선여론을 조작하는 등 대의민주주의의 출발점인 선거조차 불신의 대상이 되는 등 국정현실은 이 당위로부터 심각하게 멀어졌다는 인식이 광범위하게 확산되면서 무너진 헌정질서의 회복을 넘어서 헌정질서를 개혁해야 한다는 국민의 소리가 커져왔다.

그러나 정치권은 국민의 요구에 부응하지 못하고 있는 실정이다. 박근혜 전대통령의 국정농단의 실체가 수면 위로 드러난 후 엄동설한 속에서 국민이 민주공화국의 회복을 위해 밝힌 수많은 촛불의 감시 속에서 마침내 헌법재판소는 그녀에 대한 탄핵청구를 인용하였다. 민주공화정을 회복하려면 헌정질서를 개혁해야 한다는 각계의 요구에 힘입어 국회는 2017년 2월 헌법개정특별위원회를 구성하고 개헌안 마련을 위한 노력을 했으나 정부형태를 둘러싼 정파간 이견으로 단일안 마련에 실패했다. 문재인 대통령이 2018년 2월 발족시킨 국민헌법자문특별위원회가 제출한 개헌보고서를 토대로 기초된 개헌안을 국회 동의절차에 회부하였으나 국회는 개헌안에 대한 의결절차를 밟지도 않으면서 개헌작업은 좌초하였다. 2019년에도 문희상 국회의장이 다시 개헌의 필요성을 역설하였으나, 당분간 개헌의 동력은 살아나기 힘든 형국이다. 개헌만이 아니라 법률차원의 제도개혁도 정치권의 심각한 분열과 극한대립으로 지지부진한 실정이다.

본고의 과제는 민주공화국 대한민국이 잉태되었던 3·1혁명 100주년을 맞이하여 "민주공화국" 완성을 위한 헌정질서 개혁의 방향을 모색하는 것이다. 이를 위해 먼저 민주공화국에 대한 개념 정의를 통해 현행 헌정질서의 개선의 필요성 및 지침을 확보한다(II). 이어 민주공화국은 법적 규율만으로 간단히 확보하기 어려운 시민의 덕성 및 정치문화에도 크게 의존하고 있다는 점을 밝히는 한편, 헌법을 구체화하고 또 헌법이 남긴 여지에서 제정된 법률 차원의 다수의 법제에 대한 개혁이 불가결하다는 점을 구명한 뒤(III), 국가조직과 관련한 개헌의 방향(IV)과 기본권목록의 수정·보완 방향(V)에 대해 간략히 개관한 뒤, 민주공화국이 망명정부를 세운 독립운동가들이 열망했던 열강들 사이에서도 독립을 견지할 수 있는 유능하고 강한 국가의 기획임을 설명하는 것으로 결론(VI)을 대신하고자 한다.

II. 민주공화국과 헌정질서 개혁에 대한 그 의의

헌법 제1조 제1항의 '민주공화국'에서 '공화국'은 제헌헌법의 기초자 중의 1인인 유진오[3] 이래 '비군주국'으로 형식적으로 해석되어 왔다.[4] 그에 의하면 공화국에는 권력이 분립된 민주공화국(영, 미, 불), 독재공화국(나찌 독일, 파시스트 이태리), 계급공화국(소비에트연방)이 있을 수 있으므로 민주를 추가하여 공화국의 정체를 분명히 한 것이라고 한다.

이처럼 형식화된 공화국 개념을 공화주의사상에 입각하여 실질적으로 재해석하려는 다양한 시도가 2,000년대 초부터 행해지고 있다.[5] 이

---

3 유진오, 『헌법해의』, 1949, 19–20 참조.

4 헌법학계의 관련 학설에 대한 문헌고증은 김선택, "공화국원리와 헌법해석", 『헌법학연구』 15권 3호 (2009.9), 230 이하, 특히 주 40, 41 참조.

5 가령 이국운, "공화주의 헌법이론의 구상", 『법과 사회』 제20호 (2001), 129 이하; 이국운, 헌적 공화주의의 헌법이해, 『헌법실무연구』 제6권 (2005), 497 이하; 한상희, 『민주공화국』의

시도들은 대체로 민주공화국을 하나의 통일적 개념으로 이해하는 한편, 우리 헌법이 무엇보다도 민주공화주의라는 정치사상에 입각해 제정되었다고 전제하면서 그것을 우리 헌법해석에서 핵심원칙으로 삼아야 한다고 본다.[6]

국내 정치학계에서는 여러 흐름의 공화주의 중에서도 비지배적 자유[7]를 핵심가치로 보면서 이 자유를 구현 · 보호할 수 있는 제도들을 모색하는 신로마적 공화주의 내지는 리버럴 공화주의(여기서 별도의 언급이 없는 한 공화주의는 신로마적 공화주의를 지칭한다)[8]가 최근 많은

의미, 「헌법학연구」 제9권 제2호 (2003), 27 이하; 한인섭, "대한민국은 민주공화제로 함: 대한민국 임시헌장(1919.4.11.) 제정의 역사적 의의", 「서울대학교 법학」 제50권 제3호 (2009), 167이하; 이계일, 헌법상 공화국 원리와 도그마틱적 함의에 관한 연구, 「헌법학연구」 제17권 제1호 (2011), 39 이하; 신용인, 민주공화주의에 대한 헌법적 고찰, 「법학논총」 제28권 제3호 (2016), 339 이하. 그러나 동시에 그 한계와 위험성을 지적하는 김선택, 「헌법학연구」 제15권 제3호 (2009.9), 243-244.

한편, 정치학계의 논의로는 곽준혁, "민주주의와 공화주의: 헌정체제의 두가지 원칙", 「한국정치학회보」 제39집 제3호 (2005), 33 이하; 서희경 · 박명림, "민주공화주의와 대한민국 헌법 이념의 형성", 「정신문화연구」 제30권 제1호 (2007), 77 이하; 강정인 · 김도균, "조소앙의 삼균주의의 재해석: '균등' 개념의 분석 및 균등과 민주공화주의의 관계를 중심으로", 「한국정치학회보」 제52집 제1호 (2018), 257 이하 등 참조.

6 그러나 헌법학계에서는 "정치적 참여의 자유", "법에 입각한 국가권력의 행사", "혼합정의 지향", "공적 영역에서의 숙의", "공동선의 지향", "부패의 방지" 등 고전적 공화주의의 주요 제도적 요소나 가치들이 현행 헌법에 대부분 수용된 상황에서 공화국원리를 굳이 실질적으로 이해할 필요가 있는지 의문이 제기되기도 한다. 가령 전광석, 「한국헌법론」, 2014, 75.

7 이에 대해서는 다음 주에 열거된 문헌 이외에도 세실 라보르드, 존 메이너 외 지음(곽준혁. 조계원, 홍승헌 역), 「공화주의와 정치이론」, 2008, 제1부에 실린 "자유와 지배"(크레이머), "권력과 자유는 어떤 관계에 있는가?"(카터), "자의적 권력의 부재로서의 자유"(스키너), "공화주의적 자유: 세 가지 공리와 네 가지 정리"(펫팃) 등의 논문 참조.

8 Ph. Pettit, Republicanism: A Theory of Freedom and Government, 1999. 이 책의 국내 번역판으로는 곽준혁(역), 「신공화주의」, 2012 참조. 또한 Lovett, Frank, "Republicanism", The Stanford Encyclopedia of Philosophy (Summer 2018 Edition), Edward N. Zalta (ed.), URL = <https://plato.stanford.edu/archives/sum2018/entries/republicanism/>.

관심을 받고 있다.

공화주의는 1인 독재를 비롯한 전제주의에 반대한다. 공화주의는 국민자치제이기 때문이다. 공화주의는 또한 자율적 개인을 공공질서와 국가기구에 대해 우위에 있는 것으로 보는 자유주의에 반대한다. 공화주의는 공동체 안에서 그리고 공동체를 통해서만 성취할 수 있는 자유를 실현하기 위하여 공동체 사안에 대한 시민의 적극적 참여와 헌신을 높이 평가하기 때문이다. 그렇지만 공화주의는 공동체 참여와 공공선을 지향하는 시민적 덕성을 핵심가치로 보는 것이 아니라,[9] '타인의 자의로부터의 자유', 즉 '비지배(non domination)적 자유'를 그 핵심가치로 본다. 여기서 비지배적 자유란 단순히 간섭의 부재를 의미하는 소극적 자유가 아니라 자의적인 권력의 지배를 받지 않은 상태를 의미한다.[10] 공화주의는 시민적 덕을 중요하게 여기기는 하지만, 그것은 비지배적 자유를 향유할 수 있도록 하는 공동체의 법, 제도, 규범을 생성·유지하고 그에 대한 신뢰성을 제고하는 데 기여하는 것, 즉 수단적인 것으로 볼 뿐, 그러한 덕성이 발휘되어야 사람들이 자유를 누린다고 보지는 않는다.[11]

9 시민적 덕성, 애국심, 공적 사안에 대한 적극적 참여와 헌신이 시민의 좋은 삶의 형태임을 강조하는 입장은 시민적 휴머니즘(civic humanism)이다. 고전적 공화주의에 대한 해석의 한 흐름인 시민적 휴머니즘을 여기서 말하는 신로마적 공화주의와 혼동해서는 안 된다. 인류의 번영을 위해 완벽한 시민적 삶을 요구하는 시민적 휴머니즘은 현대의 복잡하고 다원화된 정치적·사회적 조건에 비추어 보면 비현실적이다. 시민적 휴머니즘에 대해서 자세한 것은 C. Nederman, "Civic Humanism", The Stanford Encyclopedia of Philosophy (Spring 2019 Edition), Edward N. Zalta (ed.), URL = <https://plato.stanford.edu/archives/spr2019/entries/humanism-civic/>.

10 이러한 공화주의적 자유는 기본권이 보장하는 자유를 국가로부터의 자유가 아닌 법적 자유, 제도적 자유, 즉 자유로운 법질서 안에서의 자유로 보는 통합론적 자유관과 유사하다.

11 이에 대해서는 Lovett, Frank, "Republicanism", The Stanford Encyclopedia of Philosophy (Summer 2018 Edition), Edward N. Zalta (ed.), URL = <https://plato.stanford.edu/archives/sum2018/entries/republicanism/>과 그가 신로마적 공화주

공화주의에서 '권력이 비자의적이기 위한 조건'은 보통 두 가지 방식으로 정의된다. 그 하나는 절차적으로 정의하는 입장이다. 이에 따르면 권력은 실효성 있는 규칙, 절차 또는 모든 관련 개인이나 집단이 상식적으로 알고 있는 목적에 의해 통제받는 정도만큼 비자의적 성격을 띤다.[12] 이와 같은 권력에 대한 통제가 신뢰할 만하고 또 실효성이 있으려면, 그러한 통제요인들이 관련 상황이 상당한 정도로 변화하더라도 유지되어야 한다. 이 입장은 법의 지배사상의 적용영역을 상당한 정도로 확장한다는 전제하에서 공화주의적 자유관이 대체적으로 법의 지배 사상과 유사하다고 보는 것이다.[13] 다른 하나는 그 조건을 민주주의적으로 정의하는 입장이다. 이 입장에 따르면 권력은 관련 개인들이나 집단 자신에 의해서 직접 또는 통제되는 정도만큼 비자의적 성격을 띤다. 국가 권력은 공동체 구성원들이 국가가 그 권력을 행사하는 방법에 대하여 같은 비중의 통제가능성을 가지고 있다면 자의성을 띠지 않는다는 것이다.[14] 두 입장은 각기 비지배적 자유를 보장하기 위한 제도적 조건들 중 중요한 한 측면을 강조하고 있다고 본다. 비지배적 자유의 조건은 절차적 정의와 민주주의적 정의의 종합을 통해서 확보된다고 본다. 실제로 현대 입헌주의적 헌법은 양자를 모두 제도화하고 있다.

의자들로 분류하는 J.-P. Spitz(La liberté politique: Essai de généalogie concep-tuelle, 1995), Pettit (앞의 주에서 인용된 문헌), R. Dagger(Civic Virtues: Rights, Citizenship, and Republican Liberalism, 1997), Q. Skinner(Liberty Before Lib-eralism, 1998).

12 F. Lovett, "Domination: A Preliminary Analysis," The Monist, 84 (2001), 98 이하.

13 F. Lovett, A Republic of Law, 2016; F. Lovett, "Republicanism", The Stanford Encyclopedia of Philosophy (Summer 2018 Edition).

14 J. Bohman, "Nondomination and Transnational Democracy," in Republicanism and Political Theory, Cécile Laborde and John Maynor (eds.), 2008; C. Mc-Cammon, "Domination: A Rethinking," Ethics, 125 (2015), 1028–52.

먼저 민주주의는 모든 공동체 구성원에게 국가의사결정에 참여할 수 있는 기회의 평등을 보장하고 대표자와 대표되는 국민 사이의 기본적 동질성을 보장하고 대표되는 자들이 대표하는 자들을 선거를 통해 주기적으로 심판할 수 있도록 함으로써 정치적 다수관계의 가변성, 대표자의 피대표자에 대한 독립성과 동시에 책임성을 보장하고, 이로써 비지배적 자유를 가져 오는 수단이 된다.[15] 즉 현재의 정치적 다수파만이 아니라 현재의 소수파도, 사회적 강자만이 아니라 사회적 약자도 타인의 자의적 지배로부터 해방시켜 줄 수 있는 가능성을 만들어 준다. 또한 비지배적 자유를 위해서는 공동체 구성원 모두가 직접 또는 간접적으로 자유롭게 참여하는 결정에 의하여 제정되는 법, 표현의 자유를 비롯한 정치적 자유가 평등하게 보장되는 가운데 제정되는 법의 지배가 관철되어야 한다. 이처럼 민주적인 법에 의한 지배가 이뤄질 때 비지배적 자유가 제대로 실현될 수 있는 것이다.[16] 이리하여 민주주의는 공동체 구성원들 사이에 상호적 비지배[17]를 실현하기 위한 제도로서 공화주의의 내용이 된다. 입헌주의적[18] 공화주의는 공동체 구성원들 사이에 상

---

15 이에 대해서는 리처드 벨라미, "공화주의, 민주주의 그리고 헌정주의", 『공화주의와 정치이론』 (세실 라보르드, 존 메이너 외 지음(곽준혁, 조계원, 홍승헌 역)), 2008, 228–240 참조.

16 신용인, 『법학논총』 제28권 제3호 (2016), 354; I. Honoban, "Republicans, Rights, and Constitutions: Is Judicial Review Compatible with Republican Self-Government?", Legal republicanism: national and international perspectives, 2009, p. 86.

17 이에 대한 설명은 곽준혁, "민주주의와 공화주의: 헌정체제의 두 가지 원칙", 『한국정치학회보』 제52집 1호, 43 이하 참조.

18 이에 대하여 상세한 것은 곽준혁 역, 『신공화주의』, 321 이하 참조. 물론 신로마적 공화주의자들 가운데서도 헌법재판소에 의해서 사법적으로 관철되는 국내법질서에서 최고의 효력을 갖는 헌법을 통해 정치에 대한 절차적·내용적 한계를 설정해야 한다고 믿는 헌정주의가 비지배적 자유를 보장하지 못한다고 비판하는 정치적 헌정주의자도 있다. 가령 리처드 벨라미, "공화주의, 민주주의 그리고 헌정주의", 『공화주의와 정치이론』 (세실 라보르드, 존 메

호적 비지배의 조건을 헌법을 통해 제도화함으로써 민주주의를 내재화하고, 자유와 공동선의 조화를 모색하게 된다.

이처럼 공화주의는 우리 헌법의 기본권조항들은 물론 민주주의와 법치주의를 구현하는 제도들을 통일적으로 이해할 수 있는 전망을 제공하고 있고, 또한 그렇기 때문에 헌정을 위한 다양한 제도들의 본질에 대한 이해를 돕고 개인의 자유를 둘러싼 변화된 헌정의 환경에 대처하기 위한 개선의 지침도 얻을 수 있다.[19]

공화주의는 나아가 자유 행사의 물질적 바탕이 결여된 사람들에게 그 물질적 전제를 보장하는 사회국가원리 내지 복지국가의 기획도 뒷받침한다.[20] 자유행사의 최소한의 물적 전제가 결여되면 타인의 착취의 대상으로 쉽게 전락하거나 변덕스러운 자선의 손에 맡겨질 위험성이 커지는 등 타인의 자의적 지배를 받을 가능성이 높기 때문이다. 한편, 개인의 비지배적 자유를 증진하는 국민경제의 성장정책도 공화주의적 정책의 지향점이 될 수 있다.[21] 그러므로 독과점방지, 경제적 지배력의 남용방지, 소득의 공정한 분배, 균형 있는 국민경제의 성장과 같은 정책들을 추진할 수 있도록 하는 우리 헌법 제119조 제2항의 경제민주주의조항은 공화주의의 경제전략과 조화를 이루고 있다고 할 것이다.

이너 외 지음(곽준혁, 조계원, 홍승헌 역)), 2008, 240-250 참조.

19 Ph. Pettit, Republican Liberty and its Constitutional Significance, Australian Journal of Legal Philosophy 25(2) (2000), 237.

20 이에 대해서는 필립 페팃 저/곽준혁 역, 『신공화주의』, 비지배 자유와 공화주의, 299 이하; Jean-Fabien Spitz, "The Concept of Liberty in 'A Theory of Justice' and Its Republican Version," Ratio Juris, 7(1993), 331-47; 김종철, 한국의 헌법재판과 민주주의 – 입헌민주주의의 공화주의적 재해석을 중심으로 –, 「헌법재판연구」 제5권 제2호 (2018. 12.), 25 이하; 김종철, 한국 헌법과 사회적 평등 – 현황과 법적 쟁점, 「헌법재판연구」 제4권 제1호 (2017), 213 이하 등 참조.

21 상세한 것은 곽준혁 역, 『신공화주의』, 308 이하 참조.

공화주의는 국제평화주의의 정치철학적 토대도 제공할 수도 있다.[22] 고전적 공화주의자들도 정복전쟁의 위험성을 감지했다.[23] 전쟁으로 국내의 부와 권력의 균형이 무너지게 됨으로써 제국주의적 정복전쟁은 국내에서의 자유의 기반을 허무는 경향이 있다고 우려하면서 다양한 협력적·연방적 협약을 통해 대책을 강구했다. 뿐만 아니라 타국의 정복은 타국 국민을 자의적 지배하에 두는 것이기도 하다. 유사한 근거로 공화주의는 남북한의 평화적 재통일의 필요성도 뒷받침한다. 세계적 열강으로 둘러싸인 작은 나라의 분단상황은 남북한 모두 열강에의 의존을 심화시킬 뿐만 아니라 국민들의 정치적 자유를 자의적으로 제한하는 구실로 악용되는 등 민주주의와 법치주의의 정상적 실현을 저해하는 요인으로 작용해 왔기 때문이다.

이처럼 민주'공화국'에 대한 실질적 이해는 현행 헌법의 다수의 규정들에 대한 정치철학적 토대를 조명해 줄 수 있고, 또 그렇기 때문에 현행 헌정질서에 대한 비판의 규준, 헌법을 디자인할 때 존중하여야 하는 가치, 제도적 요소들을 제시할 수 있다. 더구나 공화주의는 비지배적 자유를 구현하기 위한 헌정제도의 디자인에 심혈을 기울여 왔다. 그밖에도 공화주의가 제헌헌법을 비롯한 현행 헌법의 모체가 되었던 임시정부헌법

---

22 제임스 보먼, "비지배와 초국가적 민주주의", 『공화주의와 정치이론』 (세실 라보르드, 존 메이너 외 지음(곽준혁, 조계원, 홍승헌 역)), 2008, 269 이하 참조.

23 과거의 공화주의자들이 로마제국을 비롯한 다른 공화국들의의 군사적 용맹을 찬양하고 또 자주 공화국의 영토확장 능력을 고양하는 정책 및 제도를 옹호하는 마키아벨리를 추종하곤 했었다. 이 때문에 과거의 공화주의자들은 군국주의 내지 제국주의적 경향이 있다는 비판을 받기도 했다. 그러나 이와 같은 비판은 공정한 것이 아니다. 과거의 공화주의자들은 정복을 위한 정복을 옹호했다기보다는 다른 공화국의 노예가 되는 것을 방지하기 위해 정복을 말하곤 했기 때문이다.

들의 핵심사상이었다는 점에 비추어 보더라도[24] 공화주의를 민주공화국 완성을 헌정질서 개혁의 정향점으로 삼는 것은 타당하다고 할 것이다.

III. 민주공화국 완성을 위한 법률차원의 법제 개혁

흔히 민주공화국의 실현을 위해서는 87년 헌법에 대한 개정이 필요하다고 한다. 그러나 그러한 인식은 부분적 타당성만을 갖는다. 민주공화국의 완성에 헌법의 수정 내지 보완이 필요조건일 수는 있지만 충분조건은 아니기 때문이다. 국가의 헌정질서는 헌법만이 아니라 헌법을 구체화하고 헌법이 남긴 여지를 채우는 다수의 법률차원의 제도들, 헌정관행, 정치문화 등이 상호 유기적으로 영향을 미치며 형성된다. 따라서 민주공화정의 원활한 작동을 가로막는 원인들도 다차원적으로 존

---

24 이에 대해서 상세한 것은 무엇보다도 강정인·김도균, 「한국정치학회보」 제52집 제1호 (2018), 257 이하 참조. 그들은 정치·경제·교육의 균등, 개인·민족·국가의 균등으로 요약되는 조소앙의 삼균주의를 다음과 같이 분석하고 있다. "첫째, 균등은 전제로부터의 해방과 어떠한 혜택이나 이익을 평등한 기회의 부여를 통해 응능응분의 몫만큼 실질적으로 수혜받는 상태가 결합된 것으로서, '모든 주체가 어떠한 것을 수행할 평등한 기회와 그것을 수행할 능력에 필요한 것들을 향유하며, 또 외부적 방해 없이 실제로 수행할 수 있는 안정적인 상태'를 의미한다. 그리고 둘째, 삼균주의는 개념상 민주공화주의보다 포괄적이지만, 국가의 통치방식 및 정체의 수준에서의 민주공화주의와 동격이라 볼 수 있다."고 한다. 그들은 비지배적 자유를 위한 공화주의의 기획이 오늘날 국제평화주의, 국제경제적 정의, 난민 등의 문제에까지 미친다는 점(Lovett, Frank, "Republicanism", The Stanford Encyclopedia of Philosophy (Summer 2018 Edition), Edward N. Zalta (ed.), URL = <https://plato.stanford.edu/archives/sum2018/entries/republicanism/> 및 거기서 인용된 문헌 참조)을 간과하고 있다. 그러나 조소앙의 삼균주의에 대한 천착을 통해 그것이 공화주의와 사상적으로 매우 유사성을 가지고 있음을 규명한 것은 탁월한 업적이라고 본다. 그밖에도 신우철, "건국강령(1941. 10. 28) 연구: '조소앙 헌법사상'의 헌법사적 의미를 되새기며.", 「중앙법학」 제10집 제1호 (2008), 63-97; 신우철, 「공법연구」 제36집 제4호 (2008), 389-434.

재할 수 있는 만큼 각 차원에 맞는 처방이 강구되어야 한다. 개헌이 만병통치약은 아니다.

본장에서는 우리의 민주공화국을 공고한 토대에 올려놓기 위해서는 한편으로는 민주적·공화적으로 사고하고 행동하는 시민의 양성을 통해 민주적·공화주의적 정치문화의 기반을 강화하는 것이 필요하고, 다른 한편으로는 헌정질서를 구성하는 법률차원의 제도들도 공화주의적 정신에 맞게 정상화되어야 한다는 것을 논증한다.

1. 민주시민의 양성

먼저 시민의 덕성을 가진 시민들이 많을수록 민주공화국은 굳건해 진다. 자결적·독립적·비판적으로 분별하며 행동하고, 정치적 의사결정의 메카니즘을 비롯한 민주적 정치시스템을 충분히 이해하고 적극적으로 참여하려는 의지, 헌법을 비롯한 법질서에 대한 존중, 관용, 불법과 불의에 대해 저항하고 비판할 수 있는 용기, 공정성에 대한 감각, 연대의 정신과 같은 덕성을 가진 시민이 많을수록 민주공화국의 토대는 공고해 진다.[25] 그러나 민주주의 자체는 이처럼 성숙한 시민을 생산해 내지 못한다.[26] 이와 같은 덕성은 학교 및 사회의 교육을 통해서 그리고

---

25 물론 공화주의는 시민적 덕을 중요하게 여기기는 하지만, 그것은 비지배적 자유를 향유할 수 있도록 하는 공동체의 법, 제도, 규범을 생성·유지하고 그에 대한 신뢰성을 제고하는 데 기여하는 것, 즉 수단적인 것으로 볼 뿐, 그러한 덕을 발휘함으로써 사람들이 비로소 자유를 누린다고 보지는 않는다는 것에 대해서는 상술한 바 있다.

26 H. Buchstein, Die Zumutungen der Demokratie. Von der normativen Theorie des Bürgers zur institutionell vermittelten Präferenzkompetenz. In: K. v. Beyme, C. Offe (Hrsg.): Politische Theorien in der Ära der Transformation. Vierteljahresschrift, Sonderheft 26/1995, S. 295.

그와 같은 덕성을 발휘하는 사람들에 대해서 존경심을 표하고 보상하는 정치문화를 통해서 길러지는 것이다. 시민적 덕성이 충분히 발휘되는 사회에서는 정당들도 양질의 정책 개발을 위해 그리고 양질의 정치인들을 발굴·육성하고 좀 더 책임 있는 자세를 견지하기 위하여 노력하지 않을 수 없게 된다.

이 때문에 나라에 따라서는 헌법에 민주시민의 양성을 교육의 목표로 명시하기도 하고,[27] 별도의 교육기관[28]을 설치하는 등 주요 서구 민주국가들은 다양한 방식으로 민주시민의 양성을 위하여 노력하고 있다.[29]

민주시민교육은 소극적으로 보면 헌법질서의 핵심인 민주적 기본질서를 좌우의 극단세력에 의한 파괴시도로부터 지켜내기 위한 수단, 즉 체제수호를 위한 것이다. 헌법은 민주시민교육의 근거이자 내용이며 한계이다.[30] 그럼에도 불구하고 우리 정치권은 상호 깊은 불신 속에서 그

---

27 가령 그리스 헌법 제16조 제2항, 스페인 헌법 제27조 제2항, 오스트리아 헌법 제14조 제6a항 참조. 교육을 각 주가 관할하는 독일에서는 주 헌법에 이를 명시하는 주도 있다. 가령 노르트라인-베스트팔렌 헌법 제3장 참조. 이에 대해서 상세한 것은 정필운, 전윤경, "민주시민교육은 어떻게 활성화되는가? −현재 발의된 민주시민교육지원법안에 대한 비판적 검토−", 『민주시민교육 관련 법제화의 쟁점과 지역별 조례 실태』, 2019 NGO 학회 춘계학술대회 자료집 참조.

28 가령 독일은 내무부 산하에 연방정치교육원(Bundeszentrale für politische Bildung)을 두고 있다. 독일의 시민정치교육에 대해서 상세한 것은 J. Hüttmann, Politisierung und Entpolitisierung. Schulische Bildung im "doppelten Deutschland" und nach der deutschen Einheit, 『헌법연구』 제4권 제1호 (2017), 99 이하; G. Kellermann, Rechtlicher Rahmen und Entwicklungen der außerschulischen politischen Bildung in Deutschland, 『헌법연구』 제4권 제1호 (2017), 153 이하.

29 이에 대해서는 조찬래 외(충남대 산학협력단), 『각국의 민주시민교육 제도 및 관련 법안 연구』, 중앙선거관리위원회 선거연수원 용역보고서, 2011, 63 이하

30 이에 대해 상세한 것은 M. Hund, Die Verfassung (das Grundgesetz für die Bundesrepublik Deutschland) als Grundordnung des politischen und gesellschaftlichen Lebens in Deutschland, 『헌법연구』 제4권 제1호 (2017), 1 이하; 김선택, "시민교육의 기초로서의 헌법적 합의", 『헌법연구』 제4권 제1호 (2017), 19 이하 참조.

리고 민주시민교육의 효능에 대한 다른 셈법 속에서 학교 밖은 물론 정규학교 교육과정을 통한 민주시민교육의 방법이나 내용에 대해 합의를 보지 못하고 있다.[31]

교육기본법의 목적 중의 하나가 민주시민의 양성(제2조 참조)임에도 불구하고 대학입시 준비를 위한 치열한 경쟁으로 인해 주입식 교육방법이 지배하면서 학생들의 합리적, 비판적, 독립적 사고능력을 배양하기 위한 교육은 제자리를 잡지 못하고 있는 실정이다.[32]

오히려 이른바 '교육의 정치적 중립'이라는 미명 아래 학교교육현장에서 정치교육을 추방하려는 시도가 공공연히 자행되고 있다. 현행법상 고등학생조차도 정당에 가입할 수조차 없다(정당법 제22조). 정당은 가장 생생한 정치교육의 현장임에도 말이다. 교사는 교육과 관련하여 정치적 중립의무를 지고 있다. 교사가 교육에서 자신의 정치관을 일방적으로 학생들에게 주입하려 시도하는 등 뚜렷한 정치적 편향성을 드러내는 경우에는 현행법에 의해 징계의 대상이 될 수 있다. 독일의 보이텔스바하 합의(Beutelsbacher Konsens)가 보여주는 것처럼 현안교육의 방법이나 절차에 대한 규율을 통해 편향적 정치교육이 행해지는 것을 예방할 수도 있다.[33] 이 합의는 특정 정견의 주입 금지 원칙, 학문이나

---

31 이에 대해서는 정하윤, "한국 민주시민교육의 제도화 과정과 쟁점", 「미래정치연구」 제4권 제1호 (2014); 권찬호, "정부차원 민주시민교육의 제도화 추진에 관한 사례연구": 문민정부 세계화추진위원회의 시민정치의식의 세계화 과제 처리과정을 중심으로, 「한국시민윤리학회보」 제22집 제2호 (2009) 등 참조.

32 이에 대해서 상세한 것은 홍석노, "헌법적 합의에 기초한 한국 학교 시민교육의 과제", 「헌법연구」 제4권 제1호 (2017), 121 이하.

33 이에 대해 상세한 것은 심성보, 이동기, 장은주, 케르스틴 폴 저, 「보이텔스바흐 합의와 민주시민교육」, 2018A; 지그프리트 쉴레, 헤르베르트 슈나이더(편저)/전미혜(역), 「보이텔스바흐 협약은 충분한가?」, 민주화운동기념사업회, 2009.

정치에서 논쟁적 사안과 관련해서는 교육에서도 논쟁성을 유지해야 한다는 원칙, 학생들이 스스로 정치적 상황과 이해관계에 따른 정치적 안목을 기르며 정치적 이해관계에 부합하는 정치적 참여역량을 배양하도록 하는 이해관계 인지 원칙 등 3대원칙으로 구성되어 있다. 이처럼 현안교육을 실시하면서도 교육의 정치적 중립성을 확보할 수 있는 길이 있음에도 교사의 현안교육은 엄격한 통제하에 놓여 있어 사명감 있는 교사가 아니면 현안교육은 시행하기 어려울 정도다.[34] 학생들에게 정치에 관심을 갖도록 유도할 수 있는, 생생한 민주시민교육의 수단이 될 수 있는 모의투표조차 공직선거법에 의해 금지되어 있는 실정이다(제 108조 참조).

이와 같은 제도적·문화적·교육적 환경에서 시민들이 그 사회화과정에서 시민으로서의 덕성을 자연스럽게 체득하고, 민주공화국의 기반을 튼튼히 해 줄 것을 기대할 수는 없다.

2. 법률차원의 법제에 대한 개혁의 불가결성

1) 헌법의 개방적 구조

상술한 것처럼 비지배적 자유를 구현하기 위한 민주공화정의 헌정질서는 헌법전 안에 들어있는 헌법규정들로만 형성되지 않는다. 다수의 법률, 헌정관행, 사회규범도 헌정질서를 구성하는 요소가 된다.

무엇보다 헌법이 비지배적 자유를 구현하는 데 필요한 모든 실질적

---

34 홍석노, 「헌법연구」 제4권 제1호 (2017), 132 이하 참조.

의미의 헌법사항들을 빠짐없이 규율하고 있지 않으며 또 그렇게 하는 것이 합목적적이지도 않다.[35] 헌법에 의해 국가질서의 많은 문제들이 규율되고 있지만, 협의의 국가생활 영역을 비롯한 다수의 영역들을 다소 추상적이고 불명확한 규정들로 규율하거나 적지 않은 영역들에 대해서는 규율을 아예 하지 않고 있다. 헌법이 모든 사항을 명확하게 확정함으로써 고도의 예측가능성을 부여하는 것은 먼저 헌법이 정치적 타협에 의하여 형성되기 때문에 불가능하다. 완결성과 명확성을 띠는 헌법은 현실변화에 맞추어 빈번하게 개정의 대상이 되어야 하는 비용을 지불해야 한다는 점에서 바람직하지도 않다. 헌법이 국가의 기본질서로서의 역할을 온전히 수행하려면 지나치게 자주 개정되어서는 안 된다. 정치공동체가 빈번한 개정 없이 헌법에 의거하여 역사적으로 변천하는 다양한 문제들을 극복하려면 그 내용은 필연적으로 "미래를 향하여 개방되어(in die Zeit hinein offen)" 있어야 한다. 정치공동체는 이 개방적 구조를 통하여 역사적 변천에 적응할 수 있는 탄력성을 확보할 수 있다. 정치공동체는 헌법이 직접 명확하게 규율하지 않았거나 추상적으로만 규율한 문제와 관련하여 그때그때의 상황에 맞는 다양한 규율을 자유롭게 선택할 수 있기 때문이다.

정당은 현대민주주의에서 중대한 권력요인이다. 더구나 의회 내의 여당과 행정부가 정당을 매개로 융합되는 현실에서 전래의 3권분립보다는 야당이 실질적인 견제와 균형의 역할을 담당하고 있다. 그럼에도 헌법이 최고국가기관처럼 정당현상에 대하여 상세하게 규율하지 못하는 이유는 정당과 같은 정치현상들을 헌법 차원에서 상세한 규율하는 것이

---

35 헌법의 구조적 개방성에 대해서 상세한 것은 계희열, 『헌법학(상)』, 2004, 52 이하 및 거기서 인용된 독일의 문헌 참조.

정권장악을 목표로 하는 정당의 본질에 맞지 않기 때문이다.

그러나 만약 모든 실질적 헌법사항들을 미결로 남겨 두고 확정해 놓은 것이 없다면 헌법은 해체되어 버릴 위험이 있다. 따라서 헌법이 정치공동체의 기본적 법질서로서의 구실을 의미 있게 하려면 일정한 사항을 개방해 두는 것이 필요하고 또 합리적이지만, 헌법이 반드시 확정해야 하는 것도 있다. 즉 공동체의 기초가 되는 "기본원리", "권력구조", "미결의 문제를 확정하는 절차"가 그것이다.

헌법은 이처럼 개방된 채로 두기도 하고 확정해 놓기도 함으로써 그 과제를 적절하게 수행할 수 있다. 즉 헌법은 개방성을 통하여 역사적 변천에 적응할 여지를 마련하며 미결의 문제들에 대한 자유로운 논의와 결정을 통한 합리적 해결을 위한 여지를 확보해 준다.

2) 권력기관의 정상화를 위한 법제 개혁

이 때문에 헌정질서는 헌법만이 아니라 다수의 법률에 의해서도 구성되게 된다. 실제로 국회법, 정부조직법, 감사원법, 법원조직법, 헌법재판소법, 선거관리위원법 등이 최고국가기관의 구성, 권한, 권한행사의 절차, 조직, 다른 최고국가기관들 상호 간의 관계를 헌법의 테두리 안에서 구체적으로 규율하고 있다. 지방자치법, 지방재정법 등 지방자치 관련 법령은 헌법이 추상적으로 규정한 지방자치단체의 종류, 권한, 권한행사의 방법과 한계, 중앙정부와의 관계 등을 구체화하고 있다. 또 공직선거법은 대통령, 국회, 지방자치단체의 구성을 위한 선거에 관한 구체적 규율을 담고 있다.

헌법이 권력 간의 견제와 균형을 통해 비지배적 자유 실현을 도모하고 있다고 하더라도 헌법을 뒷받침하면서 헌정질서를 형성하는 법률들이 헌법의 정신을 온전히 구현하지 못하거나, 심지어는 그것을 왜곡하거나, 온전히 구현하고 있더라도 법질서가 규범력을 충분히 발휘하지 못하면 권력의 견제와 균형의 메카니즘은 제대로 작동할 수 없다.

최고국가기관도 아니고, 그에 따라 헌법에 직접 언급되어 있지 아니한 검찰,[36] 경찰, 국가정보원, 국세청과 같은 이른바 권력기관들은 대통령이 헌법이 예정하는 권력 이상의 초과권력을 생산하는 도구로 악용되곤 했다. 대통령이 인사권을 통해 이 기관들을 사유화하여 그 기능을 왜곡시키면서 정파적으로 활용하곤 한 것이다. 이 때문에 특히 정부형태 변경론자들은 현행 헌법의 대통령제를 제왕적 대통령제로 규정하곤 했다. 이 기관들의 정상화는, 민주화의 전전에 관건적인 문제들 중의 하나로 평가되면서 김영삼 정권 이래 민주화 이후 정권의 주요 과제로 등장하곤 했었다.[37] 그러나 이 문제는 여전히 미완의 과제로 남아 있다.

현 정권의 국정과제 중의 하나도 권력기관의 정상화이며, 정권 초부터 권력기관 정상화를 위한 노력을 경주해 왔다. 독립성·중립성도 미약한 상태에서 무소불위의 권한을 행사해 온 검찰의 폐해(검찰의 정치도구화, 그에 따른 자의적·편파적 검찰권 행사, 정치적 경쟁구도의 왜곡, 집권세력의 부패 조장, 경제적 정의 실현의 저해 등)를 시정하기 위하여 공직자비리수사처를 설치하고, 검경 간의 수사권도 조정하는 법안

---

36 검찰도 헌법에서 검사의 영장신청권(제12조 제3항, 제16조), 검찰총장(제89조 제16호) 인사 문제와 관련해서만 언급되고 있을 뿐이다.

37 이에 대해서는 정태호, "민주화 이후의 검찰개혁에 대한 반추와 검찰개혁 방안에 대한 평가," 『한국 민주주의 어디까지 왔나』 (조기숙, 정태호 외), 2012, 257 이하, 특히 268 이하 및 그곳에서 인용된 문헌 참조.

들도 국회에 이미 제출되어 있다. 국회에도 사법개혁특별위원회가 가동되고 있다. 또 과거 집권여당을 위하여 국민여론을 조작하는 방식으로 선거에 국내정치문제에 개입하고, 국가보안사법위반사범 등에 대한 수사권(국정원법 제3조 제3항 참조)을 가지고 각종 인권유린을 자행하며 무고한 시민들을 '공안사범'으로 만드는 데 앞장서 온 것이 드러나 개혁의 대상이 되어 온 국가정보원의 권한을 합리화하기 위한 개혁법률도 국회에 제출되어 있다. 그러나 주요 야당의 반대로 개혁법률의 국회통과 전망은 불확실한 실정이다.

3) 국민의 정치참여를 가로막는 법제의 개혁

공화주의의 핵심가치인 비지배의 상호성을 위하여, 따라서 지배적 자유를 구현하기 위해서는 상술한 것처럼 국민에게 정치 참여의 자유와 평등이 온전히 보장되어야 한다. 국민의 적극적 정치참여는 장려되어야 하는 시민의 덕성이다.

우리 헌법도 정치참여의 자유와 평등을 다양한 방식으로 보장한다. 정당의 설립과 활동의 자유(제8조 제1항), 언론·출판·집회·결사의 자유(제21조), 선거권(제24조) 및 공무담임권(제25조) 보장, 보통·평등·직접·비밀선거와 같은 민주적 선거의 제도적 보장(제41조 제1항, 제67조 제1항), 선거운동의 균등한 기회보장(제116조 제1항)을 통해서 그와 같은 가치를 제도적으로 구현하려고 한다. 그러나 헌법은 국민에게 실제로 정치적 참여의 자유가 평등하게 보장되어 있는지의 문제에 대하여 충분한 정보를 제공하지 못한다. 헌법을 구체화하거나 헌법이 남긴 미결의 문제들을 법률형식으로 결정하는 입법부, 법률을 집행하는 집행기관, 법적 분쟁에 대한 재판을 담당하는 법원이나 헌법재판소가 정치게임의 공정성을 왜곡시킬 수 있는 가능성이 적잖이 존재하기 때문이다.

　정당을 중심으로 작동하는 현대 정당민주주의에서 국민의 적극적 정치참여의 방법 중 핵심적 의미를 가지고 있는 것이 정당활동이다. 정당에 가입하고 정당활동에 참여할 수 있는 자유가 가능한 한 자유롭고 평등하게 보장되어야 한다. 그러나 현행 정당법, 공직선거법, 공무원법, 사립학교법 등은 정당의 문호를 필요 이상으로 좁혀 놓았다. 국회의원 선거권이 없는 만 19세 미만의 청소년, 국가공무원, 지방공무원, 대학교원을 제외한 사립학교 교원은 정당에 가입할 수 없고(정당법 제22조),[38] 정당 및 정치인을 후원할 수도 없으며(정치자금법 제8조), 정치운동을 할 수도 정치단체에 가입할 수도 없고(가령 국가공무원법 제65조) 근무시간 아닌 때조차 '노동운동 기타 공무 이외의 일을 위한 집단행위'를 할 수도 없다(가령 국가공무원법 제66조). 정치적 자유에 대한 이와 같은 광범위한 제한은 공무원 정치적 중립의무로도 정당화되기 어렵다. 공무원의 의무는 직무수행상의 중립의무이고, 따라서 이 중립의무에서 정치활동금지가 필연적으로 도출되는 것이 아니기 때문이다.[39] 공무원이나 청소년에 대한 이와 같은 광범위한 정치활동의 자유의 제한은 서구민주국가에서는 찾아볼 수 없다.

　정당법은 그밖에도 각기 1,000명 이상의 당원을 확보한 5개 시도당이

---

38 교사 등의 정당 가입을 금지한 정당법상의 규정에 대하여 헌법재판소는 합헌결정을 하였다(헌재 2014. 3. 37. 2011헌바42. 4인의 위헌 취지의 소수의견이 있었음).

39 헌재 2012. 5. 31. 2009헌마705 등. 판례집 24-1하, 541, 565 이하(목영준, 이정미 재판관의 위헌취지의 반대의견), 같은 곳 569 이하(송두환 재판관의 위헌취지의 반대의견) 참조.

있어야 정당으로서 등록·성립할 수 있도록 하는 한편(제4, 17, 18조), 국회의원 총선거에서 의석을 얻지 못하거나 의미 2% 이상의 득표를 하지 못하면 등록을 취소하도록 함으로써(제44조) 신생정당의 출현·발전을 어렵게 해놓고 있을 뿐 아니라,[40] 지방자치단체 차원에서만 활동하는 것을 목적으로 하는 지방자치정당의 가능성도 부정하고 있다.[41] 이는 소수파가 자신들의 정치적 생각이나 이해관계를 효과적으로 관철하기 위하여 정당을 결성하는 시도를 어렵게 만드는 것이다.

공직선거법은 선거운동과 선거운동이 아닌 정치활동 내지 단순한 정치적 견해 주장을 구분하기 어렵다는 사정을 무시한 채 취해진 사전선거운동 금지원칙, 이 불명확한 원칙을 관철하기 위한 개인과 단체의 정치활동에 대한 후견주의적이고 획일적이며 포괄적인 규제, 모호한 원칙적 규정과 예외규정으로 점철된 복잡한 선거운동 규제 등으로 선거운동의 자유 내지 정치적 표현의 자유를 심히 저해하고 있음은 물론 그러한 규율체계가 정치신인이나 신생정당에게 현저하게 불리하게 작용함으로써 공정성도 보장하지 못한다는 비판에 직면하고 있다.

정당 내지 정치활동 관련 규율은 정당민주주의 현실에서 민주주의 실현, 따라서 비지배적 자유의 구현에 매우 중요한 의미가 있다. 정치적 다수파가 자신에게 유리하게 정당활동, 정치자금이나 선거운동, 선거제도에 관해 규율함으로써 정치적 경쟁질서를 왜곡할 수도 있기 때문이다. 그 경우 민주주의의 기본 전제인 개인의 자유와 평등, 나아가

---

40 정태호, "정당설립의 자유와 현행 정당등록제의 위헌성에 대한 관견", 「인권과 정의」 제343호 (2005. 03), 97 이하. 다행히도 헌재 2014. 1. 28. 2012헌마431 등, 판례집 26-1상, 155에 의하여 해당 정당법 규정은 위헌으로 선언되었다.

41 지방자치정당 금지의 문제에 대해서는 정태호, "현행 정당법상의 정당개념의 헌법적 문제점", 「경희법학」 제40권 제2호 (2005. 12), 125 이하, 특히 133 이하 참조.

정당의 자유와 평등은 무너지고, 정치적 다수파와 소수파, 여당과 야당의 교체가능성을 전제로 하는 비지배의 상호성을 구현하는 제도적 기반도 붕괴된다.

4) 국정조사법제의 개혁

국정조사법(국정감사 및 국정조사에 관한 법률, 국회에서의 증언·감정 등에 관한 법률)은 정부와 국회 내 여당의 원내교섭단체가 한몸이라는 사실을 외면한 채 국회 소수파(재적 4분의 1 이상의 의원들)에게 정부의 비리나 실정을 밝히는 국정조사를 요구할 수 있는 권한만을 인정했을 뿐 구체적인 국정조사계획을 국회 다수파의 동의에 결부시켜 놓았다. 범인에 대한 수사의 범위나 방법을 그의 친족의 동의를 받아 결정하도록 한 것이나 마찬가지다. 이 때문에 국정조사제도는 진실은 파헤치지 못하면서 정쟁만 유발하는 비생산적 제도라는 무용론까지 등장하였다.

우리와는 달리 독일은 국정조사제도가 정치적 다수파의 이해관계 때문에 겉돌지 않도록 하는 대책을 세웠다.[42] 그 출발점은 정부와 국회의 다수세력이 소속 정당을 매개로 한 몸이 돼 작동하는 것이 보통인 현대 정당정치에서 정권의 실정이나 비리를 밝히기 위한 국정조사는 무엇보다도 국회의 소수파, 즉 야당의 권한임을 인정하는 것이었다. 다시 말해 국정조사에서도 야당이 정권에 대한 견제 역할을 충분히 수행할 수 있도록 법을 만드는 것이었다. 그래서 독일은 연방의회 재적 4분의 1

---

42 정혜영, "2001년 제정된 독일연방국정조사위원회법과 그 시사점 – 우리나라 국정조사제도의 개선방안 모색", 「공법연구」 제34집 제3호 (2006), 311 이하; 홍일선, "독일연방의회의 국정조사권: 기본법 제44조의 국정조사위원회를 중심으로", 「헌법학연구」 제11권 제3호 (2005), 101 이하.

이상의 소수파가 요구한 국정조사의 경우 다수파가 조사대상을 원칙적으로 변경할 수 없도록 했다. 우리와는 달리 소수파가 요구한 국정조사의 경우 다수파가 조사범위, 소환될 증인의 범위 등을 좌우할 수 없게 한 것이다. 또 국가기관에 대한 문서제출 요구를 국가비밀 등 이런저런 구실로 거부하는 관련 장관의 결정에 대해 소수파도 연방헌법재판소에 제소해 거부결정의 타당성을 가릴 수 있도록 하는 한편, 연방법원 판사로 하여금 해당 문서에 대한 비밀지정이 적법한지 심사할 수 있게 했다. 그 밖에도 정당한 이유 없이 국정조사를 위한 소환에 불응한 증인이나 증언을 거부한 자에 대해 국회 소수파도 벌금이나 구류를 명할 수 있게 함으로써 증인 등이 정부·여당의 비호 아래 소환이나 증언을 거부하는 것을 극히 어렵게 만들었다. 이처럼 국정조사법제가 개혁될 경우 국정조사제도는 권력의 오남용과 부패에 대한 실효성 있는 감시장치로 작동하게 될 것이다.

한편, 독일처럼 국정조사제도가 실효성을 갖도록 개혁할 경우 소수파가 이 제도를 정치공세의 수단으로 악용하는 것을 방지하기 위한 대책도 필요하다. 즉 정부나 원내교섭단체가 국회의 국정조사위원회 가동 결의가 헌법에 합치하는지 여부에 대함 심판청구를 헌법재판소에 할 수 있도록 헌법을 개정하여야 할 것이다.

5) 다양한 성향의 언론매체들 사이의 영향력의 균형 모색

국민이 선거나 정치의사의 예비형성에 참여하여 올바른 결정을 내리려면 우선 올바른 판단을 내려야 한다. 이를 위해서는 국민에게 판단

의 자료, 즉 정보가 필요하다. 그러므로 민주주의국가에서는 국민에게 정치과정에 관한 충분한 정보가 공개되어야 한다. 국정이 공개될 때에만 통치자에 대해 책임을 묻는 것이 가능하고 또 국민의 책임의식도 자라날 수 있다.[43]

우리 헌법이 보장하는 언론의 자유(제21조 제1항)는 그렇기 때문에 민주주의의 실현에 불가결적 기능을 수행한다. 언론의 자유가 존재할 때 정치적 소수파가 정치적 다수파가 될 수 있는 전망도 열린다. 그렇기 때문에 언론의 자유는 비지배적 자유를 구현하는 데 불가결적 의미를 갖는다. 또한 언론을 통해 국정이 투명하게 공개되고 언론을 통한 이성적 비판이 활발히 전개될 때 정책의 오류를 사전, 사후에 시정할 수 있는 가능성도 높아지며, 정권이나 공직자의 부패 위험성도 감소한다.

그런데 국민과 국가기관 사이에, 국민과 정당 사이에, 국민과 정치인 사이에 정보를 매개하는 것은 무엇보다도 다양한 종류의 언론매체이다. 그런데 언론매체는 정보의 전달과정에서 자신의 경향성을 드러낼 수밖에 없고, 또 그렇게 국민에게 큰 영향력을 발휘한다. 그래서 언론은 제4부로 불리기도 한다. 오늘날 인터넷, SNS의 발달로 정보환경이 변화함에 따라 전통적인 언론매체의 영향력이 다소 감소한 것은 사실이다. 그러나 언론매체가 필봉을 통해서 휘두르는 사실상의 영향력은 민주주적 정치현실에서 여전히 가공할 만한 권력요인이다.

그러므로 사회 내의 다원적인 소리와 이해관계를 담아낼 수 있는 다양한 성향의 언론매체들이 경쟁하면서도 이 상이한 언론매체들의 영향력이 상호균형을 이룰 수 있다면 공화주의의 핵심가치인 비지배적 자유

---

43 계희열, 『헌법학(상)』, 2004, 238-239 참조.

를 구현하는 데 이상적인 언론환경이 조성되었다고 할 것이다.

우리의 언론현실로 눈을 돌리면 공영언론은 정치적 독립성이 취약한 인사체계를 가지고 있어서 권위주의적 정권하에서는 쉽게 관치언론으로 전락하는 경향이 있고, 민영언론의 대다수는 광고주인 대자본에 영합하는 경향을 보이는 등 그 수는 많으나 사회 내의 다양한 목소리와 이해관계를 균형 있게 반영해 내지 못하고 있다. 이와 같은 언론지형의 불균형은 다시 대자본에 우호적인 정치적 세력들에게 유리하게 작용하며, 궁극적으로는 경제적·사회적 약자들이 경제적·사회적 강자들의 자의에 노출되는 위험을 초래하고 있다.

공영언론의 정치적 독립성은 경영진 구성 방법의 개선(공영방송 사장의 추첨제, 또는 이사회에서의 가중다수결에 의한 선임 등)을 통해서 어느 정도 제고할 수는 있을 것이다. 그렇지만 민영언론의 다양성과 언론매체 간의 영향력의 균형을 회복하고 유지하는 것은 쉬운 일이 아니다. 언론시장에서의 독과점 형성 방지를 위해 일간신문과 뉴스통신·방송사업의 겸영금지 등의 조치를 취할 수는 있으나, 시장지배적 매체의 발행부수 제한 등과 같은 조치를 통해 언론시장에 직접적으로 개입하는 것은 언론의 자유에 비추어 볼 때 한계가 있다.[44] 언론매체 간의 경쟁과 균형은 민주시민교육을 통해서, 즉 소비자의 의식 개선을 통해서만 개선될 수 있을 것이다.

---

44 헌법재판소는 일간신문사 지배주주의 뉴스통신사 또는 다른 일간신문사 주식·지분의 소유·취득을 제한하는 조치, 1개 일간신문사의 시장점유율 30%, 3개 일간신문사의 시장점유율 60% 이상인 자를 시장지배적사업자로 추정하고, 시장지배적사업자를 신문발전기금의 지원대상에서 배제한 것을 위헌으로 선언하였다(헌재 2006. 6. 29. 2005헌마165 등, 판례집 18-1하, 337 이하 참조).

6) 기본권의 온전한 보장을 위해선 관련 법제 개혁 수반돼야

 기본권도 헌법에 의해 보장된다고 해서 그대로 실현되는 것은 아니다. 헌법에 의한 기본권보장은 국가에게 존중 · 보호 · 이행 의무를 부과하는 것일 뿐, 기본권이 그 자체로서 모든 국민에게 자유로운 현실을 조성해 주는 것은 아니다. 기본권의 실효적 보장의 정도는 무엇보다도 각 기본권 영역별로 제정되는 다수의 법률의 내용에 좌우된다. 특히 규범에 의한 형성을 요하는 기본권은 기본권의 내용과 한계, 행사의 방법, 절차를 구체화하는 법령에 의해서 권리의 실제적인 모습이 드러난다.
 형사절차에서 피의자나 피고인의 신체의 자유가 국가기관의 자의에 노출되어 있는지를 확인하려면 헌법상의 신체의 자유 조항, 재판청구권 조항만이 아니라 좁게는 형사소송법, 넓게는 이 법과 더불어 수사 및 기소의 체계를 형성하는 경찰청법, 검찰청법, 국정원법, 나아가 법원 및 법관의 독립성 및 재판의 합법성 및 공정성에 영향을 미치는 헌법 및 법원조직법의 규율을 함께 들여다보아야 한다. 참여정부가 추진했던 피의자 및 피고인 인권보호를 위한 조서재판의 극복을 위한 공판중심주의 및 조서의 증거능력 제한은 일부 진전은 있었으나 여전히 개선을 요하고 있다.[45] 형사사법적 정의를 위해서도 필요한 검경 수사권 조정의 해묵은 과제는 상술한 것처럼 아직도 해결될 확실한 전망이 보이지 않는다. 법원은 법원대로 전관예우의 폐해를 떨쳐 내지 못하면서 국민으로부터 유전무죄 무전유죄라는 냉소적 평가를 들으며 불신의 대상이 되고 있고, 양승태 사법농단 사태가 말해주는 것처럼 법관의 관료

---

45 법조단체, "검사 작성 피의자신문조서 증거능력 엄격 제한해야", 법률신문 2016-09-26
(https://www.lawtimes.co.kr/Legal-News/Legal-News-View?serial=103307).

화 및 그에 따른 취약한 내부적 독립성을 배태하고 있는 법관인사제도 등으로 재판을 통해 자의적 지배를 배제해 주어야 할 최후의 보루로서의 구실을 제대로 하지 못하고 있다.

소수자에 대한 자의적 지배는 소수자에 대한 다양한 형태의 차별에 의하거나 그들에 대한 차별을 수반한다. 일반적 평등권이나 특별평등권은 무엇보다도 소수자를 차별하는 공권력에 대한 방어권이다. 그런데 개인이나 사회적 세력에 의한 소수자 차별에 대해서도 헌법상의 평등권이 적용될 수 있는지, 그렇다면 어떤 강도로 적용되며 또 그 법적 효과는 무엇인지가 명확하지 않다. 따라서 무엇보다도 사회구성원들에게 평등이 제시하는 행위지침을 명확히 제시하려면 이를 명확히 하는 차별금지법이 제정되어야 한다. 그러나 차별금지법이 동성애나 동성혼을 조장할 것이라는 보수적인 종교계의 우려 때문에 관련 입법은 제동이 걸려 있는 상태다.

소득의 양극화가 심해지면서 사회적 기본권의 강화를 위한 개헌 요구가 봇물처럼 터지고 있다. 그러나 개헌을 통해 사회보장 증진을 위한 국가의 의무를 개인의 사회보장권으로 변경한다고 하더라도 사회보장의 수준이 바로 향상되는 것은 아니다. 이 기본권의 실현을 뒷받침하는 입법 내지 법개정 작업이 동반되지 않으면 개헌에 실린 국민의 기대는 곧 낙망과 분노로 바뀌게 될 것이다. 그런데 사회보장 수준의 제고는 증세, 사회보험료의 인상 등을 수반하는 것이 보통이고, 따라서 국민경제에 지속적인 영향을 미치게 되므로 개헌 취지에 부합하는 관련 법률의 개정도 쉬운 일이 아니다. 제헌헌법부터 "노령, 질병 기타 근로능력의 상실로 인하여 생활유지의 능력이 없는 자는 법률의 정하는 바에 의하여 국가의 보호를 받는다."는 사회적 기본권은 제헌헌법부터 보장되어 있었지만 아직도 기초생활보장을 받지 못하는 국민이 적지 않다. 그럼에도 관련 법률규정에 대한 위헌결정이 내려지지 않고 있다는 사실은 개헌이 마치 현실을 마법처럼 바꿀 수 있는 수단인 것처럼 착각해서는 안 된다는 것을 말해주고 있다. 또한 헌법이 국가의 기본법으로서 공동체를 안정시키는 역할을 온전히 수행하려면 현실의 변화에 빈번한 개정 없이 적응할 수 있는 탄력성이 필요하다. 그렇다면 헌법에 그 요건이나 급부수준이 구체적이고 또 섬세하게 규율되어 탄력성이 떨어지는 사회권을 헌법상의 권리로 보장하는 것은 헌법정책적으로 현명한 선택도 아니다.

IV. 민주공화국 완성을 향한 국가조직에 대한 개헌의 주요 쟁점

제한된 시간과 지면에 비추어 볼 때 민주공화국의 완성을 위해 필요한 개헌의 쟁점들을 모두 세세하게 다룰 수는 없다. 여기서는 2017-2018년 개헌논의 과정에서 치열하게 다투어졌던 정부형태, 국회의 권한확대, 연방제 및 양원제, 지방자치의 확대, 법원 및 헌법재판소의 독립성 제고 등과 같은 주요 개헌쟁점을 개관하면서 개헌방향에 관해 의견을 간략히 제시하기로 한다. 한편, 모두에서 언급한 것처럼 개헌논의 과정에서 비교적 쉽게 합의가 형성되었던 기본권 목록의 수정·보강과 관련해서는 간략하게 그 방향만을 제시하기로 한다.

1. 정부형태 교체? 현 대통령제 수정 · 보완이 합리적 대안

박근혜 대통령이 국정농단으로 탄핵을 당하면서 정부형태 교체론을 중심으로 한 개헌론이 기세를 올렸었다. 현 5년 단임 대통령제는 다원화되고 고도로 복잡해 진 우리 사회에 적합하지 않고 자원배분의 효율성을 저해하며, 장기적 관점에서의 정책추진을 어렵게 만드는 등 그 역사적 소명을 다했다거나[46] 민주적 정치문화의 토대가 취약한 우리 현실에서 대통령 제왕화를 막기 어려워 실패할 수밖에 없다는 등의 이유로 내각제[47]나 이원정부제[48]로 개헌해야 할 때라는 것이다.

1) 현 대통령제는 제왕적 대통령제인가?

만일 현행 헌법상의 대통령제가 대통령의 제왕화와 자의적 통치를 제도적으로 뒷받침하고 있다면 공화주의의 핵심가치인 비지배적 자유는 심각하게 위협받을 수밖에 없을 것이다. 그렇지만 비교헌법적으로 분석해 보면 현행 헌법은 대통령 권력을 합리화하고 또 순화하고 있다

---

46 강원택, "한국 대통령은 결코 '제왕' 아니다", 시사저널 2018.02.05(http://www.sisap-ress.com/news/articleView.html?idxno=173681).

47 이한태, "개헌의 필요성과 바람직한 정부형태", 충남대 「법학연구」 제21권 제2호 (2010. 12), 55 이하; 명재진, "헌법개정과 협치정부", 충남대 「법학연구」 제29권 제3호 (2018. 8), 11 이하. 그는 연방제와 내각제를 동시에 채택할 것을 제안하고 있다.

48 무엇보다도 장영수, "「권력구조」의 개헌에 관한 제18대 국회 헌법연구자문위원회의 연구", 「안암법학」 제53호 (2017. 5), 77 (91 이하); 장영수, "정부형태의 선택 기준과 분권형 정부형태의 적실성", 「고려법학」 제86호 (2017. 9), 239 (261 이하).

는 평가를 받을 수 있는 헌법임을 확인할 수 있다.[49][50]

그럼에도 우리 헌법상의 정부형태가 제왕적 대통령제로 규정되곤 하는[51] 이유는 헌법이 대통령에게 부여하고 있는 권한규정들에 대한 해석의 결과라기보다는 앞에서 이미 살펴본 것처럼 낮은 수준의 법치문화, 취약한 정당의 당내민주주의 등 취약한 민주적 정치문화, 단방제 하에서 권력의 중앙집권과 미약한 지방자치가 복합적으로 결합되어 나타나곤 했던 위헌적인 헌정현실을 헌법해석에 투입한 결과이다.[52] 그와 같은 헌정의 조건하에서는 어떤 정부형태도 권력의 오남용이 억제되는 정상적 상태로부터 멀어지기 쉽다. 내각제에서도 수상독재가 가능하며, 히틀러의 나찌 독재가 보여주듯이 이원정부제에서도 국가의 위기를 빌미로 독재가 가능하다.

과거 87년 민주화 이후에도 상당 기간 대통령이 여당의 총재를 겸하면서 여당의 국회의원 공천권을 행사하며 여당을 장악하고 또 이를 통해 국회를 무력화시키곤 했었다. 이른바 안정적인 국정운영이라는 미

---

49 이를 비교헌법적으로 증명하고 있는 것으로는 Shugart/Carey, President and Assemblies: Constitutional Design and Electoral Dynamics, 1992, 148-160; 이를 요약하여 전재하고 있는 신우철, 정부형태, 과연 바꾸어야 하는가? – 최근 개헌론에 대한 헌법공학적 비판과 대안 –, 국회 선진헌법연구회(대표 한나라당 김재원 의원)에서 발표된 논문, 18쪽 이하.

50 의원내각제 국가인 영국, 독일의 수상과 이원정부제인 프랑스의 대통령 내지 수상의 권한과 우리 대통령의 권한에 대한 비교로는 박용수, "권력구조 개헌논의에서 국회 개혁의 우선성 이유", 한국정치연구회 2018년 4월 28일 학술토론회 자료집 「개헌을 논쟁하다」, 18 이하 참조.

51 대표적인 문헌으로는 정종섭, "한국헌법상의 대통령제의 과제", 「헌법학연구」 제5집 제1호 (1999), 9 (24 이하).

52 유사한 견해로는 김종철, 이지문, "공화적 공존을 위한 정치개혁의 필요성과 조건 : 정부형태 개헌론을 넘어서", 「세계헌법연구」 제20권 1호 (2014), 63 이하; 박용수, "한국의 제왕적 대통령론에 대한 비판적 시론: 제도주의적 설명 비판과 편법적 제도운영을 통한 설명", 「한국정치연구」 제25권 제2호 (2016), 27 이하 등 참조.

명하에 야당 국회의원을 빼 오기까지 했다. 이른바 권력기관을 인사권을 통해 장악하고 이 기관들을 정권을 지키기 위해 동원하였다. 즉 검찰, 국정원, 보안사, 경찰, 국세청 등을 법과 공익이 아닌 정권에 복무하도록 했다. 인사권을 통해 공영언론을 장악해서 정권의 나팔수로 만들어 버렸다. 민영언론은 온갖 특혜로 매수함으로써 언론의 정권 감시·비판 기능을 마비 내지 약화시키곤 했다. 이를 통해 대통령은 헌법이 예정한 것 이상의 초과권력을 생산해 내고 법집행은 물론 정치적 경쟁구도, 나아가서는 시장에서의 경쟁을 왜곡시키곤 했다.

그러나 민주화가 진전되면서 적잖은 긍정적 변화가 일었다. 대통령이 여당총재직을 내려놓았다. 대통령이 여당의 공천권을 적어도 공식적으로는 행사하지 않게 된 것이다. 야당 국회의원을 빼내서 인위적으로 정국구도를 바꾸기도 어렵게 되었다. 참여정부에서는 엄격한 당정분리로 대통령이 공천에 영향력을 행사하는 것을 자진해서 포기했다. 2010년 공직선거법 개정으로 대통령이 그 지위를 이용해서 당내경선에서 경선운동을 할 수 없게 되었다(제57조의6 제2항 참조). 그러나 이명박, 박근혜와 같은 권위주의적 성향의 대통령은 대리인을 내세워 공천혁명, 개혁공천, 인적 쇄신 등등의 이름으로 여당을 장악하려고 했다. 박근혜 대통령의 몰락은 대리인을 통한 공천권의 무리한 행사가 당내에서 파열음을 내면서부터 시작되었다. 그녀는 당시의 공천개입으로 최근 징역 2년의 확정판결을 받기도 했다.[53]

박근혜 대통령이 권위주의적으로 정부를 운영하긴 했지만, 제왕이 되

---

53 인터넷 한겨레 신문 기사: '공천 개입' 박근혜 전 대통령 징역 2년… 첫 확정 판결(http://
   www.hani.co.kr/arti/society/society_general/872255.html#csidx1e19d-
   d66d26254f80ae97f5d381d42a).

지는 못했다. 그녀가 제왕이었다면 탄핵도 당하지 않았을 것이다. 부패하고 무능했지만, 법률을 마음대로 바꿀 수 있을 정도의 힘은 갖지 못했다. 여소야대 정국에서 국회, 좀 더 정확히 말하면 야당연합의 강력한 견제를 받았다. 더욱이 2012년 국회선진화를 위한 국회법 개정에 의해서 합의정치가 제도화됨으로써 자신들이 원했던 보수적 성향의 법제개혁은 야당의 강력한 저항을 넘기 쉽지 않았다. 최순실과 함께 벌인 심각한 국정농단의 진상이 드러나면서 언론이 등을 돌리고 여론이 들끓으면서 탄핵의 물굽이를 돌릴 힘이 없었다. 비상계엄을 선포해서 군을 동원하여 정국을 반전시키고 탄핵소추세력에 대하여 정치적 보복을 하려는 음모도 헌법재판소가 박근혜 대통령에게 탄핵결정을 내리면서 음모로 끝나고 말았다.

2) 정부형태교체론에 대한 비판

정부형태의 교체는 정치공동체 전체를 상대로 하는 효과가 불확실한 대규모 정치적 실험이다. 어떤 정부형태도 장점만이 아니라 단점이 있다. 또 정치문화나 정당의 발전 정도, 선거제도 등 정치권력이 생성되는 정치제도적 환경이 나라마다 다르기 때문에 다른 나라에서 성공한 정부형태를 이식한다고 해서 우리나라에서도 성공이 보장되는 것은 아니다. 의원내각제를 취한 서유럽 국가들의 헌법은 수상 내지 내각에게, 프랑스와 같은 이원정부제 국가의 헌법은 대통령에게 우리 대통령 이상의 권한을 부여하고 있음에도 1인 내지 1당의 독재로 전락하지 않는 이유는 높은 수준의 법치문화, 정당의 강한 당내민주주의, 공고한 민주적 정치문화, 지방자치와 (또는) 연방제를 통한 실효적인 수직적 권력분립 등에 기인하고 있다. 뒤집어 말하면 권위주의적 성향의 대통령이 집권하면 쉽게 권위주의적 정치의 메카니즘이 작동하게 되는 원인을 파악하고 그 원인을 해소 내지 완화하는 것이야말로 민주공화정의 건강성을 유지하는 길이다.

한편, 대통령제의 결함에 대한 린쯔의 지적[54]은 정부형태교체론의 주된 논거로 활용되어 왔다. 그에 따르면 대통령제는 민주적 정당성의 이원화로 인한 입법 교착상태와 파국(군 개입) 가능성, 대통령 임기보장으로 인한 경직성, 대통령의 마지막 임기 중의 무책임성, 승자독식, 위임민주주의 경향, 인물 중심성과 정당 취약성으로 인한 아웃사이더 선출 가능성 등으로 실패할 가능성이 높다고 한다. 그의 분석과 예측은 1960년대와 1970년대에 라틴아메리카의 많은 민주주의체제의 붕괴로 힘을 받았다. 많은 사례연구도 대통령제 붕괴에 대한 린쯔의 주장을 뒷받침하는 것처럼 보였다. 그런데 린쯔의 분석과 예상과는 달리 1980년대 이후 현실 정치의 세계에서는 대통령제를 기본으로 하는 국가들이 점차 늘어나기 시작하였다. 라틴아메리카의 많은 국가들이 독재체제에서 벗어나 민주주의 체제로 전환하면서 여전히 대통령제를 채택하고 있다. 대통령제를 선택한 코스타리카, 브라질, 멕시코, 한국, 대만 등이 상당히 안정적인 수준에서 민주주의를 유지하고 있다.

정부형태교체론자들이 직시해야 하는 것은 대통령제에 대한 국민의 선호도가 매우 높다는 사실이다. 국민이 직접 정권을 심판하고 교체할

---

54 Juan J. Linz, "Presidentialism or Parliamentarism: Does It Make a Difference:" in Linz, Juan J. and Arturo Valenzuela, (eds.), The Failure of Presidential Democracy, 1994, pp. 3-90.

수 있는 장점이 있는 대통령 직선제는 1987년 6월 민주항쟁으로 국민이 쟁취한 것이다. 국민이 개발시대의 고성장 경험을 대통령제와 함께 한 데다가 남북대치상황에서 정치체제 안정에 유리한 측면이 있다고 느끼고 있다. 대통령제에 대한 장기간의 경험으로 국민이나 정치권 모두 그 허실에 익숙하고, 그 때문에 현 대통령제를 고쳐서 쓸 수 있다고 생각하는 경향이 있다. 이러한 상황에서 국회가 국민의 신뢰를 얻지 못하는 상태에서 행정부 구성권을 국회의원에게 넘겨줄 가능성은 높지 않다.[55]

3) 현 대통령제의 개선방향

그렇다면 성공여부가 불확실하고 제도의 생경함 때문에 정치공동체를 큰 혼란에 빠뜨릴 수 있는 정부형태 교체보다는 현 대통령제를 수정·보완하는 것이 합리적이고 안전한 길이다.

현 대통령제를 개선하기 위해 무수히 다양한 방안이 제시되고 있다. 대통령이 3권 초월적 존재인 것처럼 오해를 줄 수 있는 국가원수 지위 삭제나 권위주의시대의 유산인 선서조항의 현대화와 같은 상징적인 터취, 5년 단임제에서 4년 중임제 내지 연임제로의 변경, 국무총리제 폐지와 같은 권한 중립적이지만 논쟁적인 방안, 대통령의 행정부 고위공무원 인사권을 비롯한 최고국가기관구성에 관한 인사권의 축소 내지 그에 대한 국회의 견제권 강화, 정부 법률안제출권 폐지, 예산법률주의를 비롯한 국회의 재정권 강화처럼 직접 대통령의 권한 축소를 겨냥하는 방안, 연방제, 양원제의 채택, 지방자치권의 강화 등 거대개혁을 통

---

55 대한민국 헌정의 경로와 역사사회적 조건이 대통령제에 유리한 배경을 이루고 있다고 보고 있는 김종철, "권력구조 개헌의 기본방향과 내용", 「법학평론」 제8집 (2018), 76 이하 참조.

해 간접적으로 대통령 권한을 축소하는 방안들에 이르기까지 다양하다.

개인적으로는 대통령의 권한을 일부 축소하고 국회 등의 견제권을 강화하되, 통제하기 어려운 많은 변수 때문에 그 성공여부를 예측하기 어려운 연방제, 양원제 채택과 같은 고수준의 개혁보다는 변수가 비교적 적어서 그 효과를 비교적 쉽게 예측할 수 있는 중저준위의 개혁을 하되, 헌법차원에서 지나치게 상세한 규율을 하기보다는 법률에 구체적 형성을 위임함으로써 예측하지 못한 장애가 발생했을 때 유연하게 대처할 수 있는 제도적 탄력성을 확보하는 방향의 개헌이 바람직하다고 본다.

여기서는 그중 대통령 5년단임제 개정, 국무총리제 존폐문제, 대통령의 인사권 문제 등에 대해서만 검토하고, 국회의 재정권 강화 등 거대개혁에 관해서는 별도의 항에서 논하기로 한다.

① 대통령 4년 중임제 내지 연임제

장기독재방지를 위해 채택된 현 대통령 5년 단임제는 재선 기회가 없는 대통령의 독주를 조장하며, 민주화의 전전에 따른 정책주기의 장기화 추세와도 부합하지 않는다. 대선 5년, 총선 4년의 주기가 엇갈리면서 총선시점이 대통령 임기 중반이면 대통령 중간평가로, 대선 직후면 대통령과의 밀월선거로, 대선 직전이면 유력 대선 후보의 후광선거 등으로 총선의 의미가 진동하면서 여소야대의 출현빈도를 높이는 경향이 있다.

그렇다면 장기독재 우려가 사라진 만큼 87년 당시 잠정적 합의였던 대통령 5년 단임제에서 대통령 4년 중임제 내지 연임제로의 전환하는 것이 사리에 맞는고 본다.[56] 대선 및 총선의 시기 배치는 대통령 견제에

---

56 이에 대해서 상세한 것은 정태호, "대통령 임기제 개헌의 필요성과 정당성", 「헌법학연구」 제13권 제1호 (2007.03), 1 이하 참조.

초점을 맞춘다면 대통령 임기 중반에 총선을 실시하는 것으로, 안정적·능률적 정부 구성을 지향한다면 양대선거를 동시 또는 근접하여 실시하여야 할 것이다. 대통령 독주를 견제하는 장치나 민주적 기반에 대한 신뢰가 약할수록 전자의 방안으로 기울 가능성이 높다.

다만, 4년 중임제나 연임제로 전환할 경우 우리 민주주의는 다시 한 번 검증대에 오를 것이다. 이명박 대통령이 퇴임 후 안위를 확보하기 위하여 후임 대통령 선거에 관권과 세금을 동원하며 개입하여 관련 고위공직자들에 대한 형사재판절차가 진행되고 있는 우리 현실에서 현직 대통령이 대선후보로 선거운동을 할 수 있게 될 때 대선경쟁의 룰의 공정한 관철이 최대의 과제가 될 것이다.

② 국무총리제 폐지 등

국무총리제도는 제2차 개정헌법에서 폐지된 것을 제외하면 − 물론 그 권한의 내용에는 변화가 있었지만 − 부통령이 있었던 때에도 유지될 정도로 우리의 헌정사에서 매우 친숙한 제도로 자리 잡았다. 그러나 우리 헌정사에서 국무총리제도는 대통령으로 향하는 정치적 비판과 공세를 막아주는 방탄총리, 국민의 불만을 해소하고 정국을 전환하기 위한 희생양이 되는 등 대통령을 성역화하기 위한 수단으로 활용되곤 하였다.

국무총리제 존치론은 이 제도가 대통령의 과중한 부담을 덜어주며, 여소야대의 상황에서 이원정부제와 유사하게 정부를 운영할 수 있게 해주는 등 정국의 운영의 탄력성을 높여줄 수 있다고 본다.[57]

---

[57] 김동원, "대통령과 국무총리의 권한배분 모델에 관한 연구", 「한국행정연구」 제22권 제3호 (2013), 315 이하; 국무총리제 폐지에 대해 신중론을 펼치는 정만희, "정부형태에 관한 헌법개정의 방향", 「헌법학연구」 제14권 제4호 (2008), 269 이하 등 참조.

개인적으로는 국무총리제를 대통령과 런닝메이트로 선출하는 미국식 부통령제로 대체할 것을 제안한다.[58] 우리 헌정사에서 국무총리제도의 변질도 문제지만, 국회의원선거에서의 비례성을 강화할 경우 예상되는 상시적인 여소야대 정국에서 국무위원제청권을 보유한 국무총리의 존재는 연정협상을 어렵게 만든다는 것이 보다 본질적 이유이다. 국무총리가 국무위원제청권을 실질적으로 행사할 경우 대통령의 정부구성권은 공동화될 가능성이 높다. 심각한 여소야대 상황에서의 국정운영의 어려움은 대통령이 이처럼 사실상 거세될 위험이 있는 이원정부제적 정부 운영보다는 연정협상을 통해서 극복하는 것이 대통령직선제 헌법의 정신에 맞는다. 또한 미국식 부통령제는 여소야대 상황에서 국회의 국무총리 임명동의안 처리 지연에 따른 행정부 공백문제를 완화시켜 줄 수 있을 뿐만 아니라 부통령 후보를 대통령 후보와 출신 지역이나 정치적 지지 기반을 달리하는 후보를 지명함으로써 지역균열적 정치환경에서 국민통합을 촉진할 수 있는 장점도 있다.[59]

군이 국무총리제를 존치해야 한다면 총리의 국무위원제청권을 헌정의 현실에 맞게 국무위원 임면 협의권으로 수정해야 한다고 본다. 이것이 연정경험이 거의 없고 또 연정파트너들 사이의 신뢰가 높지 않은 상황에서 국무위원제청제가 연정협상의 장애물이 되는 것을 방지할 수 있는 길이다.

---

58 폐지론의 여타 논거에 대해서 상세한 것은 함성득, "한국 대통령제의 발전과 권력구조 개편: '4년 중임 정·부통령제' 도입에 관한 소고", 「서울대학교 법학」 제50권 제3호 (2009), 203, 220 이하.

59 함성득, 「서울대학교 법학」 제50권 제3호 (2009), 203, 220 이하 참조.

③ 대통령의 공무원 인사권에 대한 국회의 견제 강화

상술한 것처럼 현 헌법의 삼권 간 권한분배가 대체로 균형을 이루고 있음에도 대통령이 권위주의적 성향을 가질 경우 제왕적 행태를 보일 위험이 적지 않다. 민주주의 퇴행기에 대통령의 독주는 인사의 전횡에서부터 시작된다. 그러므로 대통령의 인사권을 일부 축소하거나 국회의 견제권을 강화하는 것은 권위주의적 대통령에 의한 자의적 통치의 위험성을 낮추는 길이다.

미국의 연방대통령에 비하여 우리 대통령의 인사권 행사에 대한 견제는 미약한 편이다. 미국 연방헌법상 연방의 고위공무원들은 연방대통령이 연방상원의 권고와 동의를 받아 임명하도록 되어 있다.[60] 상원의 인준 대상이 되는 연방고위공무원의 수는 약 1,200명 정도인 것으로 알려져 있다.[61] 물론 그 중 일부만 상원 소관 상임위원회의 청문회를 거쳐야 한다. 동의안의 찬성 정족수는 연방법관(원칙적으로 상원 재적 3/5. 그러나 최근 연방대법관 임명을 둘러싼 양당의 치열한 대립 속에서 핵옵션이 적용되어 재적과반수가 적용되고 있음) 이외에는 재적 과반수이다. 미국 헌법은 상원의 동의정족수를 명시하지 않고 상원이 그 의사규칙을 통해 이 요건을 탄력적으로 규율할 수 있도록 하고 있다.

우리 현행 헌법 제78조에 의하여 헌법이 국회의 동의를 공무원 임명의 요건으로 명시한 경우를 제외하고는 대통령은 행정부 소속 공무원

---

60 제2장 제2조 제2항 "대통령은 대사 기타의 외교사절, 영사, 연방대법원 대법관 및 헌법에 특별한 규정이 없이 법률에 의하여 지명할 모든 연방 공무원을 상원의 조언과 동의를 얻어 이를 임명한다. 단 의회가 법률에 의해 위임한 하위 공직자의 임명에 대해서는 이를 대통령, 법원 또는 각 중앙부서의 장에게 위임할 수 있다."

61 권건보, 김지훈, 『인사청문회제도에 대한 비교법적 고찰』, 한국법제연구원 현안분석(2012–17), 51 이하; "미국 상원의 인준청문회와 공직후보자 검증절차", 국회입법조사처 『이슈와 논점』 (599호–20130206) 참조.

을 국회의 동의를 받지 않고 임명할 수 있는 것으로 해석되어 왔다. 미국 연방헌법 제2장 제2조 제2항처럼 고위공무원에 대해서는 국회의 동의를 얻어 대통령이 임명하도록 하되, 그 동의의 대상이 되는 공무원의 범위 및 동의에 필요한 정족수는 법률에서 구체화하도록 헌법 제78조를 개정할 것을 제안한다.

그 경우 대법관, 대법원장, 헌법재판소장, 헌법재판관, 행정부 장차관 등 고위공무원 임명에 필요한 동의요건을 일일이 헌법에 명시하는 현행 방식의 경직성을 피하는 한편, 법률 차원에서 해당 기관의 독립성과 중립성을 제고할 수 있도록 국회 동의의 정족수요건을 강화하는 실험을 해 볼 수 있을 것이다. 검찰총장, 경찰청장, 국정원장, 방송통신위원회 위원장, 공정거래위원회 위원장 등 사법기관 못지아니한 독립성과 중립성이 필요한 기관의 장을 비롯한 고위공직자의 임명에 필요한 동의요건도 마찬가지이다. 이 방안이 견제와 균형의 정신을 구현하는 한편, 우리의 극심한 대결주의적 정치에 비추어 볼 때 필요한 임명제도의 탄력성을 확보하는 길이라고 본다. 법률이 정한 정족수요건이 기관 구성이 불가능할 정도로 까다로운 것으로 드러나면 법률개정만으로도 해당요건을 완화할 수 있을 것이기 때문이다.

물론 국회에게 대통령 인사권 행사에 대하여 이처럼 강한 통제권을 부여한다면 국회의원선거에서의 비례성 강화와 맞물려서 출현빈도가 더욱 높아지게 될 여소야대 정국에서 국정의 원활한 운영을 위해서 연정을 구성해야 하는 정치적 압력이 높아질 수밖에 없을 것이다.

④ 개방형 국회의원 예비선거제

권위주의적 대통령에 의한 민주주의의 후퇴를 막기 위해서 개헌, 그것도 후술하는 것처럼 연방제, 양원제, 국회의 예산편성권과 같은 고수준의 개헌이 반드시 필요한 것은 아니다. 당내민주주의 고도화를 통해 국회의원들이 대통령이나 그 소속 정파의 공천권을 통한 압박으로부터 벗어날 수 있게 된다면, 국회의원이 대통령의 부당한 요구에 영합하는 것이 아니라 공익을 위한 선택을 할 가능성은 커진다. 정권획득을 목적으로 하는 정당의 본질 때문에 당내민주주의의 실현절차를 세밀하게 법정하는 것이 어렵다면, 미국처럼 국회의원예비선거제를 법제화하는 것이 좋은 대안이 될 수 있을 것이다. 국민이 직접 예비후보자 중에서 본선거에 출마할 수 있는 후보자를 결정하는 제도는 현직 의원들로 하여금 대통령이나 당 수뇌부의 부당한 압박에서 벗어나 공익을 지향하는 의정활동을 하도록 유도할 수 있고, 이는 대통령 권력을 완화하는 데 크게 기여할 것이기 때문이다. 다만, 헌법에 필요한 탄력성에 비추어 볼 때 이를 헌법에 직접 명시하기보다는 공직선거법이나 정당법에서 규율하여야 할 것이다.

2. 연방제, 양원제, 높은 수준의 지방자치의 문제

연방제나 양원제 채택과 같은 거대개혁은 현 중앙정부 권한, 따라서 대통령 권한의 대폭적 축소를 수반할 것이 확실하다. 그만큼 권위주의적 대통령이 출현하더라도 민주주의가 심각하게 후퇴하게 되는 위험도 줄어들 것이다. 그러나 중앙집권적 국가의 전통 속에서 관련 경험이 부재한 데다가 우리 정치가 극심한 대결주의로 높은 결정비용을 지불하고 있다는 사실을 고려한다면 그와 같은 그러한 제도의 장점만을 바라보며 낙관만 할 수 있는 것은 아니다.

1) 연방제?

연방제 찬성론의 주된 논거는 권한, 인적 자원 및 자본의 중앙집중 완화와 지방의 균형 발전 촉진, 대통령 권한의 합리화, 통일 대비 등이다.

그렇지만 영토가 좁고 교통통신의 급속한 발달로 각 지역이 특색을 많이 잃어 가는 우리나라에서 생경한 연방제 채택이 필요한 것인지부터 논쟁거리다. 연방제의 전통이 없는 나라에서 전국을 몇 개의 주로 어떻게 분할할 것인지,[62] 연방과 주의 권한을 어떻게 배분할 것인지, 각 주의 대표로 구성되는 상원에서 각 주에게 대등한 발언권을 줄 것인지(미국형) 아니면 인구비례로 주 대표자의 수를 정하되 상한을 둘 것인지(독일형) 등과 같은 연방제의 구체적 형성과 관련된 문제는 논외로 하더라도 입법절차의 복잡화, 그로 인한 공동체 의사결정 속도의 저하, 입법교착의 빈도 증가 등의 부작용도 만만치 않다. 연방의 과제와 권한이 축소됨에 따라 불가피한 현 중앙부처 소속 공무원을 주 공무원으로 분산·재배치하는 것도 간단한 일이 아닐 것이다. 연방제에 대한 거시적 논증은 많으나, 연방제가 수반하는 구체적 문제들까지 망라하고 있는 섬세한 연구는 미진한 실정에서 연방제 개헌은 매우 위험도 높은 실험을 하는 것이나 마찬가지다.

---

62 이는 각 주의 정치적 발언권의 크기에도 영향을 미칠 것이라 합의가 쉽지 않은 문제이다.

2) 양원제?

양원제도 마찬가지다. 연방제를 채택하면 양원제는 필수적이지만, 단방제에서는 선택사항이다. 양원제는 지역의 이해관계를 균형 있게 반영하고, 대통령 인사권 행사에 대한 검증 및 견제를 충실히 하는 데 유리하고, 입법의 질 및 예산 심의의 질을 높일 수도 있다. 그러나 일본, 프랑스처럼 단방제형 양원제로 갈 것인지, 아니면 미국이나 독일처럼 연방제형 양원제로 갈 것인지부터가 논쟁거리다. 상원을 일본이나 미국처럼 선거로 구성할 것인지, 독일처럼 각 주의 대표로 구성할 것인지[63] 프랑스처럼 간선제[64]로 할 것인지도 결정이 쉽지 않은 문제다.

문제는 의사결정에 소용되는 비용이 커진다는 것이다. 타협과 절충이 아닌 투쟁적, 대결주의적 정치문화가 강고한 우리 현실을 감안하면 입법교착의 빈도는 높아질 수밖에 없다는 우려를 한사코 외면할 수는 없다.[65]

---

63 독일 기본법 제51조 (구성) ① 연방참사원은 지방정부가 임명하고 소환하는 지방정부의 구성원으로 구성된다. 연방참사원의원은 지방정부의 다른 구성원에 의하여 대리될 수 있다.
  ② 각 지방은 최소한 3표, 인구 200만 이상의 지방은 4표, 인구 600만 이상의 지방은 5표, 인구 700만 이상의 지방은 6표를 가진다.
  ③ 각 지방은 표수(票數)와 같은 수의 구성원을 파견할 수 있다. 지방의 투표는 오로지 통일적으로 행사될 수 있고 출석한 구성원이나 그 대리인에 의해서만 행사될 수 있다.

64 프랑스 헌법 제24조 ④ 상원의원의 수는 348인을 초과할 수 없으며, 간접선거에 의해 선출된다. 상원은 공화국의 지방자치단체들을 대표할 것을 보장한다.

65 신우철, "양원제 개헌론 재고(再考)", 「법과 사회」 제38집 (2010), 99 이하는 한국에서 양원제는 퇴행적 지역당 대립의 격화를 초래할 것이라는 비관적 전망을 하면서 굳이 양원제를 채택하려면 시행착오에 대비하여 법률에 유보해 놓으라고 권고하고 있다.

3) 높은 수준의 지방자치를 위한 개헌

우리는 2012년 국회선진화를 위해 개정된 국회법을 통해 단순 다수파의 독주를 효과적으로 견제할 수 있다는 것을 경험하고 있다. 대통령 견제를 넘어 야당의 무책임한 반대로 인한 입법교착상태의 과도한 장기화, 그로 인한 공동체의 낙후를 걱정해야 할 정도다. 어쨌든 국회선진화법은 반드시 고수준의 개헌 처방만이 한국의 민주주의가 앓고 있는 고질 중의 하나인 다수의 독주 내지 전횡을 치유할 수 있는 것은 아니라는 것을 보여주고 있다.

거대실험의 성공 여부는 많은 변수에 좌우되는 만큼 2018년 대통령 개헌안처럼 우선은 지방자치를 본 궤도에 올려놓는 수준의 개헌을 하고, 중앙정부와 지방자치단체의 소통을 대통령이 주재하고 광역자치단체의 장 등이 참여하는 국가자치분권회의를 통해 촉진하는 실험을 해보면서 더 강한 분권의 미래를 조심스럽게 타진해 보는 것이 합리적이라고 본다.

3. 국회의 입법권 및 재정통제권의 강화

1) 국회의 입법권 강화

현행 헌법은 정부에게도 법률안제출권을 부여하고 있다(제52조). 정부가 행정현장에서 필요한 입법과 개폐가 필요한 법률을 잘 알 것이므로 정부에게 법률안 제출권을 부여하는 것이 효율적이라는 판단을 토대로 하고 있는 규정이다. 그러나 미국 연방헌법 제2조 제3절처럼 정부에게 "필요하고도 권고할 만하다고 인정하는 법안의 심의를 국회에 권고"할 의무만을 부과하는 것이 국회의 입법과 관련한 지위를 강화하고, 양 권력 사이의 균형을 확보하는 데 도움이 된다고 본다.

아울러 대통령에 대한 조약체결에 대한 국회의 동의권(헌법 제60조 제1항)이 형식화되고 있으므로 국회가 법률로 일정한 조약의 체결에 대해서는 사전에 국회의 동의를 받고 상대국과의 협상에 착수하도록 국회동의제도를 개선하는 것이 바람직하다.

2) 국회의 재정통제권 강화

국회의 예산통제권 강화를 위하여 예산법률주의를 도입해야 한다. 국회가 예산을 법률로 확정하므로 예산의 법적 구속력이 강화되고, 예산의 변칙적 집행이 어려워지게 된다. 자본주의 사회에서 돈은 곧 권력요인임을 감안하면 예산법률주의는 자의적 권력행사 가능성의 축소를 의미한다.

예산심의가 충실해져야 예산법률이 사리에 맞게 만들어질 가능성이 높아진다. 이를 위해서는 정부로 하여금 예산안을 현행 헌법의 기준일보다 일찍 제출하도록 함으로써 충분한 예산심의 기간이 국회에 부여되도록 해야 함은 물론이다.

그러나 국회가 예산총액 범위 내에서 정부의 동의 없이 지출예산 각항의 금액을 증가하거나 새 비목을 설치할 수 있도록 함으로써 예산편성권을 국회로 사실상 이관시키는 내용의 개헌에 대해서는 지지하기 어렵다. 예산정책 실패의 책임소재가 불분명해지고, 재정투입의 우선순위가 국회의원들의 정치적 담합에 의하여 대중추수적으로 결정될 위험이 커지는 등 예산의 효율성이 크게 저하될 우려가 크기 때문이다. 그렇지만 이와 같은 방향의 개헌이 이뤄진다면, 여소야대하에서도 정부가 예산주도권을 확보하려면 연정구성은 피할 수 없는 과제가 될 수밖에 없을 것이다.

4. 법원의 독립성 · 전문성 제고 및 재판에 대한 민주적 통제의 강화

법원은 개인의 자유와 권리의 최후의 보루로서의 역할을 온전히 할 수 있도록 조직화 되어야 한다. 그 불가결적 전제는 법원 및 법관의 독립성, 전문성에 대한 실효성 있는 보장이다. 그러나 우리의 법원과 법관의 대내외적 독립성, 전문성은 취약하다는 평가를 받고 있고, 법관들은 연고주의 및 온정주의에 빠져 선배 · 동료 법조인들의 이익을 위해 법과 정의의 왜곡도 불사한다는 의심이 사회에 팽배해 있을 뿐 아니라, 그 판결이 국민의 정의감과 동떨어져 있다는 비판의 소리도 잦아들지 않는다. 최근 양승태 사법농단로 법원에 대한 불신은 최고조에 달하고 있다.

그 배경에는 다음과 같은 복합적 요인들이 작용하고 있다고 본다.

첫째, (대)법관 인사제도에 심각한 결함이 있다. 대법원장 1인의 제청을 받아 대통령이 국회의 동의를 받아 대법관을 임명하는 방식은 대법원의 독립성을 저해하고 대법원 구성의 다양성 구현도 곤란하게 한다. 양승태 사법농단사태가 보여주는 것처럼 승진을 위하여 상급자의 눈치를 살필 수밖에 없는 피라밋 구조의 승진체계에서 대법관을 비롯

한 모든 법관에 대한 인사권을 대법원장 1인이 장악할 수 있도록 제도화된 것은 법관의 관료화, 법관의 독립성 약화를 초래할 수밖에 없다.

둘째, 대법원을 비롯한 법원의 조직이 현대사회에서 사건이 전문화·복잡화되는 현상과 상고사건의 폭증현상을 반영하지 못하고 있다.

셋째, 재판은 법관의 일이라는 엘리트주의적 사고에 입각해 재판부가 구성됨으로써 재판이 평균적 시민들의 법감정과 유리되고 또 관련 분야 전문가들의 전문성을 반영하지 못함으로써 재판의 질이 떨어지고 있다.

그렇다면, 다음과 같은 방향으로 사법분야의 개헌이 이뤄져야 한다.

첫째, 대법관을 비롯한 법관 인사제도를 스페인 등의 사법평의회 제도를 모델로 삼아 근본적으로 혁신하여야 한다.[66] 물론 법관 인사에서 민주적 통제와 법관의 독립성을 조화시키는 것은 쉬운 일이 아니다. 그렇다고 하더라도 인사권자에 대한 법관의 독립성은, 인사권자를 탈정치화할 때가 아니라 인사권을 행사하는 기구를 정치적으로 중립화시킬 때, 즉 법관인사에 영향력을 행사하려는 여러 정치세력들이 인사기구 안에서 경쟁하고 견제하도록 함으로써 어떤 세력도 자의적으로 인사권을 행사할 수 없도록 할 때에만 확보될 수 있다는 것을 명심하면서 법관 인사시스템을 만들어야 한다.[67]

둘째, 사건의 전문화·복잡화 추세를 고려하여 독일의 전문법원체제 (민형사 사건을 담당하는 통상법원, 행정법원, 사회법원, 노동법원, 세

---

66 이에 대해서는 정태호, "국민의 신뢰를 받는 사법부를 위한 개헌초안" – 국회개헌특위 자문위 사법분과안 –, 국회 헌법개정특별위원회 자문위원회 사법부관 「국민이 신뢰하는 사법부를 위한 헌법개정 토론회」 자료집, 2017. 6. 26.; 「국회 헌법개정특별위원회 자문위원회 보고서」 (2018. 01) 중 제6절 사법부분과, 375 이하 참조.

67 E.-W. Böckenförde, Verfassungsfragen der Richterwahl, 2. Aufl. 1998, S. 100 f.; Arndt, Verhandlungen des 40. Deutschen Juristentages, Bd. 2, 1954, S. C 47, 50ff.

무법원 등으로 재판분야를 분화하는 시스템)를 모델로 하여 대법원을 비롯한 법원의 체제를 재편하는 한편, 상고사건 재판수요에 맞추어 각 전문재판 영역을 관할하는 최고법원의 법관을 탄력적으로 증원할 수 있도록 최고법원의 법관의 정원은 법률로 정하도록 하여야 한다.[68]

셋째, 배심제, 참심제를 통해 국민의 법감정 내지 정의감, 전문화된 재판영역별 전문가들의 전문성이 재판에 반영될 수 있도록 제도화하여야 한다. 이를 위해서는 배심재판, 참심재판의 가능성을 헌법에 명시하여야 한다.

끝으로 형사사법적 정의를 외면할 뿐 아니라 비상계엄선포시 실시되는 군사재판을 통해 인권침해의 수단으로 악용되어왔던 평시 군사법원 제도를 폐지하여야 한다.

5. 헌법재판소의 독립성 제고 등

정치적 다수파의 위헌적 권력행사, 특히 입법을 통한 소수파의 기본권 침해를 사법적으로 제거하기 위해 현행 헌법은 헌법재판소를 두고 있다. 그러나 현행 헌법의 헌법재판소 구성방식은 그 독립성 및 정치적 중립성 확보에는 효과적이지 못하다. 먼저 재판부 구성과 관련한 대통령 및 그가 속한 정파의 권한이 과도하게 크다. 즉 재판관 9인 중 대통령 3인, 국회 몫 3인 중 최소 1인, 대통령이 국회의 동의를 얻어 임명하는 대법원장 몫 3인 등 총 7인의 재판관의 인사에 직·간접적으로 영향력을 행

---

68 우리나라처럼 별도의 헌법재판기관을 둔 나라에서 통상재판을 관할하는 최고법원의 규모는 사건의 수에 비례한다. 가령 독일의 연방법원, 연방행정법원, 연방사회법원, 연방재정법원 소속 법관은 총 300명을 넘고, 이탈리아는 약 250명, 프랑스와 오스트리아도 각 100명을 상회한다.

사할 수 있고, 그에 따라 헌법재판소가 정치적 편향성을 띠기 쉽다. 또한 국회의 인사청문회 이외에는 국회동의제도와 같은 재판관 임명에 대한 실질적 통제장치가 없어 함량 미달이나 편향된 인사가 용이하게 재판관이 될 수 있는 것도 문제다. 인적·조직적 민주적 정당성이 취약한 대법원장이 대법관회의의 동의도 없이 위헌법률심판권 등 중대한 권한을 행사하는 헌법재판소 구성에 1/3의 몫을 행사하는 것도 부당하다.

재판관의 6년 임기제 및 연임가능성도 재판관의 독립성은 물론 헌법재판의 전문성 및 효율성을 저하시키므로 개선을 요한다. 즉 6년 임기제는 헌법재판에 필요한 지식과 경험을 쌓는 데 상당한 기간이 필요한데, 법관, 검사, 변호사의 직에 다년간 있었다는 것만으로는 헌법재판에 필요한 경험을 축적하기 어렵다는 사정을 충분히 고려하지 못한 것이기 때문이다. 재판관이 헌법재판에 익숙해질 만하면 임기가 만료됨에 따라 헌법재판의 질과 생산성이 떨어지고, 헌법생활의 안정에도 부정적으로 작용한다. 한편, 재판관 연임제는 임명권자 내지 지명권자를 의식하는 재판을 하도록 재판관을 유혹할 수 있어 헌법재판의 독립성, 공정성을 해할 위험성이 크다.

헌법재판소의 관할권에 대한 규율방식도 헌법이 열거하고 있는 사항에 대해서만 재판권을 부여하는 방식, 즉 폐쇄적 열거주의를 취하고 있어서 입법자가 법률에 의해서도 관할권을 추가해 줄 수 없고, 따라서 필요 이상으로 비탄력적이다.[69]

그러므로 다음과 같이 헌법재판소 구성방식, 재판관 임기제, 관할권 규율방식이 개정되어야 한다.

---

69 이에 대해서 상세한 것은 정태호, "헌법재판소 관할권 규율방식 및 그 개정방향에 관한 관견", 전남대 「법학논총」 제38권 제1호 (2018. 02), 227 이하 참조.

첫째, 대통령이 9인 모두를 재판관추천위원회의 추천을 받아 국회의 동의를 얻어 임명하도록 하되, 국회의 동의에 필요한 정족수는 재적과 반수 이상의 수준에서 법률로 정하도록 하거나(대통령제형), 국회가 재판관 9인 모두를 재판관추천위원회의 추천을 받아 선출하되 국회의 선출절차 및 정족수는 재적 과반수 이상의 수준에서 법률로 정하도록 개정하여야 한다(의원내각제형). 동의나 선출에 필요한 정족수를 재적과 반수 이상에서 법률로 정하도록 하는 것은 헌법재판소의 정치적 중립성 및 독립성을 강화하면서도 심각하게 분열되어 있는 우리 정치현실을 고려하여 헌법재판소 구성방식과 관련한 어느 정도 탄력성을 확보하려는 것이다.

둘째, 재판관의 임기는 9년으로 하고, 연임할 수 없도록 하여야 한다.

셋째, 독일 기본법처럼 법률로 정하는 사항을 헌법재판소의 관할로 부여할 수 있도록 함으로써 헌법재판소 관할권의 탄력적 확대가능성을 확보하여야 한다.

6. 기타

1) 감사원의 독립성 강화

감사원이 대통령 소속으로 되어 있을 뿐 아니라 감사위원도 대통령에 의해 임명된 감사원장의 제청으로 대통령이 임명하도록 되어 있는 등 감사의 독립성, 중립성, 신뢰성을 저하시키고 있다.

감사원을 독일, 대만 등과 같이 독립기관화하고[70] 감사위원의 독립성을 제고할 수 있는 방식으로 그 임명방법을 개선하여 한다.

2) 중앙선거관리위원회의 독립성 · 중립성 강화

현행 헌법의 중앙선거관리위원회의 구성 방식 역시 대통령 및 그 소속 정파의 구성권한이 지나치게 크므로 그 기관의 생명인 정치적 중립성을 제고할 수 있는 방향으로 구성방식을 개선할 필요가 있다. 또한 대통령 4년 중임제 개헌이 관철될 경우 재선을 위한 선거에 출마하는 대통령에게 위원 3인의 지명권을 부여하는 것도 재고되어야 한다.

3) 직접민주제적 요소의 보강

촛불혁명 이후 시민사회에서는 직접민주제적 요소의 보강 필요성을 역설함으로써 국민대표기관에 대한 심각한 불신을 표출해 왔다. 그러나 국회의원소환제는 비례대표의원에게 적용하는 데 기술적 어려움이 있고, 대통령에게 적용할 경우 심각한 국론분열과 혼란을 초래하는 부작용이 있어 그 채택에 신중을 기할 필요가 있다.

국민대표기관이 정파간 대립으로 인한 장기간의 입법적 교착을 깨나 대표기관 구성원들이 정파적 이익이나 부분이익 추구를 위해 공동체에 필요한 입법을 외면할 때 국민발안제나 국민투표제도는 유용할 수 있다. 다만, 국민투표제도는 동성결혼과 같은 가치관이 근본적으로 대립

---

70 같은 견해로는 김종철, "감사조직의 개편방향 – 감사원의 소속과 기능의 재편론을 중심으로 –", 「공법연구」 제31집 제2호 (2002), 195 이하 참조.

할 수 없는 문제를 둘러싸고 국민들을 분열·반목시키고 직접 대결하도록 하는 부작용도 있음에 유의하여야 한다.

이 제도에 대한 경험이 없는 상황에서 법률로 그 발동요건을 세세하게 정하는 것은 피하는 것이 바람직하며 헌법에서는 대강의 요건만 정하고 구체적인 사항은 법률에 유보하는 것이 있을 수 있는 시행착오를 신속히 바로잡는 길이라고 본다.

4) 개헌절차의 연성화?

현행 헌법상의 개헌절차가 개헌을 통한 장기독재방지를 위해 지나치게 어렵게 만들어져 있다고 지적하면서 장기독재의 위험이 소멸한 이상 개헌절차에서의 국민투표를 삭제하고 국회의 가중정족수에 의한 의결로만 개헌을 할 수 있도록 하자는 개헌절차 연성화론도 대두되었다. 한편, 개헌절차의 과도한 경직성은 제헌 내지 개헌 세대의 도덕적 결정에 후세대를 과도하게 묶어놓는 것이라는 비판도 제기될 수는 있다.

그러나 국회의원들에 대한 국민의 불신이 큰 상황에서 개헌절차 연성화론은 아직은 실현되기 어렵다고 본다. 현세대의 도덕적 결정의 자유에 대한 제한 문제도 헌법의 의미론적 개방성, 구조적 개방성 때문에 그다지 심각한 상태는 아니라고 본다.

V. 기본권목록의 수정 · 보완

모든 개인에게 비지배적 자유를 보장하기 위해서는 각종 기본적 자유권을 비롯한 다양한 기본권이 보장되어야 한다. 자유권적 기본권을 보장함으로써 국가권력 행사에 내용적 한계를 설정하고, 선거권, 공무담임권 등의 보장을 통해 개인이 능동적 · 적극적으로 국가의사형성에 직 · 간접적으로 참여할 수 있도록 해야 하며, 나아가서는 궁핍, 질병, 실업, 노령 등 다양한 사회적 위험으로부터의 안전 보장(사회보장) 등을 국가에 대하여 요구할 수 있는 권리 등과 같은 사회적 기본권도 보장되어야 한다. 그밖에도 개인의 권리가 공권력에 의해서 침해되었을 때그 구제를 도모할 수 있는 절차적 기본권도 보장되어야 함은 물론이다.

현행 헌법의 기본권 목록은 대체로 위와 같은 요청을 충족시킬 수 있을 정도로 매우 풍부하고 포괄적이다. 그렇기 때문에 우리 헌법상의 권리장전의 개선 필요성에 선뜻 공감하지 않을 수도 있다. 그렇지만 현행 기본권목록은 여러 가지 이유로 수정 · 보완을 필요로 한다.[71]

먼저 현행 헌법에는 검사의 영장신청독점권(헌법 제12조 제3항, 제16조)처럼 검찰의 정상화를 위한 검찰개혁을 가로막을 수 있는 규정, "언론 · 출판은 타인의 명예나 권리 또는는 공중도덕이나 사회윤리를 침해해서는 안된다"(헌법 제21조 제4항 제1문)는 규정처럼 언론 · 출판의 자유의 보호영역이 불명확하고 가치충전을 필요로 하는 헌법규정에 의해

---

71 이하의 내용에 대해 상세한 것은 정태호, "권리장전의 개정방향", 「공법연구」 제34집 제4호 제2권 (2006. 06), 113 이하; 정태호, "권리장전의 현대화", 『헌법 다시 보기: 87년헌법 무엇이 문제인가』, 함께하는 시민행동 엮음, 2006 참조.

현저히 축소된 것처럼 악용될 수 있는 위험한 규정도 있다.

사회의 변화·발전의 추세에 비추어 볼 때 현행 헌법상의 기본권보장이 충분하지 못한 것도 있다. 제헌헌법 이래 남녀평등이 보장되었음에도 불구하고 남녀가 실질적으로 평등하지 못한 것이 현실인만큼 남녀의 실질적 평등실현을 가로막고 있는 사회적·경제적·문화적 영역의 사실상의 차별구조를 제거하는 것을 국가의 목표로 명시하고, 다문화가족의 증가추세에 맞추어 평등규정에 언어·피부색·출신지역 등과 같은 차별사유에 의한 차별이 증가할 것으로 예상되므로 차별금지사유를 추가해야 한다. 또한 어린이 및 청소년, 노인, 장애인을 보호의 대상만이 아닌 주체로서 대우하도록 그들의 기본권적 지위를 강화하여야 하며, 정주 외국인이 지방자치기관 구성을 위한 선거에서 선거권을 행사할 수 있는 헌법적 근거를 마련하여 법률에 의해 부여받고 있는 그들의 선거권을 둘러싼 위헌시비를 사전에 차단할 필요도 있다. 정보기술의 급격한 발전에 따라 정보격차가 소득의 격차로 이어지는 현상에 비추어 볼 때 개인들 사이의 정보격차를 해소하여야 할 국가의 의무를 명시하는 것도 필요하다. 그밖에도 애완동물의 수가 폭발적으로 늘면서 동물에 대한 국민의 의식이 크게 달라짐에 따라 동물에 대한 국가의 보호의무를 규정할 필요가 있다는 주장에도 귀를 기울여야 한다.

나아가 국가기관과 국민에 대한 교육효과를 제고하기 위하여 판례를 통해 헌법에 의해 보장된 것으로 인정된 생명권 및 신체불훼손권, 개인정보자결권, 알권리 등을 헌법전에 명시하는 것이 바람직할 것이다.

판례를 통해서 인정되고 있는 외국인의 제한적인 기본권주체성도 외국인도 향유할 수 있는 기본권의 조문에서 기본권주체에 관한 부분을 그 취지에 맞게 수정하는 것이 외국인의 기본권적 지위와 관련한 예측 가능성과 안정성을 제고하는 길이다. 마찬가지 이유로 내국의 사법인도 기본권의 성질상 향유할 수 있는 기본권의 주체가 될 수 있다는 점을 명시하는 것을 고려해야 한다.

끝으로 현대사회에서 자유는 공권력에 의해서만이 아니라 우월한 힘을 가진 사인이나 사회적 세력에 의해서도 심각히 위협받고 있다. 그러므로 개인이 타인 내지 사회적 세력의 자의적 지배 아래에 놓이는 것을 적정한 방법으로 방지하여야 할 국가의 의무를 기본권의 장에 명시하여야 한다.[72]

VI. 결론을 대신하여:
민주공화국원리는 유능하고 강한 국가의 기획

공화주의는 정치공동체 구성원들에게 비지배적 자유라는 핵심가치를 보장하기 위하여 전제정부가 아니라 제한적 권한을 갖는 정부, 즉 민주적으로 구성되는 국가권력을 분립시키고, 법, 특히 개인에게 자유와 평등을 보장하는 기본권에 구속되는 제한정부를 설계한다. 이렇게 제한된 국가는 개인이나 집단의 이기적 주장에 쉽게 굴복하는 약체 국

---

72 최근 이에 관한 명문규정을 두는 헌법들이 늘고 있는 가운데 스위스 연방 신헌법은 제35조에서 다음과 같이 모범적인 규율을 담고 있다. "① 기본권은 법질서 전체에서 관철되어야 한다. ② 국가과제를 수행하는 자는 기본권에 구속되며 그 실현에 기여할 의무가 있다. ③ 국가기관들은, 기본권이 사인들 사이에 적용될 수 있는 경우에는 기본권이 사인간의 관계에도 실효성을 갖도록 배려하여야 한다"는 규정을 두어 기본권의 대사인적 효력 내지 기본권보호의무의 문제를 실정헌법에 반영하고 있다.

가, 무능한 국가가 될 것으로 생각할지도 모른다. 이는 입헌 민주공화국을 소극적인 측면에서만 바라보기 때문에 생길 수 있는 오해이다. 그러나 적극적·긍정적 측면에서 보면 입헌 민주공화국은 지속적으로 유능한 국가, 대외적 위협으로부터 독립성을 견지할 수 있는 강한 국가의 설계임을 알 수 있다.

근현대의 세계사도 제한된 정부의 이념, 따라서 민주공화정을 실천하는 국가들이 더 강한 국가, 유능한 국가가 될 수 있다는 역설[73]을 입증해 주고 있다. 영국, 미국, 프랑스 등 장기간 세계열강의 지위를 유지하고 있는 국가들은 그 정부형태와 무관하게 모두 민주공화국이다. 만일 비지배적 자유를 위해 헌법에 의해 조직되고 구속되는 국가가 더 유능한 국가가 되지 못했다면 입헌민주주의는 오늘날과 같은 의미를 획득하지 못했을 것이다.

종신 집권이 아닌 정기적 선거를 통한 권력담당자의 교체는 권력투쟁에서 패배한 이들의 좌절감을 덜어주어 폭력적으로 권력자를 교체하고픈 유혹을 이겨 낼 수 있도록 해준다. 정기적 선거는 대중의 불만을 해소할 수 있는 계기로 작용하기도 한다. 선거를 통한 책임추궁의 가능성은 선거를 보다 나은 정책을 둘러싼 경쟁으로 만들 수 있다. 또한 이를 통해서 공동체의 정치질서가 안정될 수 있고, 그 자체 중요한 생산요인인 공동체의 평화를 조성·유지시켜 준다.

자유와 평등의 보장을 통해 개인이 누구나 존엄한 존재로서 대우받게 되면 그만큼 정치적 통합은 촉진된다. 개인들이 공동체 사안에 대해 자

---

73 S. Holmes. Constitutions and Constitutionalism, in: M. Rosenfeld, A. Sajó (Ed.), The Oxford Handbook of Comparative Constitutional Law, 2012, 189 ff.; S. Holmes, Passions and Constraint: On the Theory of Liberal Democracy, 1995 등 참조.

발적으로 협조할 용의도 커지게 된다. 학문, 예술, 경제 영역에서의 자유와 평등의 보장은 개인들이 그 개성과 창의를 발휘하는 것을 촉진해서 공동체의 생산력도 제고된다. 종교의 자유는 종교문제를 개인의 문제로 유보시킴으로써 다양한 종교의 신봉자들이 공동체 내에서 공존하면서 공동체 사안에 협조하고 헌신할 수 있게 해 준다.

언론의 자유를 비롯한 정치적 자유는, 누구나 정책의 시시비비를 가릴 수 있도록 함으로써 정책에 대한 공동체의 인식 지평을 확장해준다. 그에 따라 적극적으로는 더 나은 정책적 대안이 선택될 가능성이 높아지고, 소극적으로는 정책의 오류가 조기에 시정될 수 있는 기회도 늘어난다. 또한 누구나 공공을 위한 감시자, 고발자가 될 수 있도록 해줌으로써 공동체의 부패도 줄여준다.

사회적 기본권의 보장도 개인의 존엄성이 빈곤으로 위협받지 않도록 함으로써 정치적 통합을 촉진시킬 뿐 아니라, 경제적으로도 양질의 노동력을 사회에 공급함으로써 공동체의 생산력 증대에 기여하고, 빈곤에 빠진 개인들이 생존을 위해 범죄의 유혹을 느끼거나 전염병에 노출되어 공동체의 보건을 위협하는 것을 방지해 준다.

권력의 분립은 소극적으로는 권력의 남용을 억제하여 자유를 보장하기 위한 것이지만, 적극적으로는 공동체사안을 보다 전문적으로, 합리적으로 처리할 수 있는 장치이기도 하다.

비지배적 자유를 제도적으로 보장하기 위한 제한된 정부의 설계로서의 민주공화국은 이처럼 조국의 독립을 열망하며 독립운동가들이 꿈꾸었던 국제열강의 틈바구니에서도 자기 존재를 당당하게 지켜 낼 수 있는 유능한 국가, 강한 국가의 설계이기도 한 것이다. 다만, 헌법적 기획으로서의 비지배적 자유를 지향하는 민주공화국은 당위이며, 따라서 내외의 부단한 도전을 극복해 내야 실현되고 또 유지될 수 있는 우리 모두의 항상적 과제임을 명심해야 한다.

참고문헌

〈국내 단행본〉

계희열, 『헌법학(상)』, 2004

권건보, 김지훈, 『인사청문회제도에 대한 비교법적 고찰』, 한국법제연구원 현안
          분석, 2012-17

김광재, 『대한민국 헌법의 탄생과 기원』, 2017

서희경, 『대한민국 헌법의 탄생』한국 헌정사, 만민공동회에서 제헌까지, 2012

심성보·이동기·장은주·케르스틴 폴 저, 『보이텔스바흐 합의와 민주시민교육』,
          2018

유진오, 『헌법해의』, 1949

전광석, 『한국헌법론』, 2014

〈번역본〉

세실 라보르드·존 메이너 외 지음, 곽준혁. 조계원, 홍승헌 역, 『공화주의와
          정치이론』, 2008

지그프리트 쉴레, 헤르베르트 슈나이더 편저, 전미혜 역, 『보이텔스바흐 협약은
          충분한가?』, 민주화운동기념사업회, 2009

필립 페팃 저, 곽준혁 역, 『신공화주의:비지배 자유와 공화주의』, 2012

〈논문〉

강정인·김도균, "조소앙의 삼균주의의 재해석:'균등' 개념의 분석 및 균등과
          민주공화주의의 관계를 중심으로",「한국정치학회보」제52집 제1호 (2018)

곽준혁, "민주주의와 공화주의: 헌정체제의 두가지 원칙", 「한국정치학회보」 제39집 제3호 (2005)

권찬호, "정부차원 민주시민교육의 제도화 추진에 관한 사례연구": 문민정부 세계화추진위원회의 시민정치의식의 세계화 과제 처리과정을 중심으로, 「한국시민윤리학회보」 제22집 제2호 (2009)

김동원, "대통령과 국무총리의 권한배분 모델에 관한 연구", 「한국행정연구」 22-3 (2013)

김선택, "공화국원리와 한국헌법의 해석", 「헌법학연구」 제15권 제3호 (2009)

김선택, "시민교육의 기초로서의 헌법적 합의", 「헌법연구」 제4권 제1호 (2017)

김종철, "감사조직의 개편방향 – 감사원의 소속과 기능의 재편론을 중심으로 –", 「공법연구」 제31집 제2호 (2002)

김종철, "한국 헌법과 사회적 평등 – 현황과 법적 쟁점", 「헌법재판연구」 제4권 제1호 (2017)

김종철, "한국의 헌법재판과 민주주의 – 입헌민주주의의 공화주의적 재해석을 중심으로 – ", 「헌법재판연구」 제5권 제2호 (2018)

김종철, "권력구조 개헌의 기본방향과 내용", 「법학평론」 제8집 (2018)

김종철, 이지문, "공화적 공존을 위한 정치개혁의 필요성과 조건 : 정부형태 개헌론을 넘어서", 「세계헌법연구」 제20권 1호 (2014)

박용수, "한국의 제왕적 대통령론에 대한 비판적 시론: 제도주의적 설명 비판과 편법적 제도운영을 통한 설명", 「한국정치연구」 제25권 제2호 (2016)

박용수, "권력구조 개헌논의에서 국회 개혁의 우선성 이유", 한국정치연구회 2018년 4월 28일 학술토론회 자료집 「개헌을 논쟁하다」

신용인, "민주공화주의에 대한 헌법적 고찰", 「법학논총」 제28권 제3호 (2016)

서희경 · 박명림, "민주공화주의와 대한민국 헌법 이념의 형성", 「정신문화연구」 제30권 제1호 (2007)

신우철, "해방기 헌법초안의 헌법사적 기원: 임시정부 헌법문서의 영향력 분석을 통한 '유진오 결정론' 비판", 「공법연구」 제36집 제4호 (2008)

신우철, "건국강령(1941. 10. 28) 연구: '조소앙 헌법사상'의 헌법사적 의미를 되새기며.", 「중앙법학」 제10집 제1호 (2008)

신우철, "양원제 개헌론 재고(再考)", 「법과 사회」 제38집 (2010)

이계일, "헌법상 공화국 원리와 도그마틱적 함의에 관한 연구", 「헌법학연구」 제17권 제1호 (2011)

이국운, "공화주의 헌법이론의 구상", 「법과 사회」 제20호 (2001)

이국운, "입헌적 공화주의의 헌법이해", 「헌법실무연구」 제6권 (2005)

이영록, "한국에서의 '민주공화국'의 개념사", 「법사학연구」 제42호 (2010)

장영수, "「권력구조」의 개헌에 관한 제18대 국회 헌법연구자문위원회의 연구", 「안암법학」 제53호 (2017.5)

장영수, "정부형태의 선택 기준과 분권형 정부형태의 적실성", 「고려법학」 제86호 (2017. 9)

정만희, "정부형태에 관한 헌법개정의 방향", 「헌법학연구」 제14권 제4호 (2008)

정종섭, "한국헌법상의 대통령제의 과제", 「헌법학연구」 제5집 제1호 (1999)

정태호, "정당설립의 자유와 현행 정당등록제의 위헌성에 대한 관견", 「인권과 정의」 제343호 (2005.3.)

정태호, "현행 정당법상의 정당개념의 헌법적 문제점", 「경희법학」 제40권 제2호 (2005.12.),

정태호, "권리장전의 현대화", in: 함께하는 시민행동 엮음, 『헌법 다시 보기: 87

년헌법 무엇이 문제인가』, 2006

정태호, "권리장전의 개정방향", 「공법연구」 제34집 제4호 제2권 (2006.6.)

정태호, "대통령 임기제 개헌의 필요성과 정당성", 「헌법학연구」 제13권 제1호 (2007.3.)

정태호, "민주화 이후의 검찰개혁에 대한 반추와 검찰개혁 방안에 대한 평가" in: 조기숙, 정태호 외, 한국 민주주의 어디까지 왔나』, 2012

정태호, "국민의 신뢰를 받는 사법부를 위한 개헌초안" – 국회개헌특위 자문위 사법분과안 –, 국회 헌법개정특별위원회 자문위원회 사법부관 「국민이 신뢰하는 사법부를 위한 헌법개정 토론회」 자료집, (2017.6.26.)

정태호, "헌법재판소관할권규율방식및그개정방향에관한관견", 전남대 「법학논총」 제38권 제1호 (2018.2.)

정필운 · 전윤경, "민주시민교육은 어떻게 활성화되는가? –현재 발의된 민주시민교육지원법안에 대한 비판적 검토–", 『민주시민교육 관련 법제화의 쟁점과 지역별 조례 실태』, 2019 NGO 학회 춘계학술대회 자료집

정하윤, "한국 민주시민교육의 제도화 과정과 쟁점", 「미래정치연구」 제4권 제1호 (2014)

정혜영, "2001년 제정된 독일연방국정조사위원회법과 그 시사점 – 우리나라 국정조사제도의 개선방안 모색", 「공법연구」 제34집 제3호 (2006)

한상희, "『민주공화국』의 의미", 「헌법학연구」 제9권 제2호 (2003)

함성득, "한국 대통령제의 발전과 권력구조 개편: '4년 중임 정, 부통령제' 도입에 관한 소고", 「서울대학교 법학」 제50권 제3호 (2009)

한인섭, "대한민국은 민주공화제로 함: 대한민국 임시헌장(1919.4.11.) 제정의 역사적 의의", 「서울대학교 법학」 제50권 제3호 (2009)

홍석노, "헌법적 합의에 기초한 한국 학교 시민교육의 과제", 「헌법연구」 제4권 제
      1호 (2017), 121 이하.

홍일선, "독일연방의회의 국정조사권: 기본법 제44조의 국정조사위원회를 중심으
      로", 「헌법학연구」 제11권 제3호 (2005)

〈기타〉

강원택, "한국 대통령은 결코 '제왕' 아니다", 시사저널 2018.2.5.

국회입법조차서, "미국 상원의 인준청문회와 공직후보자 검증절차", 「이슈와논점」
      (599호-20130206)

『국회 헌법개정특별위원회 자문위원회 보고서』 (2018.1.) 중 제6절 사법부분과,
      375 이하 참조.

인터넷 한겨레 신문 기사: '공천 개입' 박근혜 전 대통령 징역 2년… 첫 확정 판결

〈해외 단행본〉

L. Frank, A Republic of Law, 2016

P. Pettit, Republicanism: A Theory of Freedom and Government, 1999

Q. Skinner, Liberty Before Liberalism, 1998

R. Dagger, Civic Virtues: Rights, Citizenship, and Republican Liberalism, 1997

Shugart/Carey, President and Assemblies: Constitutional Design and Electoral
      Dynamics, 1992

S. Holmes, Passions and Constraint: On the Theory of Liberal Democracy, 1995

〈해외 논문〉

C. McCammon, "Domination: A Rethinking," Ethics, 125 (2015)

C. Nederman, "Civic Humanism", The Stanford Encyclopedia of Philosophy (Spring 2019 Edition), Edward N. Zalta (ed.),

G. Kellermann, Rechtlicher Rahmen und Entwicklungen der außerschulischen politischen Bildung in Deutschland, 「헌법연구」 제4권 제1호 (2017)

H. Buchstein, Die Zumutungen der Demokratie. Von der normativen Theorie des Bürgers zur institutionell vermittelten Präferenzkompetenz. In: K. v. Beyme, C. Offe (Hrsg.): Politische Theorien in der Ära der Transformation. Vierteljahresschrift, Sonderheft 26/1995

I. Honoban, "Republicans, Rights, and Constitutions: Is Judicial Review Compatible with Republican Self-Government?", Legal republicanism: national and international perspectives, 2009

J. Bohman, "Nondomination and Transnational Democracy," in Republicanism and Political Theory, Cécile Laborde and John Maynor (eds.), 2008

J. Hüttmann, Politisierung und Entpolitisierung. Schulische Bildung im "doppelten Deutschland" und nach der deutschen Einheit, 「헌법연구」 제4권 제1호 (2017)

J. Linz, "Presidentialism or Parliamentarism: Does It Make a Difference:" in Linz, Juan J. and Arturo Valenzuela, (eds.), The Failure of Presidential Democracy, 1994,

J. Spitz, "The Concept of Liberty in 'A Theory of Justice' and Its Republican Version," Ratio Juris, 7 (1993)

L. Frank, "Republicanism", The Stanford Encyclopedia of Philosophy (Summer 2018 Edition), Edward N. Zalta (ed.)

L. Frank, "Republicanism", The Stanford Encyclopedia of Philosophy (Summer 2018 Edition).

M. Hund, Die Verfassung (das Grundgesetz für die Bundesrepublik Deutschland) als Grundordnung des politischen und gesellschaftlichen Lebens in Deutschland, 「헌법연구」 제4권 제1호 (2017)

P. Pettit, "Republican Liberty and its Constitutional Significance", Australian Journal of Legal Philosophy 25(2) (2000)

S. Holmes. Constitutions and Constitutionalism, in: M. Rosenfeld, A. Sajó (Ed.), The Oxford Handbook of Comparative Constitutional Law, 2012

3·1대혁명과
대한민국헌법

초판 1쇄 인쇄 2019년 11월 26일
초판 1쇄 발행 2019년 12월 03일

저　　자　김선택, 정태호, 방승주, 김광재
발 행 자　전민형
발 행 처　도서출판 푸블리우스
인　　쇄　주식회사 미래엔
디 자 인　목지영
사　　진　박성관
등　　록　2018년 4월 3일 (제 2018-000153호)
주　　소　[02841] 서울시 성북구 종암로 13, 고려대 교우회관 410호
전　　화　(02)927-6392
팩　　스　(02)929-6392
이 메 일　ceo@publius.co.kr

ISBN 979-11-89237-05-9 93360

도서출판 푸블리우스는 헌법, 통일법, 시민교육, 법학일반에 관한 발간제안을 환영합니다.
기획 취지와 개요, 연락처를 ceo@publius.co.kr로 보내주십시오.
도서출판 푸블리우스와 함께 한국의 법치주의 수준을 높일 법학연구자의 많은 투고를 기다립니다.

「이 도서의 국립중앙도서관 출판예정도서목록(CIP)은 서지정보유통지원시스템 홈페이지(http://
seoji.nl.go.kr)와 국가자료종합목록 구축시스템(http://kolis-net.nl.go.kr)에서 이용하실 수 있습니다.
(CIP제어번호 : CIP2019021163)」